太原科技大学1331工程重点马克思主义学院建设研究丛书

太原科技大学博士启动资金(W20162001)资助

Self-love

IN THE PERSPECTIVE OF VALUE PHILOSOPHY

价值哲学视阈中的自爱

原魁社 著

人民出版社

责任编辑:杨文霞
封面设计:王欢欢
责任校对:陈艳华

图书在版编目(CIP)数据

价值哲学视阈中的自爱/原魁社 著. —北京:人民出版社,2019.9
ISBN 978-7-01-021004-9

Ⅰ.①价… Ⅱ.①原… Ⅲ.①价值(哲学)-研究 Ⅳ.①B018

中国版本图书馆 CIP 数据核字(2019)第 133943 号

价值哲学视阈中的自爱

JIAZHI ZHEXUE SHIYU ZHONG DE ZIAI

原魁社 著

人民出版社 出版发行
(100706 北京市东城区隆福寺街 99 号)

天津文林印务有限公司印刷 新华书店经销

2019 年 9 月第 1 版 2019 年 9 月北京第 1 次印刷
开本:710 毫米×1000 毫米 1/16 印张:16
字数:212 千字

ISBN 978-7-01-021004-9 定价:69.00 元

邮购地址 100706 北京市东城区隆福寺街 99 号
人民东方图书销售中心 电话 (010)65250042 65289539

总　序

为切实巩固马克思主义在高校的指导地位，不断提升马克思主义学院建设的科学化、规范化、现代化水平，打造马克思主义理论教学、研究、宣传和人才培养的坚强阵地，使之成为办好高校思想政治理论课的坚强战斗堡垒。2015 年，中共中央宣传部、教育部下发了《关于加强马克思主义学院建设的意见》（中宣发〔2015〕26 号）。依据中共中央宣传部、教育部《关于加强马克思主义学院建设的意见》和山西省人民政府《关于实施"1331 工程"统筹推进"双一流"建设的意见》（晋政发〔2017〕4 号），中共山西省委宣传部、中共山西省高等院校工作委员会结合我省实际，研究制定了《山西省建设重点马克思主义学院实施方案》，并于 2017 年 7 月 17 日联合下发了《关于印发〈山西省建设重点马克思主义学院实施方案〉的通知》。

2017 年 10 月，经中共山西省委宣传部、中共山西省高等院校工作委员会组织专家评审，太原科技大学马克思主义学院与山西大学、太原理工大学、山西财经大学、山西师范大学等四所马克思主义学院被评为山西省重点马克思主义学院，并列入山西省"1331 工程"予以重点建设。

太原科技大学马克思主义学院现有专任教师 43 人，行政干部 5 人。其中，教授 9 人，副教授 25 人，博士和在读博士 28 人。专任教师中，山西省宣传文化系统"四个一批"人才 1 人，山西省"1331 工程"人

1

才 1 人，山西省中青年拔尖人才 1 人，教育部联系的专家 1 人，全国思想政治理论课教学能手 1 人。山西省研究生教指委委员 1 人，山西省思想政治理论课教指委委员 3 人。

学院现有马克思主义理论、哲学两个一级硕士点，一个省级研究中心，九个研究生社会实践基地。在校研究生一直保持二百人左右。拥有哲学研究所和思想道德修养与法律基础、中国近现代史纲要、马克思主义基本原理、毛泽东思想与中国特色社会主义理论体系概论、形势与政策五个教学与研究中心。

学院重视对外交流工作。在国际方面，学院注重教师的出国访学，且每年都要培训来校的美国奥本大学、美国佛罗里达大学等交流生。在国内方面，组织教师赴北京大学、清华大学、上海交大、浙江大学、四川大学等国内知名大学学习、考察、调研，并邀请国内知名专家学者来校讲学。

为进一步推进马克思主义学院的建设与发展，太原科技大学马克思主义学院决定从重点马克思主义学院建设经费中拨出部分经费用于资助学院教师在教学研究与学科建设方面研究成果的出版。

是为序。

太原科技大学马克思主义学院

2018 年 11 月

序

陈新汉

我已于 2017 年 11 月年届 70 岁时正式退休。我是恢复高考后的第一届哲学专业毕业的大学生，毕业后即从事哲学的教学和学术研究，至今已有 30 多年了。这就使哲学成为我人生的一个元素，因此尽管退休仍在从事哲学方面的学术思考。自 2017 年 9 月招收最后一位博士生和硕士生后，我已经指导了 20 多位博士生（包括一位韩国博士生）和 30 多位硕士生（包括一位越南硕士生），这些学生如同我的十多本独撰的专著和数百篇论文一样，成为我学术人生中的一个不可缺少的组成部分。每每看到这些学生从全国不同地方或国外向我发来问候和成家立业方面的信息，我就会不由自主地回忆起与他们相处尤其是给他们指导论文时的情景，往往会有一种难以言喻的愉悦。

原魁社的硕士和博士论文都是在我指导下完成的。与原魁社的硕士和博士生涯相处在一起的过程，是我对他逐渐了解并印象不断深化的过程。原魁社是在已经成为一名高校教师的情况下来我校攻读硕士学位的，在撰写以《权威评价活动异化的产生及消除》为题的硕士论文过程中，他的学术兴趣逐渐激发出来，因此硕士论文就写得很有创新。原魁社在硕士毕业进入所在高校工作后又返回我处继续攻读博士学位。摆在读者面前的专著《价值哲学视阈中的自爱》就是他在博士论文的基础上予以进一步研究并扩充而成的。

　　我国的价值论研究是自改革开放后真正展开的，我是我国较早从事价值论研究的学者之一。我把价值论与认识论结合，着重研究了价值论中的认识论问题——评价论，先后出版的相关著作有《评价论导论——认识论的一个新领域》《社会评价论——社会群体为主体的评价活动思考》《民众评价论》《权威评价论》《自我评价论》以及最近完成的书稿《社会自我批判论》。此外，我在《马克思主义认识论与真善美》《邓小平认识论思想纲要》《审美认识机制论》和《核心价值体系论引论》等专著中也运用和阐释了我的评价论思想。这样就形成了我关于评价论的一个思想体系。我在指导学生撰写硕士和博士学位论文时，原则上要求我的学生在选择课题时能把自己的学术兴趣尽可能地与导师的研究方向结合起来，这样就可以使学位论文中的学术思想在导师研究所提供的方法论基础上"更上一层楼"。我之所以认为原魁社的硕士论文尤其是博士论文写得好，就在于能在我的研究基础上有所创新，尤其是他的博士论文还能对我原先的观点予以修正，这就是"青出于蓝而胜于蓝"！

　　通观《价值哲学视阈中的自爱》，尽管篇幅不大，但内容很丰满。人类的存在离不开作为其以个体形式所体现的自爱，自爱是一个永恒的主题。但"究竟如何才是真正的自爱呢"（张岱年）？这是每一个人必须自扪的天地之问。本书在回答这个天地之问中，在我读来，以下几点使我感受较深：

　　"爱之欲其善"。"爱之欲其善"在文章中出现了几十次，是文章中的一个重要概念，起着立论的基础和方法论的作用。作者肯定了"爱之欲其善，人之情也"，把它与自爱联系起来。自爱与自恋的不同就在于，自恋把自己封闭在自身之内，"割断了与世界的联系，他退回到自身；他不能认识真实的自然界或社会现实，他只能知道由他内心活动所形成的'现实'"；而自爱就是要"爱之欲其善"，爱自己就希望自己越来越"好"，这样就能不断地把自爱之情转化为之行，于是就将内在对自我价值的追求外化为以现实形态呈现的自我实现。由于每一个人都是社会关系网上的一个结点，因此，自我实现就成为在社会关系中展现自我本质力量的过程。这样就对自爱作了很深刻的哲学分析。

自爱的绝对性和崇高性。"我"对生命的需要具有绝对性，"人需要生命本身"是绝对的，是不以任何条件为转移的，而"我"的存在本身就说明"我"的生命的存在需要得到了满足，因此基于"我"的生命价值的自爱就具有绝对性。由此就决定了自爱的绝对性。将人的绝对需要理解为对生命的需要，并不意味着人时刻以自己的生命为出发点。这是因为，绝对需要并不是人的最高需要，这很有创意。作者针对绝对价值不是人的生命而是某种崇高的东西的观点指出，这在实际上混淆了绝对价值与最高价值的区分。根据马斯诺的需要层次说，这种最高需要就是自我实现的需要，"自我实现……可以归入人对于自我发挥和完成的欲望，是一种使它的潜力得以实现的倾向"，"这种倾向可以说是一个人越来越成为独特的个人，成为他所能够成为的一切"。在自我实现的过程中，虽然就外在行为结果来看，它指向的是他人的利益，是他爱，但就其行为结果所产生的心理感受来说，它指向的是自我，是自爱，在尽自己的努力满足他人和社会需要的过程中，自我不断地体验着自爱的情感。作者进一步指出，对于自爱的主体而言，最初的自我实现只是为了满足自己的最高需要，但当他为他人和社会的利益由手段转化为目的时，如何为他人和社会服务就成为"我"的出发点和行为的准则，于是就具有了崇高性。这样的分析相当深刻。

研究自爱必然要研究与之相对应的自毁，我在《自我评价论》中把自杀称为自毁之极端。我在该书中阐释人生价值时认为，对人生价值的自我肯定具有客观必然性，自杀是特殊的人生价值自我否定，"到人生的非存在中去寻找自己生存和发展需要的满足，这本身是一个悖论"。本书的作者不满足于导师把自杀仅仅归结为悖论，而是分别从"无价值感自杀的自爱悖论"和"有尊严地去死的自爱悖论"等方面予以分析。对于前者，作者认为，生命价值是我们一再强调的"人"之存在的绝对价值，因此通过自杀的方式实现自爱只能是一种最大的不自爱。对于后者，作者认为，为个体的尊严而自杀之所以是自爱的悖论，是因为存在着超越于个体之上的价值，因此选择有尊严地去死并不是一种明智的做法。这样就在实际上发展或丰富了我关于自杀是悖论的思想。尤其是本书的作者还提出了献身的范畴，从形式上看，献身与自杀似乎差不多，都是以自己的主动方式结束自己的生命，但献身不是自杀。作者从"献身是自爱的一种方式""献身是一种升华了的自爱"等方面对献身作了很有哲理的分析。这就在实际上修正了我把主动结束自己生命的行为笼统地归之为自杀的观点。记得当时我在批阅作者博士论文初稿时，读到这样的观点及其论述，我不禁拍案叫好。父母看到自己的子女超过自己，会感到由衷的高兴；导师看到自己的学生超过自己，同样会感到由衷的高兴。

作者是以"我注六经"的方式来对如何培育自爱精神进行了"六经注我"，然后阐释了在"立德树人"过程中进行自爱精神的培育思想，尤其强调应该在"爱之欲其善"的奋斗中体现"从自爱精神到自我实现"的过程，论述很全面。当然，关于自爱精神的培育还可以从人文精神的视阈来予以阐释。

实践是人之为人的"类活动"，人文精神就是人类在构建价值形态世界的"类活动"在社会意识中所积淀的贯穿于人类历史始终的追求自由的主体意识，是最基本的社会价值观念。人文精神其实就是对黑格尔在《逻辑学》和《历史哲学》中的"绝对理念"和"世界精神"所予以的历史唯物主义理解。由此就能理解人文精神使"世界历史因此是一种合理的过程"（黑格尔）的深刻性。人们往往把人文精神与科学精神相对应，这样的理解在实际上把人文精神的内涵缩小了、把人文精神在人类历史中的地位降低了。

体现人类的"类特征"的实践以生命活动为本体论基础，作为

"类活动"在社会意识中历史积淀的人文精神就必然以体现生命活动中"趋利""避害"的自爱活动为本体论基础。从本书的论题出发,可以把人文精神理解为作为"一切个人内在的灵魂"并往往以"不自觉的'内在性'"(黑格尔)方式体现为个人行为中的自爱精神。在历史的发展中,如何使人文精神由自发走向自觉,由此使往往以"不自觉的'内在性'"方式体现为个人行为中的自爱精神从自发走向自觉?这就成为作为"对当代的斗争和愿望作出当代的自我阐明"(马克思)的哲学在当代社会的一个义不容辞的任务。

目　　录

前　言

在任何文化系统中，人们都推崇自爱，但对自爱的理解是不一样的。从字面的意义上说，自爱就是自己爱自己。但这样理解将如何区分自爱与自私？如何处理自爱与"爱他"的关系？"爱之欲其善"乃人之常情，爱父母就希望父母"好"，爱子女也希望子女"好"，同样，爱自己就希望自己"好"。那么什么是"好"？显然，对什么是"好"的探讨涉及的是一个价值哲学的话题。

教人自爱是一个道德教育的话题，但何为自爱则是一个哲学话题，从根本上说是一个价值哲学的话题。在不同的价值体系中对"好"的理解是不一样的。自爱是普遍性与具体性的统一，任何价值系统都要求人们做到自爱，这是自爱的普遍性；但何为自爱，又表现出不同价值系统中的具体性。正如立德树人是普遍性与具体性的统一一样，立德树人是普适的，但立什么德、树什么人是具体的。"爱之欲其善，人之情也。"[1] 比如，父母爱子女就希望子女好，但是这种"好"可以理解为让子女走出去闯一片天地，独立地锻炼出自己适应社会的能力，也可以理解为将子女留在身边互相照顾，父母的价值系统决定了他们爱子女的方式。父母对子女的爱，包括疼爱、怜爱、溺爱、大爱等。父母对子女的溺爱表现为尽可能满足子女的所有需求，而不关注满足需求背后的行

---

[1]　严群：《亚里士多德之伦理思想》，商务印书馆 2003 年版，第 163 页。

1

为习惯的养成和个体行为的社会意义。而父母对子女的大爱则更加关注子女的远期利益和长期规划，大爱以主流价值观为指导，更加注重个体行为的社会意义和所获得的社会评价。如果说溺爱满足的是低层次的需要，那么大爱则更趋向于满足高层次的需要；最高层次的需要是自我实现的需要。"大爱可以被界定为人对人的自身价值、前途和命运的自觉持久的关爱精神和高度负责行为的统一：从精神方面说，大爱是对人类自身命运的自觉持久的关爱精神，也就是常说的'爱心'；从实践方面说，大爱是指主体对客体的前途、命运高度负责，并在行为上自觉持久、严肃认真地履行责任。"①

正如父母的价值系统决定了他们爱子女的方式一样，自爱的主体所具有的价值系统也决定了他爱自己的方式。对自己的爱也区分为大爱和小爱。小爱目光短浅，只关注眼前的物质利益，缺乏长远的目光和远景规划，此种自爱难以与自私自利区分开。而对自己的大爱则表现为"爱之欲其善"，是一种在社会主流价值观主导下的远景规划和长期利益期盼，因此，这种自爱着眼于未来，更加注重当下融入社会的能力的提升。以期创造更大的价值并尽可能地获得社会的认可是对自己大爱的根本表现。由于这种自爱是我们所倡导的，并以主流价值观的认同为前提，以主流价值观的践行为实现过程，因此，此种自爱才配冠以自爱的美名。

自我实现是人的最高层次的需要，马斯洛将自我实现的人称之为"具有完美人性的人"，"在具有完美人性的人身上，我们发现责任和愉快是一回事，同样，工作和娱乐、自私和利他、个人主义和忘我无私，也是一回事。"② 在社会主义社会中，人们的责任和使命所指向的是马克思恩格斯所设想的理想社会："代替那存在着阶级和阶级对立的资产

① 王少安：《论"大爱精神"的内涵和时代意蕴》，《学校党建与思想教育》2008年第5期。
② ［美］马斯洛：《动机与人格》，马良诚等译，陕西师范大学出版社2010年版，第176—177页。

阶级旧社会的，将是这样一个联合体，在那里，每个人的自由发展是一切人的自由发展的条件。"① 由此可见，在我们所趋向的理想社会中，自我实现的应然状态就是为每一个人的自由发展而做到人尽其才。基于自我实现的"爱之欲其善"是我们所倡导的真正的自爱。自爱的主体需要培育一种自爱精神，自爱精神是自爱的主体在中国精神的指引下懂得什么是真正的自爱，以及如何实现自爱并不断追求自爱的一种刚健不息的奋斗精神，是一种永远趋向于"止于至善"的精神。

黑格尔在他的《法哲学原理》第 158 节论述家庭时说："爱是感觉。"② 在第 159 节的补充中，他再一次强调："再说一遍，爱是感觉，是一种主观的东西。"③ "爱"这种主观的东西从根本上说，来源于"存在"这种客观的东西。对自己的爱这种主观的东西也就只能来源于自己的实际存在这种客观的东西。于是，自爱也就演变为自己的存在值得爱和让自己的存在值得爱，只有自己的存在有价值和让自己的存在有价值才使自己值得爱。让自己有价值，就在于自己的存在和实践活动能够满足主流价值观所尊崇的价值主体的需要，让自己在崇高的使命和责任中获得认可，将投身于主流价值观尊崇的崇高使命作为自我实现的方式。

对自爱的理解根本上取决于主体自身的价值系统。因此，自爱从根本上说是价值哲学的话题，我们需要从价值论的维度谈起。

就本书的结构来说，第一章主要论述中西思想史上对自爱这个话题的探讨，揭示出自爱在本体论维度的困境，从而阐释了我们从价值论维度探讨自爱的必要性。

第二章是我们从价值论维度对自爱的理解，本书充分吸收了当前价值哲学的研究成果，以价值哲学界对于价值的理解所达成的最大公约数

---

① 《马克思恩格斯选集》第 1 卷，人民出版社 1995 年版，第 294 页。
② 〔德〕黑格尔：《法哲学原理》，范扬等译，商务印书馆 1979 年版，第 175 页。
③ 〔德〕黑格尔：《法哲学原理》，范扬等译，商务印书馆 1979 年版，第 176 页。

作为理论基础，对我们所理解的自爱给出了价值哲学的定义。

第三、四、五章是本书所论述的价值论视阈中的自爱的理论架构。第三章围绕人的需要的层次论述自爱的层次性；第四章围绕自我意识的自觉论述自爱的自觉性；第五章主要论述自爱与自杀之间的复杂关系。

第六章是从实践应用的意义上探讨自爱精神的培育。自爱精神作为中国精神的组成部分需要通过教育来培养，立德树人是教育的根本任务和中心环节，我们需要将价值哲学维度理解的自爱应用到立德树人的全过程中去。

第一章　自爱的善恶之辨：
从本体论到价值论

第一节　自爱的善恶之辨

张岱年先生在 1987 年为洪德裕等学者的著作《自爱论》题写的《序》中谈道："自爱，这是一个永恒的题目。古往今来，许多思想家都在探讨自爱问题。人人都懂得爱自己，究竟如何才是真正的自爱呢？"① 正如张先生所言，"自爱，这是一个永恒的题目"，时至今日，我们不仅在继续思考着张岱年先生提出的"究竟如何才是真正的自爱呢？"而且我们还要进一步追问：在真正的自爱被澄清之前，是否能够说"人人都懂得爱自己"呢？

一、人人都懂得爱自己吗

2009 年上海海事大学的研究生杨元元的自杀曾引起媒体和社会的广泛关注，一度引发了人们对知识与教育价值的反思。而 2010 年发生于富士康科技集团的导致 13 死 4 伤的 17 起自杀事件更是被部分媒体称作"连环跳"。我们在为这些年轻生命的逝去惋惜之余，不禁会感叹：

---

① 洪德裕等：《自爱论》，华夏出版社 1989 年版，第 1 页。

他们也太不自爱了！把他们的自杀称之为不自爱的表现，其实就是把自爱理解为对肉体生命的爱。

近来，"失足妇女"取代"卖淫女"被用来指称从事特定行业的妇女，不管用一个什么样的名称来称呼，我们都会有一种感叹：她们太不自爱了！我们把"失足妇女"的"失足"称为不自爱，就是把自爱理解为对名誉或名节的爱。

发生于广东佛山的小悦悦事件，再一次引发了我们全社会对道德冷漠的热烈讨论，那十八个冷漠的路人强烈地震撼着我们尚未麻木的心灵。我们在对道德冷漠现象谴责之余，总是对那些冷漠的过客发出这样的感慨：他们也太"自爱"了！把这种避免麻烦上身的行为理解为"自爱"，其实是把自爱理解为一种趋利避害的行为。

前两个案例中的主体显然不懂得爱自己，那么第三个案例中的冷漠的路人就懂得爱自己吗？究竟什么才是真正的自爱呢？我们希望通过对"真正的自爱"的提倡来避免悲剧的发生，也希望通过对"畸形的自爱"的抛弃来避免冷漠。我们提倡的始终是"真正的自爱"，因此我们究竟该提倡什么样的自爱的问题，也就成了我们对张岱年先生提出的"究竟如何才是真正的自爱"的进一步追问。在我们尚未澄清什么是"真正的自爱"之前，我们首先要明确地指出：等同于自私的"自爱"不值得我们提倡；归结为物质享受的"自爱"不值得我们提倡；理解为"独善其身"的"自爱"不值得我们提倡；表现为避免麻烦的"自爱"不值得我们提倡。这些"自爱"之所以不值得我们提倡，是因为这些"自爱"的主体并不懂得什么才是真正的爱自己。那么什么样的自爱才能说主体真正懂得爱自己呢？追寻这种自觉的自爱正是我们研究的课题。

二、亚里士多德关于"善"的自爱与"恶"的自爱

亚里士多德在《尼各马科伦理学》中谈到自爱的时候说："有些人

把这个词用于贬义，把那些多占钱财、荣誉和肉体快乐的人称为自爱者。这些东西，也确是许多人所追求的，这些人把它们看作是至高存在，朝思暮想，因此你争我夺。多占这些东西的人都沉迷于欲望之中，整个地说来，是沉迷于情感，沉迷于灵魂的非理性部分。大多数人都是这类人。并且从这样众多的丑恶事实，就产生了这样的称谓，这样来谴责那些自爱者是公正的。……然而，如若有人所向往的是行公正的事比所有的人都多，或者节制，或者诸如此类的德性。总之，想使自己高尚而美好，谁也不会说他是个自爱的人，说他是错的。这种人似乎是个更大的自爱者，他分配给自己的全都是最美好的东西。"① 在亚里士多德看来，是否应该对自爱者进行谴责，关键是要看自爱者所追求的是什么东西，"人们责备那些最为热爱自己的人……坏人被认为做一切都是为了自己，并且为自己所做的越多，他也就越坏。人们斥责他，说他从不为别人做任何事情。而人做事出于高尚，所做的越多，他也就越好。"②

　　从以上的论述中我们可以看到，亚里士多德实际上把自爱分为两种情况：一种是以多占钱财、荣誉和肉体快乐为追求目标，一种是以公正、节制等高尚美好的东西为追求目标。追求前者的人在他看来是应该受到谴责的，"谴责那些自爱者是公正的"，而以后者为目标的人却"是个更大的自爱者"。因此，亚里士多德的价值倾向就表现为谴责前者而提倡后者。在亚里士多德看来，后者才是真正的自爱，两者的区别在于："一个按照理性来生活，另一个则是按照情感来生活。一个所向往的是高尚的行为，一个所向往的看来是有利的东西。那些对高尚行为的特别热心的人受到普遍的赞扬和尊敬。如若所有的人都在高尚方面竞赛，争着去做高尚的事情，那么共同事业就会圆满实现。每个人自身也

① ［古希腊］亚里士多德：《尼各马科伦理学》，苗力田译，中国人民大学出版社 2003 年版，第 199—200 页。
② ［古希腊］亚里士多德：《尼各马科伦理学》，苗力田译，中国人民大学出版社 2003 年版，第 199 页。

得到最大的善，因为德性就是最大的善。所以，善良的人，应该是一个热爱自己的人，他做高尚的事情，帮助他人，而帮助他人同时也都是有利于自己的。邪恶的人就不应该是个爱自己的人，他跟随着自己邪恶的感情，既伤害了自己，又伤害了他人。邪恶人的所为之事和所应为之事相背驰，而善良之人所做的一切都是他所应该做的。"① 我们可以看出，亚里士多德赋予了追求"高尚"目标的自爱以"善"的属性，同时却赋予了追求"私欲"目标的自爱以"恶"的属性。

20世纪30年代浙江大学的严群先生在介绍亚里士多德的自爱思想时说："唯君子能自爱，小人不能也。"② 君子是成德之人，有明确的人生目标，"成德之人，莫非自爱之徒。故唯有德者，乃能好生；其好生也谊，以其能自爱——能自爱，然后知所以生也。"③ 君子能够通过忠恕之道把"爱己"推之"爱人"，君子的"爱己""非饱食暖衣，爱我肉体之谓。乃爱我理性，不独保之毋失，且培育之，使其滋长，以至于成德之谓也。"④ 因此君子的自爱当然具有"善"的属性，而小人则不配拥有这种自爱。"小人不能自爱，其故有二：（一）小人好恶无常，同一物也，或朝好而夕恶之，或朝恶而夕好之。非止此也，其好恶毫无标准，应好之物，或反恶之，应恶之物，或反好之，以致是非颠倒。故其行事，益己者不为，损己者为之，终致败德坏身，无异自戕。（二）小人不知有己。何则？其心志不定，好恶无常；明日所行之事，或与今日迥然不同，而不自知其所以。前后矛盾，俨然二人。"⑤ 严群先生把亚里士多德的两种自爱的主体解释为小人和君子，实际上也就在提倡以"高尚"为追求目标的自爱的同时，否定了"以多占钱财、荣誉和肉体

---

① ［古希腊］亚里士多德：《尼各马科伦理学》，苗力田译，中国人民大学出版社2003年版，第200—201页。
② 严群：《亚里士多德之伦理思想》，商务印书馆2003年版，第173页。
③ 严群：《亚里士多德之伦理思想》，商务印书馆2003年版，第172页。
④ 严群：《亚里士多德之伦理思想》，商务印书馆2003年版，第174页。
⑤ 严群：《亚里士多德之伦理思想》，商务印书馆2003年版，第173—174页。

快乐为追求目标的自爱"具有善的属性。

第二节　自爱的本体之维：以"私欲"为
目标的自爱与"善"的自爱

在本体论维度理解自爱，即把自爱理解为我的趋利避害，也就把自爱理解为人存在的本体论根据。在思想史中，思想家们对于自爱的论述着重澄清了自爱与自私的区别，认为以个人的"私欲"为目标的自爱是自私自利的表现，这样的自爱是应该受到谴责的。而人在生存论角度的自爱才具有"善"的属性，应该被理直气壮地提倡。

一、对以"私欲"为目标的自爱的否定

无论是中国的传统社会，还是西方的中世纪基督教，都曾将自爱作为一种"善"的对立面进行批判。儒家创始人孔子学说中最高的伦理范畴是"仁"，"仁"是孔子毕生追求的最高道德理想，也是最高的善，任何有违"仁"的思想和行为都是对最高的善的破坏。"樊迟问仁，子曰：爱人。"（《论语·颜渊》）这里所爱之人并非自我，而且要"爱人"就要克己复礼，"颜渊问仁。子曰：'克己复礼为仁。一日克己复礼，天下归仁焉。为仁由己，而由人乎哉？'颜渊曰：'请问其目。'子曰：'非礼勿视，非礼勿听，非礼勿言，非礼勿动。'"（《论语·颜渊》）孔子要求，要做到仁，就要克制自己的欲望，尤其要克制自己不符合"礼"的欲望。孔子倡导的是有差等的爱，其"克己"的要求无非是为了实现"复礼"，即"复"维护基于血缘宗法制度的等级制度之礼。这样的等级制度要求"君君、臣臣、父父、子子"。（《论语·颜渊》）要求人们具体做到"出则事公卿，入则事父兄"。（《论语·子罕》）"其为人也孝弟，而好犯上者，鲜矣；不好犯上，而好作乱者，未之有也。

君子务本，本立而道生。孝弟也者，其为人之本与!"（《论语·学而》）做到了妇对夫、臣对君、子对父的爱（爱具体表现为服从），"礼"的秩序也就得到了维护。

孔子之后的儒家思想继承者，倡导的依然是有差等的爱。孟子说："仁也者，人也。"（《孟子·尽心下》）实际上继承了孔子"仁者爱人"的思想，主张仁就是把人当作人来对待。这里的"人"首先不是自己，"亲亲，仁也。"（《孟子·尽心上》）"仁之实，事亲是也。"（《孟子·离娄上》）强调爱的对象首先是自己的亲人。《孝经》中所说的"身体发肤，受之父母，不敢毁伤，孝之始也"与孔孟的思想一脉相承，《孝经》强调个体对自己身体的爱不是自爱，而是对父母的孝，是把自己的身体作为父母生命的延续来爱惜。

孔孟对于君臣、父子关系的伦理规定，经过董仲舒的发展，被以"三纲"的名义确定为传统社会的核心价值观。"阳兼于阴，阴兼于阳，夫兼于妻，妻兼于夫，父兼于子，子兼于父，君兼于臣，臣兼于君。君臣、父子、夫妇之义，皆取诸阴阳之道。君为阳，臣为阴；父为阳，子为阴；夫为阳，妻为阴。阴道无所独行。其始也不得专起，其终也不得分功，有所兼之义。是故臣兼功于君，子兼功于父，妻兼功于夫，阴兼功于阳，地兼功于天。"（《春秋繁露·基义》）董仲舒认为，臣对君的服从、子对父的服从、妻对夫的服从最终根据在于"天"。"是故仁义制度之数，尽取之天。天为君而覆露之，地为臣而持载之；阳为夫而生之，阴为妇而助之；春为父而生之，夏为子而养之；秋为死而棺之，冬为痛而丧之。王道之三纲，可求于天。"（《春秋繁露·基义》）董仲舒赋予"天"以至高无上的权威，实际上也就把以"三纲"为核心价值观的伦理秩序神秘化和固定化了。

在董仲舒的尊卑体系中，有天、君、父、夫而无"我"，"天子受命于天，诸侯受命于天子，子受命于父，臣妾受命于君，妻受命于夫。诸所受命者，其尊皆天也。虽谓受命于天亦可。"（《春秋繁露·顺命》）

在他的体系中，除"天"外，一切等级的成员都有服从他之上的权威的义务，唯独没有他自己。"仁之法，在爱人，不在爱我；义之法，在正我，不在正人。我不自正，虽然正人，弗予为义，人不被其爱，虽厚自爱，不予为仁。"（《春秋繁露·礼义法》）董仲舒把爱人和自爱对立起来，"爱人"是"仁之法"，而自爱是"不予为仁"。由此，在董仲舒这里，对自己的爱当然要受到否定和批判。

儒家所倡导君臣、父子、兄弟、夫妇、朋友五伦之间的规范，都是对道德行为主体提出的对他人的爱的要求，也就是提倡将个人融入对他的伦理关系的爱中去，自爱被作为他爱的对立面而遭到否定。诚然，儒家思想中也曾闪耀过自爱思想的光芒，比如朱熹在《中庸集注》中为孔子的"忠恕"所做的注："尽己之心为忠，推己及人为恕。""推己及人"的思维方式就是由爱己而爱人；孟子提倡的"老吾老以及人之老，幼吾幼以及人之幼"，由对自己家的老人和幼子的爱推广到对别人家老人和幼子的爱。这在一定程度上是对自爱的肯定，但肯定自爱是手段，肯定他爱才是目的。"推己"是为了"及人"，怎么样才能更好地满足别人的需要呢？把自己放到他人的位置上为他人着想，为了"及人"才要"推己"；"老吾老以及人之老，幼吾幼以及人之幼"所蕴含的一个前提是：人们都会爱自己家的老人和幼子。但这种爱不能仅仅封闭在一个家庭的内部，而要把对老人和幼子的爱突破自己家庭的界限走向整个社会，正是这个思想所要强调的内容。因此，儒家思想中闪耀出来的自爱之光终究湮没在对他爱倡导的洪流之中。

西方中世纪基督教认为最高的权威是上帝，"爱上帝"是道德上的一条最高的原则。因为"万事万物的最后目的就是上帝，……我们必须把那些特别使人接近上帝的东西作为人的最后目的"①。人在世俗的世界中所要做的，就是如何服从上帝对自己的安排、如何才能逐渐地接

---

① 北京大学哲学系外国哲学史教研室编译：《西方哲学原著选读》上卷，商务印书馆2009年版，第278页。

近上帝的意志。人存在的意义就是将自己的全部身心都托付给上帝，因为只有上帝才能赋予每一个个体存在的意义。人在现世的一切欲望和意志在威严的上帝面前必须无条件地放弃，"所有想象得到的权利都必须放弃。人的意志不仅必须完全汲空，它还必须化为灰烬。在威严的上帝权力面前，所有属人的事物都只是灰烬。"① 显然，在上帝面前放弃了一切权利的个体，除了爱上帝之外，已经没有了自己独特的需要和利益，也就根本谈不上自爱。同时，在这样的思潮笼罩之下，自爱也是不被允许的，因为它被认为是"爱上帝"的对立面。

超出中国的古代社会和西方的中世纪基督教传统的社会中特定的价值体系，自爱依然受到批判的原因是因为自爱被当作自私的同义词。康德说："一切爱好合起来（它们当然也可以被归入某种尚可容忍的学说中，这时它们的满足就叫作自身幸福）构成了自私。这种自私要么是自爱的、即对自己本身超出一切之上地关爱的自私，要么是对自己本身感到称意的自私。前者特别称作自矜，后者特别称作自大。"② 弗洛姆在谈到那种把自私作为最大的恶而把爱人作为最大的善的教义时说："自私几乎是爱己的同义语。人们必须在这两者之间进行取舍：爱人或爱己，爱人是美德，爱己是罪恶。"③ 自爱之所以会被当作自私的同义词，是因为二者都关注自我的需要和利益。确实，自私的主体和自爱的主体都关注自我的需要与利益的满足，但二者关注和满足的方式是不同的。

自爱当然以自我为爱的对象，但自爱并不必然地包含了对他人之爱的排斥。而自私这个概念本身就包含着排斥他人的意思，德国伦理学家石里克说："我们在原则上揭示了人们用自私这个可耻的名字来称呼的

---

① [美] 欧文·辛格：《超越的爱》，沈彬等译，中国社会科学出版社1992年版，第269页。
② [德] 康德：《实践理性批判》，邓晓芒译，人民出版社2003年版，第100页。
③ [美] 弗洛姆：《为自己的人》，孙依依译，三联书店1988年版，第121页。

那种倾向的本质，那就是对他人漠不关心。"① 尼娜·拉里什-海德尔说："自私自利的人以自我为中心，目光望向外面，关注可以'得到'什么。他相信，'拥有'能让他幸福。他甚至根本不关心其他人的存在，其他人怎么样对他来说根本不重要。"② 也就是说，自私的主体追求的目标是封闭的，只关注他自己的利益而漠视他人的利益。更有甚者，自私的人为了自己的利益而作出伤害他人的事，"可以通过许诺给予金钱、名望或权力来诱使一个自私自利者做些甚至会伤害别人的事情。"③ 这样的自私当然是应当受到谴责的，但这是对自私的谴责，而不是对自爱的谴责。

弗洛姆不同意把自爱作为自私的同义词，他在谈到加尔文把自爱等同于自私而谴责自爱的时候，他引用了加尔文的话："我们并不属于我们自己，因此我们既不会以理性、也不会以意志来统治我们的思想和行为。我们并不属于我们自己，所以不能让追求肉体的满足作为最终目标。我们并不属于我们自己，因此我们要尽可能地忘掉自己、忘掉我们所有的一切。正相反，我们属于上帝，因此我们要为上帝而生，为上帝而死。因为肉体是最具有破坏性的瘟疫，如果人放任自己，他就会遭到毁灭。肉体只是一个不具自我认识、不知自我所求、而全凭上帝指引的救世"④。显然，在弗洛姆看来，加尔文只是把人作为上帝的附属物，而对人的独立的主体力量进行了遮蔽，从而把人作为追求人以外的某种目标的工具和手段。"加尔文与路德所持的人的观点，对现代西方社会的发展产生了巨大的影响。他们确定了一种基本的态度，即人自身的幸福并不是生活的目的，而在生活的过程中，人成了超越自己目标的一种

---

① ［德］石里克：《伦理学问题》，张国珍等译，商务印书馆 1997 年版，第 73 页。
② ［德］尼娜·拉里什-海德尔：《爱自己：爱是唯一的力量》，朱刘华译，北方妇女儿童出版社 2010 年版，第 32 页。
③ ［德］尼娜·拉里什-海德尔：《爱自己：爱是唯一的力量》，朱刘华译，北方妇女儿童出版社 2010 年版，第 35 页。
④ ［美］弗洛姆：《为自己的人》，孙依依译，三联书店 1988 年版，第 121—122 页。

工具，他是全能的上帝或世俗权威、规范、国家、事业、成功的附属物。"① 批判自爱的人，其实是把人仅仅当作为了超越个人之上的目的的工具或手段。在"整体主义"思维盛行的年代，"集体的事再小也是大事，个人的事再大也是小事"的口号被喊得山响，任何对自我利益的关注，都可能被认为是没有集体观念，而被当作是自私的加以批判。

弗洛姆明确地指出自私和自爱的差别："自私与自爱，实际上是对立的而非一致的。自私者并不十分爱己，或很少爱己；事实上，他们憎恨自己。他缺乏对自己的喜爱和关心，这种缺乏只是他缺乏生产性的一种表现而已，因此，他是空虚的、屡屡受挫的。"② 他只是把他之外的所有人和物当作满足自己需要的工具，"'这能给我带来什么'是一个自私自利者最常提的问题。"③ 他通常不会去想，"我的存在和行为能给他人带来什么帮助"。自私的人随着时间的推移，只会变得越来越封闭，"由于对别人的态度，自私自利者的处境越来越不好过，他也不会将此解释为他自己有什么不对的地方，反而得出结论：看样子他至今对自己关心还不够，他决定现在开始只想着自己，只做自己想要的事等，这进一步加剧了他的自闭。"④ 这种越来越封闭的自私不仅不是自爱，而且要靠自爱才能予以克服，"自私自利是人类发展的最大障碍之一，同时也是我们的时代病。只有爱自己能够为我们治疗这种疾病。"⑤

二、对"善"的自爱的肯定

亚里士多德以追求的价值目标不同而区分了两种自爱，肯定了以

---

① ［美］弗洛姆：《为自己的人》，孙依依译，三联书店1988年版，第122—123页。

② ［美］弗洛姆：《为自己的人》，孙依依译，三联书店1988年版，第130页。

③ ［德］尼娜·拉里什-海德尔：《爱自己：爱是唯一的力量》，朱刘华译，北方妇女儿童出版社2010年版，第35页。

④ ［德］尼娜·拉里什-海德尔：《爱自己：爱是唯一的力量》，朱刘华译，北方妇女儿童出版社2010年版，第35页。

⑤ ［德］尼娜·拉里什-海德尔：《爱自己：爱是唯一的力量》，朱刘华译，北方妇女儿童出版社2010年版，第37页。

"高尚"为目标的自爱，否定了以"私欲"为目标的自爱。以"钱财、荣誉和肉体快乐"等私欲为目标，其实就是以物质性享受为目标。而以"公正、节制"等高尚美好的东西为追求目标，则是以精神性产品为目标。有的学者认为，"真正的自爱，既包括物质性自爱，也包括精神性自爱。只有物质性而无精神性的自爱，仅是'动物的自爱'；只有精神性而无物质性的自爱，仅是'神仙的自爱'。人，既是物质存在，又是精神主体。因此，真正的自爱是物质性与精神性的有机结合。"① 尽管在这里同时肯定了物质性自爱和精神性自爱，但这样的划分似有不妥，自爱不应该被分为物质性自爱和精神性自爱，因为人的生命本身就是肉体生命和精神生命的统一体，"自爱就是个体通过趋利避害的方式来体现的对自己生存和发展的爱护，是人所特有的一种生命机制，不存在有所谓的肉体生命的自爱和精神生命的自爱。"② 把人的需要分为物质性需要和精神性需要则是可以的，无论物质性需要还是精神性需要都是为了满足人的生命存在和发展的需要。从人存在的本体论维度看，人通过趋利避害的方式满足这些需要就是自爱，为理所当然地满足自己的这些需要，就需要赋予这种维护生命存在的自爱以"善"的属性。

　　"善"是伦理学上一个非常古老并且讨论颇多的话题。"善"在古文中的写法有"譱""善""譱"等，"善"字从"羊"从"言"，"羊"象征吉祥美好的东西，因此"善"主要是指众口称赞之意，那就是大家都说好。"善"的含义有广义和狭义之分。从广义上看，"善"相当于"好"，与"坏"相对，所对应的英文单词是 good。good 可以翻译成"好"也可以翻译成"善"，冯友兰先生曾以"好"来阐释 good 之意义，并取孟子的"可欲之谓善"来说明"善"与"好"的含义，他指出"善"是"好"的一种，但"善"并未穷尽"好"的全部含义。③

---

①　洪德裕等：《自爱论》，华夏出版社 1989 年版，第 2—3 页。
②　陈新汉：《自我评价论》，上海人民出版社 2011 年版，第 193 页。
③　参见严群：《亚里士多德之伦理思想》，商务印书馆 2003 年版，第 14 页。

从狭义上看，"善"的含义主要是指动机或行为符合道德规范和道德原则，具有美德的意义，与"恶"相对，相对应的英文单词应该是virtue。亚里士多德的"善"就是广义的意义上的"好"的意思，对于亚里士多德的"善"，严群先生谈道："亚氏所谓'善'，应作广义解。举凡一切事之功用（或效用），即一切事物之善。"① 而功用有三种类型：第一种为"滋养与生长者"，第二种为"感觉者"，第三种为"理性者"。"人类之功用，既有三种。第一种与草木禽兽所共有，第二种与禽兽所共有，唯第三种为人类所独有。"② 对于第三种"功用"，严群说道："理性者，杀身虽苦，成仁德厚，人类宁可杀身以成仁矣，己重，群亦重；二者相权，舍己而从群矣。彼禽兽则不然，只知感觉中之快乐，安有道德之可言；独顾肉体上之保暖，复何有于理想。"③ 诚然，第三种"功用"固然高尚，但离开前两种"功用"，第三种"功用"也就成为无本之木。因此肯定第三种"功用"的"善"，就需要肯定前两种"功用"的"善"。对于"滋养与生长者"，严群解释道："人类日食三餐，啖粱肉果蔬，以滋养其身体；正如草木之于日光吸收炭气，于土中提取水分与其他化学原质，以维持其生命者焉。"④ "滋养与生长"尽管是人的最低层次的"功用"，但也毕竟是人的"功用"，因此它具有"善"的属性。

石里克说："善的形式上的特点在于：善总是显现为某种被要求，或被命令的东西；恶则显现为某种被禁止的东西。"⑤ 对于这种"善"的形式上的特点，石里克并不满意，他认为这属于康德"绝对应当"伦理思想中的命令的学说，而这个思想中隐含着一个错误："他的伦理学思想的一个最大的错误，就在于他相信，只要阐明了道德善的纯形式

① 严群：《亚里士多德之伦理思想》，商务印书馆 2003 年版，第 14 页。
② 严群：《亚里士多德之伦理思想》，商务印书馆 2003 年版，第 17 页。
③ 严群：《亚里士多德之伦理思想》，商务印书馆 2003 年版，第 17 页。
④ 严群：《亚里士多德之伦理思想》，商务印书馆 2003 年版，第 16 页。
⑤ ［德］石里克：《伦理学问题》，张国珍等译，商务印书馆 1997 年版，第 18 页。

特性，也就穷尽了这个概念的全部内容，也就是说，除了是被要求的、'应该的'之外，善就没有任何别的内容了。"① 石里克要赋予"善"这个词以实质的内容，他称之为"善的实质的特点"。通过对利己主义、义务论、功利主义等关于"善"的规定的考察，石里克得出了他的结论："善"就是在社会看来是有用的东西。正因为"善"在实质上是"有用"的，所以在形式是"应当"的。"有用"是对于社会的，也就是对于人的，因此凡是有利于维护人的存在的都是"有用"的，也就具有"善"的属性、就是好的，因此，以趋利避害的方式维护自己存在的自爱本身就是"善"的，就应该被肯定。需要特别指出的是，我们在人存在的本体论维度上谈论的自爱的"善"指的是广义的"善"，不同于狭义的具有伦理维度美德意义的"善"。

（一）"良心和自爱总是引我们到同一条路上"

为物质性自爱提供合法性支持，就是要证明人对自己利益的追求本身就是"善"的，也就是说，自爱（当然包括物质性自爱）本身就符合德性的要求。伊壁鸠鲁说："快乐是幸福生活的开始和目的。因为我们认为幸福生活是我们天生的最高的善，我们的一切取舍都从快乐出发，我们的最终目的乃是得到快乐，而以感触为标准来判断一切的善。"② 伊壁鸠鲁所说的快乐首先是肉体的快乐，离开了肉体的快乐和幸福，也就没有了其他一切的快乐和幸福，那就无法追求"善"的生活，"如果抽掉了嗜好的快乐，抽掉了爱情的快乐以及听觉与视觉的快乐，我就不知道我还怎么能够想象善。"③ 伊壁鸠鲁并没有在肯定肉体快乐的同时而排斥精神的快乐，他说："肉体的健康和灵魂的平静乃是

---

① ［德］石里克：《伦理学问题》，张国珍等译，商务印书馆1997年版，第19页。
② 北京大学哲学系外国哲学史教研室编译：《古希腊罗马哲学》，商务印书馆1961年版，第367页。
③ 周辅成编：《西方伦理学名著选辑》上卷，商务印书馆1987年版，第95页。

幸福生活的目的。"① 如果说，亚里士多德仅仅赋予满足精神性需要的自爱以"善"的属性，那么伊壁鸠鲁则同时赋予了满足物质性需要的自爱和满足精神性需要的自爱以"善"的属性。伊壁鸠鲁对自爱的肯定，虽不为其后的斯多葛派和中世纪的基督教神学所认同，但其学说却多为文艺复兴和启蒙运动时期的思想家们所接受。

经过漫长的中世纪神学对自我的遮蔽，自爱在以"爱上帝"的名义下受到压抑，这种"见神不见人"的状态遭到了文艺复兴和启蒙时代思想家们的强烈批判，他们发动了促使自爱从"神性"向人性回归的思想运动。斯宾诺莎认为，"理性既然不要求任何违反自然的事物，所以理性真正要求的，在于每个人都应当爱自己，应当寻求自己的利益——寻求对自己真正有利的东西，欲望一切足以使人更为完美的东西。每个人都尽最大的努力保持他自己的存在，这是一个必然的真理，就像整体大于部分的真理一样。另外，德性不是别的，只是依照自己本性的法则而行动。"② 洛克说："德性，正像它的义务一样，是被自然理性所发现的上帝意志，因而具有法律的力量；实质上，它不是别的而只是对人有益的行为（无论对己还是对人），与此相反，恶行不是别的，而只是对人产生伤害的行为。"③ 爱尔维修认为，"除了自爱（即对痛苦的厌恶和对快乐的欲望）一切都是后天获得的。'在任何地方和任何时候，在道德领域和精神领域，那支配个人判断的总是个人的利益，一般或公共的利益则决定民族的判断……'"④巴特勒说："良心和自爱（如果我们懂得我们真正的幸福是什么的话）总是引我们到同一条路上。"⑤

---

① 周辅成编：《西方伦理学名著选辑》上卷，商务印书馆 1987 年版，第 103 页。

② ［美］弗兰克·梯利：《伦理学导论》，何意译，广西师范大学出版社 2002 年版，第 126 页。

③ ［美］弗兰克·梯利：《伦理学导论》，何意译，广西师范大学出版社 2002 年版，第 106 页。

④ ［美］弗兰克·梯利：《伦理学导论》，何意译，广西师范大学出版社 2002 年版，第 34 页。

⑤ ［美］弗兰克·梯利：《伦理学导论》，何意译，广西师范大学出版社 2002 年版，第 107 页。

他们否定以道德的名义对自我需要的压抑和束缚，肯定了自我需要的满足是一种符合德性的行为。

自爱的含义在爱尔维修那里被界定为"趋乐避苦"。他说："人是能够感觉肉体的快乐和痛苦的，因此他逃避前者，寻求后者。就是这种经常的逃避和寻求，我称之为自爱。"① 在爱尔维修看来，人的自爱情感是"肉体的感受性的直接后果，因而为人人所共具，乃是与人不可分离的。我以它的永久性、不可改变性甚至不可变换性来作为这一点的证明。在一切情感中，这是属于这一类的唯一的情感；我们是凭它获得我们的一切欲望、一切感情的。这些感情在我们身上只能是把自爱应用在这种或那种对象上的结果"②。启蒙思想家们不仅认为自爱是人的自我确证和人追求幸福的内在根源，而且认为人的自爱是自然赋予人的权利，是自然道德，而与服从宗教权威的宗教道德相区别，"自然叫人爱自己、保存自己、不断增加自己幸福的总量；而宗教则命令人单单去爱一个可怖的和令人憎恨的上帝，让人厌恶自己，让人为了一个可怕的偶像而牺牲自己心中最甜蜜和最合法的快乐。"③ 在他们那里，追求幸福就是人生的目的，只要符合人生的快乐和幸福的东西就具有善的属性，趋利避害的自爱正是人追求快乐和幸福的情感基础，因此，也就具有"善"的属性。这种以趋利避害为特征的对自我需要的满足，可以称之为自利，但并不能等同于利己主义。

德国哲学家石里克把对自我需要的满足称为自利，并把自利与利己主义进行区分。他认为自利就是寻求自身需要和利益的满足，包括较低级的生存需要的满足，"这些所谓肉欲爱好是每一个人都有的，没有了这种爱好，人就不能生存了。但它们并不会使每个人都成为利己主义

① 北京大学哲学系外国哲学史教研室编：《西方哲学原著选读》下卷，商务印书馆 2009 年版，第 181 页。
② 北京大学哲学系外国哲学史教研室编：《西方哲学原著选读》下卷，商务印书馆 2009 年版，第 181 页。
③ 周辅成编：《西方伦理学名著选辑》下卷，商务印书馆 1987 年版，第 86 页。

者。甚至在这些肉欲爱好决定着人的行为的时刻，也是如此。在吃、喝和生育时，人的行为远非利己主义的。"① 满足自我的需要只能被称作利己而不能被当作利己主义，"满足一个冲动，这本身决不是利己主义的，这是满足的方式，即满足冲动时的情势，才可能产生我们需要用'利己主义'这个贬义词去加以描绘的那种事实。"② 也就是说，只有那种在满足自己需要时，对他人和社会的利益漠不关心，甚至不惜牺牲别人的利益而追求自己的目的的人，才被称作利己主义者。"不为他人着想——这实际上就是利己主义者的特点。"③

(二)"为了保持我们的生存，我们必须要爱自己"

自爱不仅是"善"的，而且也是必需的，因为自爱是人存在的本体论依据，生命存在本身就需要自爱。卢梭说："为了保持我们的生存，我们必须要爱自己，我爱自己要胜过爱其他一切的东西。"④ 如果自爱具有"善"的属性，那么我们是为了择善才选择自爱。但如果自爱是人存在的本体论依据，那么我们选择了存在，也就选择了自爱。无论把这种为维护自我存在的欲念说成是自爱还是自私，它都是人生来就有的。"人类天生的唯一无二的欲念是自爱，也就是广义上说的自私。这种自私，对它本身或对我们都是很好和很有用的；而且由于它不一定关系到其他的人，所以对它对任何人也自然是公允的，它的变好或变坏，完全看我们怎样运用和使它具有怎样的关系而定。"⑤ 人要存在于世，自爱和自我保存与自我生命的存在是同一的。霍尔巴赫说："人从本质上就是自己爱自己，愿意保存自己，设法使自己的生存幸福。所

① [德] 石里克：《伦理学问题》，张国珍等译，商务印书馆 1997 年版，第 72 页。
② [德] 石里克：《伦理学问题》，张国珍等译，商务印书馆 1997 年版，第 72 页。
③ [德] 石里克：《伦理学问题》，张国珍等译，商务印书馆 1997 年版，第 73 页。
④ [法] 卢梭：《爱弥儿》，李平沤译，商务印书馆 2010 年版，第 289 页。
⑤ [法] 卢梭：《爱弥儿》，李平沤译，商务印书馆 2010 年版，第 95 页。

以，利益或对于幸福的欲求就是人的一切行动的唯一动力。"①

在中国思想史的记载中，最早打出"贵生""重生"旗帜的应该是杨朱。"全性保真，不以物累形，杨子所立也。"（《淮南子·氾论训》）在杨朱看来，"天生人而有贪有欲。"（《吕氏春秋·情欲》）人无论处于何种社会地位，要维护自己的生命存在，就得满足自己的这些欲望，"耳之欲五声，目之欲五色，口之欲五味，情也。此三者，贵贱、愚智、贤不肖欲之若一，虽神农、黄帝，其与桀、纣同。"（同上）如果这些欲望不能够得到满足，那么就跟死没有什么差别，"耳不乐声，目不乐色，口不甘味，与死无择。"（同上）当然，这些欲望的满足也是有限度的，其限度就是一定要有利于生命的存在，"夫耳目口鼻，生之役也，耳虽欲声，目虽欲色，鼻虽欲芬芳，口虽欲尝味，害于生则止。在四官者不欲，利于生则为。"（《吕氏春秋·贵生》）生命是最终目标，也是选择的标准，"圣人之于声色滋味也，利于性（生）则取之，害于性（生）则舍之，此全性之道也。"（《吕氏春秋·本生》）杨朱以生命为重的思想虽然遭到孟子毫不客气的批判，也为传统社会的价值体系所不容，但他对自我生命价值的肯定无疑是有积极意义的。

马克思说："全部人类历史的第一个前提无疑是有生命的个人的存在。"② 因此，任何社会历史能够存在的前提都是有个人的存在。个人要维护自己的生命就需要趋利避害。把自爱作为人存在的本体论根据，那么自爱和人的存在就是同一的，"既然自爱源自人的本能，因此，除非消灭'我'，否则就不能消灭自爱……有我就必然有自爱，没有自爱也就没有人的生命本身。"③ 从人的存在的本体论的维度理解自爱，把自爱与人的存在直接同一，这就赋予了自爱与人的存在具有同样的

① 北京大学哲学系外国哲学史教研室编译：《十八世纪法国哲学》，商务印书馆1963年版，第512页。
② 《马克思恩格斯全集》第3卷，人民出版社2002年版，第23页。
③ 陈新汉：《自我评价论》，上海人民出版社2011年版，第193页。

"善"的属性，除非否认人的存在的"善"，否则就不能否认自爱的"善"。但这样理解自爱依然存在着难以避免的困境。

第三节　自爱的本体论困境

在本体论维度赋予自爱以"善"意，主要是从"功用的善"的角度赋予自爱以善的伦理属性，但事实上，"功用的善"和"伦理的善"并不一定是直接同一的，二者之间的矛盾导致了自爱在本体论上的困境。

一、自爱的"善"：功用的"善"还是伦理的"善"

从本体论维度去理解自爱，并为本体论维度的自爱赋以"善"的属性，能够为物质性自爱提供合法性支持。但这种趋乐避苦的自爱在康德那里却没有道德的属性，康德始终反对将道德学说理解为幸福学说，"我们必须永远不把道德学说本身当作幸福学说来对待，亦即当作某种分享幸福的指南来对待；因为它只是与幸福的理性条件相关，而与获得幸福的手段无关。但假如道德学（它仅仅提出义务，而不给自私的愿望提供做法）给完整地阐述出来：那么只有在这时，当基于一个法则之上的、以前未能从任何自私的心灵中产生的促进至善（把上帝之国带给我们）的道德愿望被唤醒，并为着这个愿望向宗教迈出了步伐之后，这种伦理学说才能够也被称之为幸福学说。"[1] 我们今天谈到的自爱，已经成为一种道德品质、一种美德。而从本体论维度为自爱是一种美德提供理论支持，正是把自爱作为"幸福"学说来看待。因此，从本体论维度对自爱的论证为德性伦理学所不容。"善"是"好"的一

---

① ［德］康德：《实践理性批判》，邓晓芒译，人民出版社 2003 年版，第 178 页。

种，但没有穷尽"好"的全部含义。狭义上的"善"从属于广义上的"善"，但广义上的"善"却不一定符合狭义上的"善"。而我们把自爱作为一种美德，显然是从狭义上的"善"的含义来理解自爱的伦理属性。而本体论维度对自爱的理解只是赋予了自爱以广义的"善"的属性。

把自爱理解为人存在的本体论根据，为人们理直气壮地去寻求自我需要的满足提供了理论支持。自爱不仅被理解为"功用"的"善"，而且要被理解为伦理上的"善"，才能说自爱是一种美德，是主体应该具有的优良品质，也才能说明进行自爱教育的必要性。自爱的本体论解读，肯定了主体自我需要的满足是一种"善"的行为，但这里肯定的是一切主体自爱的行为。其所面临的困境就是，如果主体是一个作"恶"的主体，那么他对自我需要的满足还是一种美德吗？具体地说，周正龙拍出纸老虎照片后，一些官员拍着脑袋担保周正龙拍的是真的华南虎。在虎的年画都已经曝光后，他们为了自己的名誉（或者还有背后的其他利益），坚决否认照片是伪造的。这种对自我名誉或其他利益的爱也可以叫作自爱吗？如果可以被叫作自爱，那么这样的自爱也可以被赋予"善"的属性吗？显然，我们只能作出否定性的回答。

二、本体论维度"善"的自爱的困境

实际上，趋乐避苦是人的一种本能，而本能具有亚里士多德关于"功用"的"善"，还不能说具有伦理维度上的"善"。只有满足本能的方式以及本能得到满足后的主体的行为才具有伦理上的善恶之分。如果主体的行为是"善"的，那么为了维护"善"的主体的趋乐避苦的行为就具有增强主体的行善能力的性质。而如果主体的行为是"恶"的，则"恶"的主体的趋乐避苦的行为就具有"为虎作伥"的性质。因此，趋乐避苦的行为与伦理的"善"没有必然的联系，"当说一切快乐皆为善的，一切善皆为快乐的。然此不合事实者。如吾人承认幸灾乐祸的人，亦有一种快乐，偷盗杀人之人，偷得了食物，与杀了人，亦有一快乐。然吾人并不以之为善。而牺牲自己，以为他人而吃苦之人，吾人却以之为善，可见乐与善非同义语，吃苦亦可以是善。"① 因此，我们说以趋乐避苦为特征的自爱不具有伦理上"善"的属性。把自爱理解为趋乐避苦并与人的本能相联系，并不能赋予自爱以伦理合法性，关键要看满足本能后的主体的行为所具有的意义，我们以饮食这种满足本能需要的方式来作些分析。

保存生命是一种本能，而饮食显然是保存生命最基本的活动，饮食是人与动物都有的，但人的饮食不同于动物的维持自己生命存在的饮食，"人饮食，是为的使他的生命的意义，贯注到事物里面。"② 人的饮食活动是为了实现主体客体化，是以客体的属性来增强主体的力量，"饮食之实现价值，与人生之一切活动之实现价值，在本质是同类的。一切价值，联系成一由低至高的层叠，最低的价值上通最高的价值。假如低的价值之实现，为高的价值的实现之必需的基础，低的价值之实现，与高的价值之实现，可是同样神圣的。所以饮食本身不是罪恶，罪恶只产生于为低级价值之实现，而湮没我们高级价值之实现的努力的时候。"③ 显然，在唐君毅先生看来，饮食的善恶在于饮食本身湮没了高级价值、还是饮食帮助我们上通至高级价值，也就是说，饮食的意义取决于饮食后主体的行为的意义。

由此，本体论维度的自爱仅仅关注了趋利避害作为人的本能的合理性，而不能关注趋利避害的主体行为的意义。发生在广东佛山的小悦悦事件中那十八个冷漠的路人，以及之前一些老人跌倒没人扶的现象，正在凸显着我们当前社会的道德冷漠。那些冷漠的主体之所以选择了冷

---

① 唐君毅：《哲学概论》下册，中国社会科学出版社 2005 年版，第 712 页。
② 唐君毅：《人生三书》，中国社会科学出版社 2005 年版，第 45 页。
③ 唐君毅：《人生三书》，中国社会科学出版社 2005 年版，第 46 页。

漠，而没有选择救助他人的道德行为，其出发点就是他们认为的"自我保护"。避免给自己惹麻烦上身，正是他们在面对需要救助的对象时思维的出发点。这种逃避"麻烦"的行为也是符合趋利避害的行为，如果这样的行为是一种自爱的行为的话，那么这样的自爱我们不要也罢。亚当·斯密告诫说："当他人的幸福或者痛苦在各方面都取决于我们的行为时，我们恐怕不敢按自爱之心的暗示来行动，不会把一个人的利益看得高过众人的利益。"① 可那十八个路人恰恰是"按自爱之心的暗示来行动"，不仅他们，还有其他为了自身利益而选择道德冷漠的人，都是以其"自爱之心的暗示"而损害了"众人的利益"。他们的利益不仅要受到被他们损害的道德文明的间接损害，而且他们的行为本身也会受到社会群体强烈的谴责，而使他们内心承受巨大的压力，"只要想起，他就为自己的行为感到羞愧和恐慌。倘若他的行为弄得众人皆知，他定然会觉得自己要将遭受到奇耻大辱。"② 也就是说，冷漠的主体选择这种"躲避麻烦"的"自爱"行为，终究要损害这些主体自身的利益。

本体论维度的自爱无法解决爱人与爱己的矛盾，而自爱的主体是离不开自己所存在的群体的，"爱自己就是：我不是脱离世界的其他部分观看自己、体验自己，而是将自己理解为整体的一部分。"③ 离开了整体而仅仅关注于自己本能的所谓"自爱"，不仅不能自爱，而且还会最终造成自我利益的损害。而要从自爱的困境中走出来，我们可以从价值论的角度去理解自爱。

从价值哲学的视野中去理解自爱，自爱是在自我价值感基础上产生

---

① ［英］亚当·斯密：《道德情操论》，王秀莉等译，北京理工大学出版社 2009 年版，第140 页。
② ［英］亚当·斯密：《道德情操论》，王秀莉等译，北京理工大学出版社 2009 年版，第123 页。
③ ［德］尼娜·拉里什-海德尔：《爱自己：爱是唯一的力量》，朱刘华译，北方妇女儿童出版社 2010 年版，第 23 页。

的对"我"的爱的情感。也就是说，在自我的存在和行为有价值的基础上才产生了自爱的情感。自爱是自我对有价值的"我"的爱、是对"好""我"的爱，这样的自爱才能被视作一种美德，当然，这需要我们通过教育去培养这种正确的自爱观。

第二章　价值论维度的自爱：仁者自爱

　　无论把自爱从伦理维度理解为对"高尚"目标的追求，还是在本体论维度理解为对自我需要的满足，都是把自爱看作满足自己需要的动机和行为，也都可以把自爱概括为通俗的说法，即自爱是对自己身体和荣誉的爱。但黑格尔在他的《法哲学原理》第158节论述家庭时说："爱是感觉。"[①] 在第159节的补充中，他再一次强调："再说一遍，爱是感觉，是一种主观的东西。"[②] 尽管黑格尔在这里所说的爱是"作为精神的直接实体性的家庭"[③] 的规定，但当我们在谈到自爱——自己对自己的爱时，这里的"爱"也可以被理解为自己对自己的感觉，是"一种主观的东西"。

　　喜"好"恶"坏"乃人之常情，"好"和"坏"实际就是主体作出的价值判断。自爱就是因为主体意识到"我"的"好"而爱自己，而爱自己就希望自己越来越"好"。对"好""我"的期待不断地转化为自爱的行为。这样的自爱不是自私，也不是自恋，自爱是将内在对自我价值的追求外化为自我实现的行动，因此，价值论维度的自爱具有善的属性。

---

① ［德］黑格尔：《法哲学原理》，范扬等译，商务印书馆1979年版，第175页。
② ［德］黑格尔：《法哲学原理》，范扬等译，商务印书馆1979年版，第176页。
③ ［德］黑格尔：《法哲学原理》，范扬等译，商务印书馆1979年版，第175页。

第一节　对价值的理解

通常对价值的理解分为经济学上的价值概念和哲学上的价值概念，经济学上的价值概念与哲学上的价值概念是特殊与普遍、具体与抽象的关系。我们正是要通过经济学的价值概念的特殊来理解哲学价值概念的一般。

一、价值是反映社会关系的哲学范畴

商品是马克思解剖资本主义经济秘密的逻辑起点，"能同别的产品交换的产品就是商品。这些产品由以交换的一定比例就是它们的交换价值，或者说用货币来表示，就是它们的价格。"[1] 交换价值或价格是由商品的价值决定的，"商品作为价值是社会的量，因而，是和它们作为'物'的'属性'绝对不同的东西。商品作为价值只是代表人们在其生产活动中的关系。价值确实包含'交换'，但是这种交换是人们之间物的交换；这种交换同物本身是绝对无关的。物不论是在 A 手中还是在 B 手中，都保持同样的'属性'。'价值'概念的确是以产品的'交换'为前提的。在共同劳动的条件下，人们在其社会生产中的关系就不表现为'物'的'价值'。"[2] "其实，进行交换活动的人的中介运动，不是社会的、人的运动，不是人的关系，它是私有财产对私有财产的抽象的关系，而这种抽象的关系是价值。货币才是作为价值的价值的现实存在。"[3] 价值是商品的社会属性，价值揭露了生产商品的人们之间的社会关系，"价值这个经济学概念在古代人那里没有出现过。价值只是在

---

① 《马克思恩格斯选集》第 1 卷，人民出版社 1995 年版，第 346 页。
② 《马克思恩格斯全集》第 35 卷，人民出版社 2013 年版，第 138—139 页。
③ 《马克思恩格斯全集》第 42 卷，人民出版社 1979 年版，第 20 页。

揭露欺诈行为等等时才在法律上区别于价格。价值概念完全属于现代经济学，因为它是资本本身的和以资本为基础的生产的最抽象的表现。价值概念泄露了资本的秘密。"① "这个所谓的'秘密'也就是人与人之间的社会关系。"② 马克思正是在批评将价值等同于使用价值的错误观点的基础上，为我们揭示了隐藏在商品背后的人与人之间的社会关系的价值概念的丰富内涵。

唐君毅先生在谈到价值一词的含义时说："在中西之传统思想中，与之大体相近之一名，乃好与善。西方之价值一名，由经济学上所谓价值引申而来。中国之'好'字，从女从子，由男女好合之义引申而来。善从羊，乃兼由羊之驯良之义引申而来。此诸字之字原之意义，与其今日所涵之意义，其广狭，皆大不相同。吾人今所谓价值或好或善，乃指知识上之真，情感感觉上之美，道德的意志行为上之善，及实用生活之便利……等一切，与伪、错、丑、恶、害……相对者之通称。"③ 把价值关系理解为对主体具有"好"或"善"的意义，实际上已经包含着对价值关系的评价在其中。

二、对价值的理解达成的共识

在学者们对价值含义理解的基础上，我们以马克思主义理论为指导，对价值的含义作如下理解：

第一，价值是一种关系范畴。"'价值'这个普遍的概念是从人们对待满足他们需要的外界物的关系中产生的……"④ 马克思通过商品的二重性揭示了价值概念所反映的人与人之间的社会关系的丰富内涵，对于我们理解哲学上的价值概念有着深刻的启示意义，即只有在关系范畴

---

① 《马克思恩格斯全集》第31卷上，人民出版社1998年版，第180页。

② 俞吾金：《重视对马克思的价值理论的研究》，《当代国外马克思主义评论》2008年第12期。

③ 唐君毅：《哲学概论》下册，中国社会科学出版社2005年版，第707页。

④ 《马克思恩格斯全集》第19卷，人民出版社1963年版，第406页。

中，才能真正理解价值的含义。理解物的价值需要把物的属性和人的需要联系起来，理解人的价值也要把人的存在和行为与人和社会的需要联系起来。既然价值是关系范畴，那么总离不开互相关系着的两极。其两极就是价值主体和价值客体。需要指出的是，价值主体只能是人，而价值客体则可以是任何事物。也就是说，人作为价值主体的同时，也可以作为价值客体。

第二，价值是客体属性满足主体需要的现实效应，具有客观性。尽管石里克仅从主观方面去理解价值的本质，但他也在一定程度上承认了价值的客观性，"价值的存在只依赖于人，依赖于主体的情感。但这种主体性并不是反复无常的，并不意味着主体可以随意地宣布对象是有价值的或无价值的。"[1] 价值的客观性可以从主体需要的客观性和客体属性的客观性得到理解。主体需要的客观性可以从两个方面来理解：其一，主体需要总要受着主体肉体结构、生理结构、神经结构和精神结构的制约。其二，主体需要在本质上是社会创造的。[2] 需要不同于想要，想要是主体对需要的意识，价值关系是客体属性和主体需要之间的关系，而不是客体属性和想要之间的关系。

第三，对价值关系的深刻理解离不开评价，这种评价是价值主体对主客体之间价值关系的认识活动。评价活动不同于认知活动，认知活动遵循客体性原则，要尽量地避免主体因素的干扰而力求客观地把握认知对象的规律。但评价活动遵循的是主体性原则，评价活动的主体总是从自身需要出发从事评价活动的，唐君毅先生引用了孟子的话"可欲之谓善"后说："人如不知何处去发现价值或善而了解之，此定义即告诉人，从其自己之所欲、所好、所喜悦处去了解。我们亦可视他人之有其所欲、所好、所喜悦，以为他人所肯定寻求之善或价值之所在之一指

---

[1] ［德］石里克：《伦理学问题》，张国珍等译，商务印书馆 1997 年版，第 109 页。
[2] 参见陈新汉：《评价论导论》，上海社会科学出版社 1995 年版，第 112—114 页。

标，以旗帜。"① 唐先生说的人从自己的可欲处去发现价值或善，所指的就是评价活动的主体性，但他说从他人的所欲去发现价值就不是评价，而是认知了。如果评价活动不是评价者从自身需要出发的认识活动，那么就不再是评价活动而是认知活动了，"评价活动总是评价者对一定事实与自己之间的价值关系的认识，当这种事实（即使是价值事实）不再在与评价者相联系的价值关系中被考察时，对它的认识就不再是评价活动而是认知活动了。"② 认知活动遵循的是客体性原则，而评价活动遵循的是主体性原则，通过评价活动，我们就能深刻地理解价值关系中价值是对谁的价值、对谁有什么样的价值。

我们在以上认识的基础上理解以"我"为客体的价值关系。"我"作为价值客体，在价值关系中相对应的价值主体既有"我"，也有除"我"之外的他人和社会。相应地，对这种价值关系的评价主体也有"我"与他人和社会。也可称为自我评价与他人和社会对"我"的评价相并存。

第二节　价值论维度对自爱的理解

在本体论维度，自爱被理解为趋利避害。而在价值论维度，自爱被理解为因为"我"有价值而爱"我"的情感，以及爱"我"就让"我"越来越有价值的期待。自爱的情感不断地转化为"我"创造有价值人生的实践活动。因此，也可以说在价值论维度，自爱被理解为仁者自爱。

一、自爱的情感产生于自我价值感

"爱"是繁体字"愛"的简化形式，其含义大致有："①亲爱；喜

---

① 参见唐君毅：《哲学概论》下册，中国社会科学出版社 2005 年版，第 708 页。
② 参见陈新汉：《评价论导论》，上海社会科学出版社 1995 年版，第 93 页。

欢；喜爱。②心爱之物。《聊斋志异·石清虚》：叟乃曰：'石果君家者耶，仆家者耶？'答曰：'诚属君家，但求割爱耳。'③男女间有情有爱。苏武《留别妻》：'结发为夫妇，恩爱两不移。'④爱惜；怜惜；爱护。司马迁《史记·陈涉世家》：'吴广素爱人。'⑤吝啬；贪恋。《老子》：'甚爱必大费。'⑥对别人女儿的尊称。'令爱'同'令嫒'。⑦通'薆'。隐蔽。《礼记·礼运》：'故天不爱其道，地不爱其宝，人不爱其情。'"① 就"愛"到"爱"的演变过程看，"'愛'在小篆中是形声字，形符是夂，其余部分是声符，隶变后成为非形声字，许慎认为本义为行走的样子。《说文·夂部》：'愛，行貌。'假借为仁爱。《广雅·释诂四》：'愛，仁也。'《玉篇·夂部》：'愛，仁愛也。''爱'在元代已出现，是'愛'的俗字，据草书楷化而成。"② 在本书中"爱"的含义主要是指对人或对事的一种亲爱、喜欢或欢乐的感情。

　　"爱"是感情，因此是一种主观的心理感受，"爱是感觉，是一种主观的东西。"③ 而主观的东西"不外是移入人的头脑并在人的头脑中改造过的物质的东西而已"④。"爱"这种主观感觉当然来源于"物质的东西"，这种"物质的东西"不是别的，正是爱的对象的属性和表现。对自己的"爱"这种主观的感觉就来源于自我的存在及行为这种"物质的东西"。自我的存在和行为何以能让主体的"我"产生爱的情感，答案就是因为自我的存在和行为满足了价值主体的需要，从而被"我"认为是"好"的，是对"我"有益的，从而对这种"好"的、有益的自我产生了爱的情感。

　　黑格尔把爱作为家庭的规定进行论述，他说："爱是精神对自身统一的感觉。因此，在家庭中，人们的情绪就是意识到自己是在这种统一

---

① 任超奇主编：《新编古汉语常用字字典》，崇文书局 2006 年版，第 2 页。
② 魏励主编：《东方汉字辨析手册》，东方出版社 1997 年版，第 331 页。
③ ［德］黑格尔：《法哲学原理》，范扬等译，商务印书馆 1979 年版，第 176 页。
④ 《马克思恩格斯选集》第 2 卷，人民出版社 1995 年版，第 112 页。

中，即在自在自为地存在的实质中的个体性，从而使自己在其中不是一个独立的人，而成为一个成员。"① 这就是说，爱就是首先要否定孤立的自我，然后在其他家庭成员身上肯定自我，最终达到自我与家庭成员的统一，而这需要经过两个环节："所谓爱，一般说来，就是意识到我和别一个人的统一，使我不专为自己而孤立起来；相反地，我只有抛弃我独立的存在，并且知道自己是同别一个人以及别一个人同自己之间的统一，才获得我的自我意识。……爱的第一个环节，就是我不欲成为独立的、孤单的人，我如果是这样的人，就会觉得自己残缺不全。至于第二个环节是，我在别一个人身上找到了自己，即获得了他人对自己的承认，而别一个人反过来对我亦同。因此，爱是一种最不可思议的矛盾，绝非理智所能解决的，因为没有一种东西能比被否定了的、而我却仍应作为肯定的东西而具有的这一种严格的自我意识更为顽强的了。爱制造矛盾并解决矛盾。作为矛盾的解决，爱就是伦理性的统一。"② 可以看出，黑格尔对爱的论述依然走着他的三个阶段、一个圆圈的否定之否定路径，即肯定自我—否定自我—重新肯定自我，而最终肯定的自我已经不再是原先出发点的那个孤立的自我，而是经过与他人统一之后的获得他人认可的自我。而决定着孤立的自我走向获得他人承认并与他人统一的自我的关键环节，正是爱这种"精神对自身统一的感觉"③。在黑格尔的论述中，我们看到，爱是一个人通过他人确认自己的一个环节，通过爱的环节，"我"看到了他人身上的自己，通过他人的承认而确认了自己，"我"之所以会对他人产生爱的情感，是因为他人能够使"我"摆脱孤独的状态，反过来也一样，因为他人能够使"我"摆脱孤独的状态、使"我"通过他人的承认而确认自己，因此"我"产生了对他人的爱的情感。黑格尔在这里论述的爱是人与人之间的爱，实际上

---

① ［德］黑格尔：《法哲学原理》，范扬等译，商务印书馆 1979 年版，第 175 页。
② ［德］黑格尔：《法哲学原理》，范扬等译，商务印书馆 1979 年版，第 175 页。
③ ［德］黑格尔：《法哲学原理》，范扬等译，商务印书馆 1979 年版，第 175 页。

也是人对于有益于自己的人的爱，这种爱的情感产生于能够使"我"摆脱孤独状态而获得统一性的他人之间。"爱"的情感之所以会产生是因为我需要他人，"爱"的情感之所以产生了是因为他人满足了我的需要。

"人类可以有各种各样的体验。但所有人一定都要体验而且时时都在体验的体验，这在哲学上叫作'原体验'。爱正是这种原体验。"① 费尔巴哈认为，爱和恨都是人的本质，他说："对现在或后来成为愉快的感觉的原因的东西的爱也是人的本质；反过来，对不愉快的感觉的原因的仇恨也同样。"② 斯宾诺莎把爱与快乐相联系，而把恨与痛苦相联系，"爱是为一个外在原因的观念所伴随着的快乐，恨则是为一个外在原因的观念所伴随着的痛苦。"③ 弗洛伊德说："爱就是自我同它的快乐之源发生了联系……恨表示着自我同异己的外部世界的关系（异己的世界即不断地给予它痛苦刺激的世界）。"④ 弗洛伊德所说的快乐源也就是休谟所说的引起我们愉快的人和事，"任何人能够通过他的服务、美貌或献媚使他对我们成为有用或使我们愉快，就一定会博得我们的爱；而在另一方面，任何人伤害了我们，或使我们不快，就会刺激起我们的愤怒或憎恨。"⑤ 卢梭与休谟对爱的看法是一致的，他说："谁喜欢帮助我们，我们就爱他……谁企图损害我们，我们就恨他。"⑥ 今道友信认为爱是人对最重要事物的恋慕和向往的心情。"我们认为爱包含着两个含义，一个是人觉得可爱、人恋慕的事物，另一个是人认为重要、重大的事物。就是说，可以把爱姑且定义为'人对最重要的事物的恋慕、向

---

① 张品兴、乔继堂主编：《人生哲学宝库》，中国广播电视出版社1996年版，第628页。

② ［德］费尔巴哈：《哲学著作选集》上卷，三联书店1959年版，第430页。

③ ［荷兰］斯宾诺莎：《伦理学》，贺麟译，商务印书馆2010年版，第122页。

④ ［奥］弗洛伊德：《性爱与文明》，滕守尧译，安徽文艺出版社1987年版，第202页。

⑤ ［英］休谟：《人性论》下卷，关文运译，商务印书馆1980年版，第384页。

⑥ 周辅成编：《西方伦理学名著选辑》下卷，商务印书馆1987年版，第120页。

往的心情。'"①

　　人对外在事物的爱的情感取决于外在事物对于自己的价值，"一切具价值之事物，都是人所欲得的，人所寻求的、喜悦的、爱护的、赞美的或崇敬的。简言之，即都是人所欲或所好的。一切具负价值或反价值之事物，则是人所不欲得的，人所不寻求的、厌弃的、憎恨的、贬斥的、鄙视的。简言之，即都是人所不欲或所恶的。"② 王海明教授论述道："爱与恨是一种心理反应，它们与快乐、利益与痛苦、损害有必然联系：爱是自我对其快乐之因的心理反应，是对给予自己利益和快乐的东西的心理反应；恨是自我对其痛苦之因的心理反应，是对给予自己损害和痛苦的东西的心理反应。"③ 如前所述，对以自我为价值客体的价值关系的评价活动有两种，即自我评价活动与他人和社会对"我"的评价活动。在自我评价活动中，价值主体与价值客体直接同一，如果得出肯定性评价，那么价值主体就会认为价值客体"好"而产生爱的情感，这就是我对"我"产生的爱的情感，就是自爱。如果他人和社会作为价值主体，对作为价值客体的"我"作出肯定性评价，那么就会认为"我""好"而产生爱"我"的情感。他人和社会对"我"的爱能使"我"产生一种社会荣誉感，这种社会荣誉感能增强自爱的情感。可见，他人和社会对我的爱最终可以转化为自爱，实现这种转化的基础就是自我作为价值客体满足了价值主体的需要。

　　严群先生说："爱之欲其善，人之情也。"④ 爱一个人我们总希望他好，爱父母我们就希望父母好，爱男朋友或女朋友我们也希望他（她）好，同样，爱自己也当然包含着希望自己"好"的愿望在其中。希望自己"好"就是希望自己越来越有用、越来越有价值。让自己越来越

---

① 张品兴、乔继堂主编：《人生哲学宝库》，中国广播电视出版社 1996 年版，第 628 页。
② 唐君毅：《哲学概论》下册，中国社会科学出版社 2005 年版，第 707 页。
③ 王海明：《论爱》，《南昌大学学报》（人社版）2001 年第 7 期。
④ 严群：《亚里士多德之伦理思想》，商务印书馆 2003 年版，第 163 页。

有价值，就是要通过自己的实践活动尽可能高程度地满足价值主体的需要。因此，自爱的情感就需要具体化为不断增强自己的本质力量，不断通过自己本质力量的对象化为价值主体作出更多更好的贡献。尽管自爱是一种情感，但这种情感产生于"我"的价值，尤其是自爱的情感包含着对理想的"我"的期待，而要实现理想的"我"，使"我"从理想中的越来越好转化为现实中的越来越好，就需要通过"我"的实践，这种由自爱的情感而导致的实践就是自爱的行为。尽管自爱是对"好""我"的情感和对"好""我"的期待，但自爱这种情感离不开自爱的行为。正因为有自爱的行为，才能产生对"好""我"的爱的情感，也正因为有对"我"的"爱"的情感，才要通过自爱的行为而让"我"越来越"好"。

二、自爱的基础是对以"我"为客体的价值关系的肯定性评价

价值是主体需要和客体属性之间关系的范畴。满足了主体需要的客体就会被认为是"好"的，对于"好"的东西人们很自然地流露出喜爱的情感。"同人的需要毫无关系的事物，人对它是无所谓情感的；只有那种与人的需要有关的事物，才能引起人的情绪和情感。而且，依人的需要是否获得满足，情绪和情感具有肯定或否定的性质，凡能满足人的需要的事物，会引起肯定性质的体验，如快乐、满意、爱等；凡不能满足人的渴求的事物，或与人的意向相违背的事物，则会引起否定性质的体验，如愤怒、哀怨、憎恨等。"[1] 自爱情感产生的根源，就是自我作为评价主体对作为价值客体的"我"在满足包括"我"在内的个人和他人的需要过程中，所作出的肯定性评价。

自我满足"我"的需要可以被称为"利己"，但我们不可以把"利

---

① 曹日昌：《普通心理学》下册，人民教育出版社1980年版，第42页。

己"等同于利己主义，因为利己主义和自私是同一含义。

真正的自利是对自我利益的寻求，是为了使自己的生活过得更有价值和意义，是自爱的表现，不能被等同于自私。弗洛姆认为不能将自利和自私区分为现代文化的失败。"现代文化的失败，并不在于它的个人主义原则，也不在于它的道德观念与追求自身利益一致，而是在于自身利益之含义的退化；它的失败不在于这样一个事实，即人们过分地关心他们的自身利益，而是在于他们并没有充分地关心他们真正的自身利益；并不在于他们太自私，而在于他们不爱自己。"① 在弗洛姆看来，"人只有一种真正的利益，即充分发展他的潜能，充分发展作为人类一员的他自己。"② 人自身真正的利益，是作为整体中一员的利益，"爱自己就是：我不是脱离世界的其他部分观看自己、体验自己，而是将自己理解为整体的一部分。"③ 爱自己不仅没有排斥对他人和社会的爱，而且只有通过对他人和社会的爱，才能更加增强和深化自爱的情感。

其一，自爱是爱他人和社会的出发点。"一个人对邻人的友善，以及我们用来规定友爱的那些特征，似乎都产生于他对自身的关系。"④ "'我'的存在是一切道德行为可能的前提。所以，无论是他爱还是自爱，最终都是必须以'我'的存在、'我'的感受、'我'的需要、'我'的标准为前提。"⑤ 这种以自爱为出发点的他爱，与自爱本身是一致的。"作为一种人己利益观上的自爱，离不开对自己正当物质利益和正当权利的维护，这在大部分情况下是与爱人不矛盾的，但如果过分或

① ［美］弗洛姆：《为自己的人》，孙依依译，三联书店1988年版，第135页。
② ［美］弗洛姆：《为自己的人》，孙依依译，三联书店1988年版，第132页。
③ ［德］尼娜·拉里什-海德尔：《爱自己：爱是唯一的力量》，朱刘华译，北方妇女儿童出版社2010年版，第23页。
④ ［古希腊］亚里士多德：《尼各马可伦理学》，廖申白译，商务印书馆2003年版，第266页。
⑤ 沈嘉祺：《论道德教育中的自爱》，《湖南师范大学教育科学学报》2006年第2期。

不当地追求个人物质利益而导致其与他人利益发生对立冲突，那这种所谓的'自爱'（实际上是不自爱）就表现为与爱人的冲突。"① 真正的自爱与"爱他"是统一的，只对自己的爱或只对他人的爱，都是没有爱的能力的表现，"对自己的生活、幸福、成长以及自由的肯定是以爱的能力为基础的，这就是说，看你有没有能力关怀人、尊重人，有无责任心和是否了解人。如果一个人有能力创造性地爱，那他必然也爱自己，但如果他只爱别人，那他就是没有能力爱。"② 爱别人的能力是以爱自己的能力为基础的，如果连对自己的生活、幸福、成长的爱的能力都没有，那么又如何能够关怀人、尊重人呢？

其二，自爱是爱他人和社会的动力源。"只有一种感情既能满足人与世界成为一体的需要，同时又不使个人失去他的完整和独立意识，这就是爱。"③ 王海明论述道："我之所以无私为他人谋利益，是因为我爱他人；而我之所以爱他人，又只是因为我的利益是他人给的。这就是说，我能否为了他人而谋利益，取决于我能否爱他人；而能否爱他人又取决于他人能否给我利益。"④ 对他人和社会的爱，是因为他人和社会能够满足"我"的需要，他人和社会之所以能够满足"我"的需要，也是因为我能够满足他人和社会的需要，从根本上说，是我通过我的存在和行为满足了他人和社会的需要，而他人和社会也满足了"我"的需要。"爱人之心、同情心、报恩心所引发的行为之目的虽然是无私利人，但产生这种无私目的的根本的非目的原因亦即行为的原动力仍然是利己。"⑤

自爱的主体通过爱他人而实现了自爱。如前所述，自我作为价值客体，所对应的价值主体有自我与他人和社会。相对应的评价活动有自我

---

① 肖群忠：《论自爱》，《道德与文明》2004 年第 4 期。

② [美] 弗洛姆：《爱的艺术》，李建鸣译，上海译文出版社 2008 年版，第 55 页。

③ [美] 弗洛姆：《健全的社会》，欧阳谦译，中国文联出版公司 1988 年版，第 29 页。

④ 王海明：《论爱》，《南昌大学学报》（人社版）2001 年第 7 期。

⑤ 王海明：《论爱》，《南昌大学学报》（人社版）2001 年第 7 期。

评价活动与他人和社会对"我"的评价活动。在自我评价活动中，价值主体与价值客体之间同一，自爱情感的产生就是因为"客我"的存在和行为满足了"主我"的需要与利益。但社会和他人对"我"的评价活动却需要由评价主体将评价结论通过信息表达渠道反馈给价值客体，作为价值客体的自我就成了评价结论的认知主体。自我将自己认知到的评价结论再次作为评价客体，即将他人和社会对我的评价结论与自我需要之间的关系作为评价活动所指向的价值关系。人是社会性存在物，"人的本质不是单个人所固有的抽象物，在其现实性上，它是一切社会关系的总和。"① 因此人对自身的肯定离不开他的社会关系对他的肯定，人需要他人和社会对他的肯定性评价。他人和社会对"我"的肯定性评价作为新的评价客体，能够满足我的需要。显然，他人和社会对"我"的肯定性评价，必然引起我对自我的肯定性评价，正如黑格尔所说，通过爱的两个环节，"我在别一个人身上找到了自己，即获得了他人对自己的承认。"②

　　欧洲中世纪的神学传统和中国的整体主义思维，都把"忘我"看作一种高尚的道德，并以之作为批判利己主义的武器。但在弗洛姆看来，"忘我"的人缺乏自爱的能力，实质上是一种隐藏起来的自私，是一种需要治愈的精神上的"病兆"。他说："'忘我'的人一无所求，他只为'别人活着'，而且因为不重视自己而感到自豪。但一旦他发现，尽管他那么'忘我'可还是感到不幸，他同别人的关系仍然不令人满意，他就会感到吃惊。精神分析表明，这种'忘我'是一种病兆，而且常常会是主要病兆之一。患者没有能力爱，也没有能力使自己快活，他对生活充满了敌意，在他的'忘我'后面隐藏着一种很强的常常是自己意识不到的自私性，我们只有把他的'忘我'看作是一种病兆，使他克服缺乏创造力的缺点，也就是克服造成'忘我'以及其他病兆

---

① 《马克思恩格斯选集》第 1 卷，人民出版社 1995 年版，第 56 页。
② ［德］黑格尔：《法哲学原理》，范扬等译，商务印书馆 1979 年版，第 175 页。

的根源，他才会得到痊愈。"① 克服造成"忘我"的根源，就是培养爱的能力，以关心自己的存在、幸福为基础，发展出关心他人生活和幸福的爱的能力，"对自己的生活、幸福、成长以及自由的肯定是以爱的能力为基础的，这就是说，看你有没有能力关怀人、尊重人，有无责任心和是否了解人。如果一个人有能力创造性地爱，那他必然也爱自己，但如果他只爱别人，那他就是没有能力爱。"② 由此可见，弗洛姆不仅批判了以否定自我需要的方式去爱他人的"忘我"症状，而且把自爱作为精神健康的人存在的本体依据，也把自爱作为爱自己以外的人和事的基础。

由此可见，自我作为价值客体，无论是满足了自我主体的需要，还是满足了他人和社会的需要，都将使"我"产生自我价值感，都将使"我"感觉到"我"是"好"的、有用的、有意义的社会存在，从而产生对"我"的爱的情感。自爱不仅是对"善""我"的爱，而且也包含着使"我"成为"善"的期待，即我们在前面说过的"爱之欲其善"③，爱一个人就会希望他"善"，爱自己当然也包含着希望我"善"。"善"显然超越了"我"的个体的利益，对使"我"成为"善"的期待，当然离不开对他人和社会的爱，因此自爱实际上是利他和利己的统一。

我们还需要指出，自爱是动态的，而非静态的。因为一个人的人生过程是不断发展的，人需要在自己的人生过程中不断创造价值，因此自我价值感总是伴随着人创造价值的过程而不断发展。最初，在满足个人和家庭需要的过程中体验到自我价值感，逐渐地在满足更多家庭需要的过程中体验到自我价值感，最终以满足社会中每一个人的需要为自己的价值目标，而这个价值目标是无止境的。伴随着人生过程中创造的价值

---

① ［美］弗洛姆：《爱的艺术》，李建鸣译，上海译文出版社 2008 年版，第 57 页。
② ［美］弗洛姆：《爱的艺术》，李建鸣译，上海译文出版社 2008 年版，第 55 页。
③ 严群：《亚里士多德之伦理思想》，商务印书馆 2003 年版，第 163 页。

越来越大，自爱的情感也越来越强烈。真正的自爱也必然是动态的，决不能是一成不变、静止的，因为真正的自爱包含着对"好""我"的期待，"好""我"必然具体化为一个又一个人生追求的目标，旧的目标实现了，新的目标就需要确立。因此真正自爱的主体需要不断调整"好""我"的内容，只有这样，通过自爱的行为才能实现"我"的越来越"好"，同时也越来越自爱。

我们有必要谈一下把自爱理解为对自己身体和名誉的爱，与我们从价值论维度理解自爱之间的关系。"客我"满足"主我"的需要就已经包含了对"我"的物质性需要和精神性需要的满足，这些需要对于维持"我"的身体的存在都是必不可少的，因此"客我"不断满足"主我"需要的过程也正体现着"主我"对"客我"的爱。我的名誉显然是他人和社会给予的，即他人和社会说"我"好。他人和社会之所以会说"我"好，是因为"我"作为价值客体满足了他人和社会的需要，"我"对于他人和社会有价值。因此，"我"作为价值客体满足"我"及他人和社会的需要与对"我"的身体和名誉的爱并不矛盾，并且因为"我"能够满足"我"身体的需要和获得良好的名誉而不断体验到自我价值感，从而不断加深着自爱的情感。价值论维度的自爱可以作为美德而得到提倡，作"恶"的主体对自己身体和名誉的爱被价值论维度的自爱排除在外。诚然，作"恶"的主体也会爱惜自己的身体和名誉，但作"恶"的主体没有创造价值或创造的是负价值，他对自身的爱不是源于自我价值感，而是源于扭曲的价值观，如通过侵犯他人和社会利益而使自身需要得到满足的罪犯。作"恶"的主体不是因为自己的所作所为而爱自己，随着自我意识的自觉，他还会恨己无能，自惭形秽、无地自容、追悔莫及等正是对这种状况的描绘。作"恶"的主体需要通过教育、引导或惩罚等方式确立起正确的自爱观，这些内容我们将在后文中详细论述。

三、自爱不同于自恋

对自我价值肯定性评价基础上产生的自爱情感根本不同于自恋，二者并不是程度大小的区别，而是两个根本不同的概念。自爱的本质是一种基于自我评价活动的对自己爱的情感，而自恋的主体并不具有自我评价的能力，也拒绝他人对自己的评价，他把他的需要、他的目标、他满足需要的手段整个地封闭在自身之内。自恋的英文单词是 narcissism，又被翻译为"那喀索斯主义"，那喀索斯是古希腊神话中的美少年，他疯狂地爱恋着水中倒映着的自己，最终导致了悲剧。我们今天所谈的自恋"不同于平常所说的自珍、自爱、自尊，它是一种心理病态反应，表现为强烈的自我重要感，过高地估计自己的成就，过分地炫耀自己以招引人的注意和爱慕，强烈的自我中心感而不关心别人"①。自恋作为一种心理上的疾病，其主要症候表现为："显示出强烈的自我重要感，过高估量自己实际成就的倾向，为引人注意和欣羡而炫耀自己的欲望，幻想成功、权势、受人尊重或爱慕的癖好以及对别人批评的不正常情绪反应等等。"②

在一个人的成长过程中，婴儿阶段的原发性自恋是一种正常现象，"婴儿能够体会到的唯一现实，就是他自己的身体及其需要——生理的、温暖的和感情的需要。""在他眼里，外部世界不过是许多食物和温暖，这些可以满足他的需要，他不能现实地、客观地认识外部世界中的某人或某物。"③ 他不能够区分自己和外部世界，没有独立的自我意识，当然不能进行自我评价活动。但是如果孩子长大后还依然存在自恋，那么这种"续发性的自恋"就是一种精神病的实质所在，"对于陷

---

① 裴娣娜、刘翔平主编：《中国女性百科全书·文化教育卷》，东北大学出版社1995年版，第86页。
② 陈会昌主编：《中国学前教育百科全书·心理发展卷》，沈阳出版社1995年版，第195页。
③ ［美］弗洛姆：《健全的社会》，欧阳谦译，中国文联出版公司1988年版，第32页。

入自恋的人来说，他自己的思想、感情和需要才是唯一实在的东西。他不是根据外部世界的现存状况及其需要，去客观地认识或理解外部世界。在精神错乱的所有表现中，可以找到自恋的最极端形式。"① 他把自我的所有一切都封闭在自身的范围之内，无法区分自我与外在的世界，他"割断了与世界的联系，他退回到自身；他不能认识真实的自然界或社会现实，他只能知道由他内心活动所形成的'现实'。他要么对外部世界漠不关心，要么按自己的思想感情而不是根据现实去对待外部世界。所以，自恋是客观认识、理智和爱的对立面"②。

自恋与自私的相同之处在于，二者都只把自我的需要当作目的，但二者的不同之处更多。自私的主体以自身为目的，以他之外的所有的人和事为手段，只把满足自己的需要当作自己追求的目标，而漠视他人的利益与需求。自恋的主体也只知道关注自己的需要和利益而不关心他人的需要和利益，但自恋的主体把满足需要的方式仅仅限定在自己的存在和行为本身，而不去自身之外寻求自我需要的满足，以为自己的存在和行为就能满足自己的全部需要，完全漠视自己周围存在的人和事物，或者说他根本分不清他与周围人和事的区别，因为他并不具有真正的自我意识。也就是说，自恋的主体不仅以自身为目的，也仅仅以自身作为手段。如果自私是一种道德上的缺陷的话，那么自恋是一种精神上的缺陷。

由此可见，自恋不是自爱。而自恋之所以会被有些人当作自爱，正是因为自恋是一种伪装起来的自爱。罗洛·梅借用塔布斯的话说："自恋是以自爱作为伪装的自我仇恨。"③ 自恋的人在自爱的伪装下人为地自我封闭，"自恋者只不过是对自己加以人为的限制，正如一个被负罪

---

① ［美］弗洛姆：《健全的社会》，欧阳谦译，中国文联出版公司 1988 年版，第 34 页。
② ［美］弗洛姆：《健全的社会》，欧阳谦译，中国文联出版公司 1988 年版，第 34 页。
③ ［美］罗洛·梅：《自由与命运》，杨韶刚译，中国人民大学出版社 2010 年版，第 180 页。

感所压抑的人一样。"① 自恋的人还缺乏爱的能力和接受爱的能力,"获得爱的能力的主要条件是克服自恋。自恋倾向是人的一种态度,具有这种态度的人体验到的现实只是内心活动,主要是他们自己的贪婪和恐惧,对他们来说,外部世界的现象本身是不现实的,只有对他们有利或者威胁他们的事物才有意义。"②

　　自爱是主体的"我"因为客体的"我"的存在和行为满足了主体的"我"的需要而产生的对客"我"的爱的情感,以及对越来越有价值的"我"的期待。可以将自爱理解为对自我利益的关注,但不可理解为利己主义,更不可把自爱等同于自恋。

---

① 〔英〕罗素:《罗素文集》,江文译,中国戏剧出版社 2008 年版,第 193 页。
② 〔美〕弗洛姆:《爱的艺术》,李建鸣译,上海译文出版社 2008 年版,第 109 页。

第三章 自爱的绝对性与崇高性：
从绝对价值到最高价值

自爱是基于自我价值感而生长起来的情感，自我价值感基于以自我为客体的价值关系的肯定性评价。在主客体同一的自我评价活动中，主我的需要通过客我的存在和行动得到满足，被主我直接感知，因此，在自我评价活动中，自我需要的满足和自爱情感的产生是同一过程。"我"对生命的需要具有绝对性，而"我"的存在本身就说明"我"的生命需要至少得到了最低限度的满足，因此基于"我"的生命价值的自爱具有绝对性。"我"是"一切社会关系的总和"，因此也需要他人和社会对"我"的肯定性评价。而这种肯定性评价是基于"我"对他人和社会需要的满足，"我"满足他人和社会的需要的过程也就是"我"本质力量对象化的过程、就是"我"创造社会价值的过程，而这个过程的最高境界就是自我实现。由此可见，"我"满足他人和社会的需要与"我"的需要统一于自我实现这种高层次的需要。

第一节 基于自我绝对价值的自爱

人的生命价值具有一种绝对性，因为离开了人的生命，人的任何价值都将无所依附。因此，为了强调每一个独特的生命的存在，我们有必要把人的生命价值表述为人的绝对价值，这样就把现实生活中的人作为了绝对价值的主体。以超越界为根据的绝对价值，其价值主体不是人而是"神"。以凌驾于人的现实生活之上的"神"作为人的生活范导和价值旨归，只能使人的绝对价值陷入空洞的抽象，最终导致价值虚无主义。

一、绝对价值与价值虚无主义

绝对就是指不受限制的、无条件的意思，就是最后的无根据的根据、无原因的原因。当把这种最后的根据放到超越界中去的时候，随着超越界神圣性的消解，这种绝对价值也就走向了价值虚无主义。

自董仲舒以降，中国传统社会以"天"为根据，把三纲五常的价值体系确立为社会的核心价值体系。"王道之三纲，可求于天。"（《春秋繁露·基义》）"天子受命于天，诸侯受命于天子，子受命于父，臣妾受命于君，妻受命于夫。诸所受命者，其尊皆天也。虽谓受命于天亦可。"（《春秋繁露·顺命》）但事实上，这种神圣的"天"，根本无法规束"天子"的行为，在两千多年的传统社会中，人的绝对价值的根据并没有依附于"天"，而是依附于"天子"。这种在"天"上寻找人的绝对价值旨归的价值体系，在"打倒孔家店"的口号声中走入了价值虚无主义。

在西方长期的基督教传统中，上帝被认为是无根据的根据、无原因的原因，也就成为绝对价值的主体的化身。"因为凡是用其他方式证明的东西，我们都要用它们的外在的原因去说明它，这明显地是它们的一个不完善，因为它们不能由它们自身为人认识，而只能由外在的原因。但是上帝，一切东西的第一因、从而也是它自身的原因，是由它自身使它自身为人所知的。"[①] 极力把上帝证明为绝对价值的主体，但这种论

---

① ［荷兰］斯宾诺莎：《简论上帝、人及其心灵健康》，顾寿观译，商务印书馆2010年版，第18页。

证方式终究是以非理性为特征的，但随着人们理性的崛起，这种对最后根据的论证方式受到越来越多的质疑，人们对价值的绝对根据的寻找需要都从天上回到人间，需要从"神"落到现实的"人"身上。

自文艺复兴运动以降，上帝这种人的绝对价值的最终根据受到了思想家们无情的批判，对于那种离开了现实的人的肉体生命，而把人们的生活范导和价值旨归寄托于上帝的方式遭到了强烈的反对。爱拉斯谟说："基督徒费尽千辛万苦追求的幸福，不过是一种疯狂和愚蠢而已。"[①]"与肉体关系越密切的东西，教徒们越不发生兴趣，他们完全热衷于冥思玄想那种看不见的东西。"[②]"他们不把父母当作父母来爱——因为父母给的不过是肉体，即使肉体也要归于天父上帝——而是当作好人来爱。"[③]"在一个虔诚的人的全部世界生活中，他都要诚恳地摒弃一切与肉体有关的东西，向往着永恒的、不可见的精神性的对象。"[④] 在爱拉斯谟看来，这些追求精神幸福的教徒们"忍受着某种十分类似疯狂的东西"。[⑤]"没有一个傻瓜的行为会比这些被基督教狂热迷住了的人更为愚蠢了；因为他们大量施舍钱财，他们宽恕罪过，任人欺骗，不分敌我，弃绝快乐，饱尝饥饿、失眠、痛苦、辛劳、斥责之苦；他们恶生恋死；总之，他们对于普遍的感觉似乎已经变得完全麻木不仁，简直像灵魂已经离开他们的肉体到别处去了似的。确实，这不是疯狂又是什么呢?"[⑥]

---

① 北京大学哲学系外国哲学史教研室编：《西方哲学原著选读》上卷，商务印书馆 2009 年版，第 316 页。

② 北京大学哲学系外国哲学史教研室编：《西方哲学原著选读》上卷，商务印书馆 2009 年版，第 317 页。

③ 北京大学哲学系外国哲学史教研室编：《西方哲学原著选读》上卷，商务印书馆 2009 年版，第 318 页。

④ 北京大学哲学系外国哲学史教研室编：《西方哲学原著选读》上卷，商务印书馆 2009 年版，第 319 页。

⑤ 北京大学哲学系外国哲学史教研室编：《西方哲学原著选读》上卷，商务印书馆 2009 年版，第 320 页。

⑥ 北京大学哲学系外国哲学史教研室编：《西方哲学原著选读》上卷，商务印书馆 2009 年版，第 316 页。

以爱拉斯谟等为代表的人文主义思想家们，对宗教教义要求的"清心寡欲"和"繁文缛节"进行了无情的批判，他们注重人尘世生活的快乐，要求顺应人的自然本性的生活，把人生活快乐的根据从上帝那里拉回到了尘世中，以"人性"来取代"神性"。上帝这种终极的价值根据，在文艺复兴时期的人文主义的批判声中被动摇了根基。经过启蒙运动时期人们理性的崛起，上帝的命运最终通过尼采之口表述出来："上帝死了"。针对尼采的话，海德格尔写道："'上帝死了'这句话蕴含着如下的规定：这种虚无展现出来了。在这里，虚无意味着：一个超感性的、约束性的世界已经不在场了。虚无主义，这个所有客人中最可怕的客人，已经站在门前了。"① 从上帝那里，已经再也找不到生活意义的根据，杰斐逊说："我的邻居们是说有 20 个上帝还是说没有上帝，对我毫无伤害。"② 导致虚无主义的真正原因并不在于思想家们无情的批判，而恰恰在于上帝本身，即"上帝之无能、救赎之无望和人类之绝望"③。以上帝为绝对价值的最终根据的人们，在上帝死后，不得不遭遇着生活意义的迷失和精神家园的沦丧。

超感性的绝对价值最终走向了价值虚无主义，这就告诉我们，绝对价值不应该是超越人的存在世界的东西。价值主体在任何时候都只能是现实存在的人，绝对价值的主体也不能离开活生生的人而依附到超越界中的非存在上，到非存在中是找不到绝对价值的，对人的绝对价值的理解只能立足于现实生活中的活生生的人本身。正如我们在前面论述价值的含义时指出的，价值是客体属性满足主体需要的哲学范畴，因此要理解人的绝对价值，就要理解绝对价值的主体与客体的价值关系。在人的绝对价值关系中，要满足的需要是主体的具有绝对性的需要，因此，要理解人的绝对价值，就要理解人的绝对性需要。

---

① 俞吾金：《究竟如何理解尼采的话"上帝死了"》，《哲学研究》2006 年第 9 期。
② 包利民选编：《西方哲学基础文献选读》，浙江大学出版社 2007 年版，第 371 页。
③ 俞吾金：《究竟如何理解尼采的话"上帝死了"》，《哲学研究》2006 年第 9 期。

二、人需要生命的绝对性

价值是关系范畴，离开了价值关系两极中的任何一极，也就无所谓价值。价值在任何时候都不能离开主体的需要而存在，也就是说，价值在任何时候都是依赖于人的，根本不存在超越于人以上的价值世界。因此，所谓"不依赖于人而存在的价值世界"只能是一种虚幻。绝对价值的"绝对"是相对于价值主体而言的，也就是与主体的绝对性需要相对应。客体属性满足了主体的绝对性需要，则具有绝对价值。因此，判断是否绝对价值的依据，不能到超越主体以外的世界中去寻找，而只能以主体绝对性需要的满足为根据。

所谓绝对是指无条件的、不受任何限制的，意味着自身就是自己的原因，不需要去自身以外去寻找根据的。而人的生命存在就是人创造一切价值的最终根据，离开了人的生命存在，作为价值客体的人就不存在了，那么以人为价值客体的价值关系也自然解体。因此，人的生命存在不需要外在的原因来证明，它本身就是价值。而厘清主体的绝对性需要是我们追寻绝对价值的前提。王玉樑在谈到价值的绝对性时说："价值的绝对性就是价值作为客体对主体的效应存在着普遍性、无条件性、恒常性、客观性。"[①] 王教授谈到的是价值的绝对性，我们不妨用这几个关于价值绝对性的规定来看主体需要的绝对性。

第一，主体需要的普遍性。也就是任何主体要存在于世都绕不开的需要，我们发现，在主体的诸多需要中，最具普遍性的就是拥有生命的需要，离开生命存在本身，也就不能作为主体而存在。第二，主体需要的无条件性。任何人只要生下来，他就需要生命，无论主体出生的时间、地点、家庭背景如何，他都需要生命。尽管有着生存条件的不平等，但人对生命的需要却具有无条件的平等性。第三，主体需要的恒常

① 王玉樑：《价值哲学新探》，陕西人民出版社 1995 年版，第 202 页。

性。任何人从出生到死亡的整个过程中，始终需要生命，需要生命伴随着任何人的一生。而人类社会绵延不断地发展，对生命的需要也从来没有间断，也不能间断。第四，主体需要的客观性。主体只要存在，他就具有了对生命的需要，这是不以人的意志为转移的，任何人无法在选择存在的同时却放弃了对生命的需要，存在于世本身就意味着有生命的需要。为了强调人需要生命具有的绝对性，我们还要加上两条：第五，主体对生命的需要具有本源性。也就是说，其他一切需要都要以需要生命为最终根据，离开了对生命的需要，其他所有的需要都只能处于"皮之不存，毛将焉附"的状态，当然也就无所谓主体的需要。第六，主体对生命的需要具有不可替代性。人的需要的内容是非常丰富的，比如有吃和穿的需要，但人吃的东西是很容易找到替代物的，大自然提供给人类可以食用的物品大约有七千多种，人可以穿兽皮，可以穿棉织物，还可以穿丝绸织物，这些人需要的东西都能找到相应的替代物。而人需要生命，我们无论如何也找不到可以代替生命的东西，不仅不能用物品来代替生命，而且每一个人的生命都不能由另外一个人的生命来代替。由此可见，人对生命的需要就是人的具有绝对性的需要。表征人的绝对性需要与客体属性之间价值关系的就是人的绝对价值。人的生命存在本身就满足了人的绝对性需要。换句话说，人活着就满足了自己的绝对价值。因此，我们可以说，人的绝对价值就是人的生命价值。

需要特别指出的是，我们在这里说的人的需要的绝对性是指人对"生命"需要的绝对性，"人需要生命本身"是绝对的，是不以任何条件为转移的。我们在这里说的人对生命需要的绝对性，抛开了人具体的生活条件，如面包牛奶之类的维持人生命存在的基本条件。诚然，人要维持自己的生命存在就需要这些生活必需品，但主体不同，对这些生活必需品的需要也是不同的，因此我们不能说这些生活必需品具有绝对价值。但需要生命则不分主体，任何人离开对生命的需要就不再成为人，需要生命与人的存在本身直接同一。我们谈"人需要生命"是从抽象和普遍的意义上谈的，是撇开一切具体的条件而只要是人就需要生命。而对生命的维护则要具体化为维持生存需要的各种生活条件，因此谈"人需要生命"具有绝对性也就包含着人维持生存需要的绝对性，尽管人维持生存的手段可以各不相同，但都有维持生存的需要，生存需要的基础性源于"人需要生命"的绝对性。

但我们在这里可能受到的质疑是：当我们把人的绝对价值理解为人的生命价值，那么人如何与其他生物区分开来呢？对此，我们不得不对"人"的价值和"人生"的价值作些分析。

人生价值适用于价值的一般规定，我们将在后文中详细论述人生作为价值客体对价值主体所具有的价值。但"人"的价值不能简单地套用价值的一般规定，因为人的生命存在本身就是价值。"人的价值是指人类在自然界中的地位和作用。"① 尽管我们今天在大力地提倡"人与自然和谐相处"，但"和谐"并非地位的平等。重视自然，并不等于就把自然置于与人相等的地位，从根本上说，"人与自然和谐相处"的最终价值目标依然是为了人。"天地之性人为贵"（《孝经·圣治》），"贵"就是价值，与宇宙中的万事万物相比，"我"的存在本身就是"贵"，就有价值。"人类的价值并非只在于存在而已。人类拥有智慧、理性和心智，正因为拥有这些特质，所以人类被称为'万物之灵'，被视为地球上进化程度最高的生物。因此，人类内在拥有的是远比'存在'更伟大的价值。"②

在奴隶社会中，奴隶实际上没有被当作类存在物的人来看待，其极端的典型就是殉葬，"天子杀殉，众者数百，寡者数十，将军、大夫杀殉，众者数十，寡者数人。"（《墨子·节葬》）面对这种残酷的漠视生命的行为，以"温良恭俭让"著称的孔子忍不住心中的愤怒，毫不客气地谴责道："始作俑者，其无后乎！"（《孟子·梁惠王上》）在一匹马加

---

① 陈新汉：《自我评论论》，上海人民出版社 2011 年版，第 285 页。
② ［日］稻盛和夫：《人为什么活着》，吕美女译，中国人民大学出版社 2009 年版，第 5 页。

一束丝就可以换来五名奴隶的年代里，"厩焚。子退朝，曰：'伤人乎？'不问马。"孔子不关注财产是否损失，而首先关心人的安全，"伤人乎？不问马"所包含的人文关怀的意蕴让人们广为传颂。

漠视人生命的年代已经成为过去，我们今天越来越把"贵生"作为一种美德，在面对自然灾害时，我们总是要把"救人"作为第一要务，救人的紧迫性超过了任何财物的抢救或生产的重建。我们在处理鸡的禽流感的时候，并没有把方圆一公里范围内的鸡进行全面"体检"以区别对待，而是为了人的安全采取了一律捕杀填埋的办法。对动物疫情采取这种一律捕杀填埋的做法，在全世界是得到认可的。这本身就说明了人的生命高于任何动物的生命已经得到了全世界的认可。由此可见，不能以动物也需要生命而否认人的生命价值的绝对性。人的生命是最宝贵的，没有什么东西能够具有超过人生命的价值，也没有哪一个人的生命高于另外一个人的生命。我们可以说一个人的人生比另一个人的人生更有意义、更有价值。但不能说他的生命比另一个人的生命更高贵，生命的高贵性是属于每一个人的。"某人把……看得如同他的生命，……就是他的命"等表述也在用另一种方式表达着人的生命的宝贵。

人的生命价值的绝对性对于任何价值主体都是适用的。比如植物人，他已经丧失了一切活动能力，不再能够为他人和社会做贡献，也就是说，他不能作为价值客体满足他人和社会主体的需要了，我们只能很遗憾地说他的人生已经不能再有价值了。但只要他的生命依然存在，尽管是作为植物人而存在，他也具有绝对价值，他应该拥有法律上规定的人的一切权利，尽管他不具有行为能力，但他依然具有权利能力。因为只要他活着他就是一个人，他就同样地适用"天地之性人为贵"，他不能做贡献并没有否认他作为万物之灵长的属性，他活着就是"好"的、活着就有价值，因为他活着就证明一个人的生命存在于世。

恩格斯在《雇佣劳动与资本》的单行本导言中写道："通过有计划

地利用和进一步发展一切社会成员的现有的巨大生产力，在人人都必须劳动的条件下，人人也都将同等地、愈益丰富地得到生活资料、享受资料、发展和表现一切体力和智力所需的资料。"① 在这里，我们将恩格斯所说的生活资料理解为满足人们的生存所需要的资料，我们就可以看出，恩格斯将人的需要分为生存、享受和发展三个层次，最低层次的需要是人的生存的需要。张岱年认为，"整体利益高于个体利益，精神需要高于物质需要。就个人生活而论，也应承认，人格的尊严比生命更重要。"② 就层次而言，人格的尊严是比生命更重要，但离开了人的生命，人就失去了创造一切价值的任何可能性，也就谈不上高层次的价值。换句话说，离开了人的绝对价值，也就无所谓人的各种层次的价值。需要指出的是，除了在谈论人的绝对价值时我们主要侧重于谈"人"的价值，在其余的地方我们主要是谈"人生"价值。

三、自我评价视阈中自爱的绝对性

人的生命之所以高于动物，还在于动物不能把自己的生命活动作为他们意识的对象，而人却需要对自己的生命活动进行评价，"动物和自己的生命活动是直接同一的。动物不把自己同自己的生命活动区别开来。它就是自己的生命活动。人则使自己的生命活动本身变成自己意志的和自己意识的对象。他具有有意识的生命活动。……有意识的生命活动把人同动物的生命活动直接区别开来。"③

在人的生命价值关系中，价值主体的需要是对生命的需要，价值客体是生命的存在，实际上主体和客体是同一的，因此人对这种价值关系的评价实质上是一种自我评价活动。"评价活动的机制中包括两个环

---

① 《马克思恩格斯选集》第 1 卷，人民出版社 1995 年版，第 330 页。
② 张岱年：《论价值的层次》，《中国社会科学》1990 年第 3 期。
③ ［德］马克思：《1844 年经济学哲学手稿》，人民出版社 2000 年版，第 57 页。

节：主体选择评价标准，主体反映经过选择的价值关系。"① 对人的生命价值关系的评价，就是评价主体以自己的生命需要为出发点，对自己的生命存在与自己对生命的需要之间的价值关系的反映。"在评价活动中，主体通过规范、价值判断和评价推理等思维形式，把经过选择的价值关系反映到意识中来，从而形成客体对于主体所具有的意义。正如关于客体的观念反映以知识的形式存在一样，关于价值的观念反映就以意义的形式存在。"② 在这样的自我评价活动中，由于"我"的生命存在本身就满足了"我"生命存在的需要，因此，"我"能够得出肯定性的评价结论，即"我"的生命存在对于"我"是有意义的。价值客体满足了主体的需要，主体能够产生对客体的爱的情感。而这个客体不是别的，正是主体的生命，因此，在对自我生命价值基础上产生的自爱情感就是对自己生命的爱。由于主体对生命的需要具有绝对性，因此，在此基础上的自爱情感也就相应地具有绝对性。自爱的绝对性除了具有绝对需要的特征之外，我们尤其需要强调一下自爱的本能性和基础性。

其一，基于自我绝对价值的自爱具有本能性。基于绝对价值的自爱与对自己生命的爱是同一的，任何人离开对自己生命的爱也就不能存在，对生命的爱具体表现为趋利避害，这是人能够存在的本体论根据。这也正是我们在前文中从本体论维度对自爱的理解，当然，人活着不能仅仅在于维持自己的生命存在，但无论如何，对自己生命存在的维护具有本能性。因此相对应地，自爱也具有本能性。"自爱是人的本能，是人类生存的前提，不但无法消灭，而且，它对人类的生存和发展有着重要的意义。"③ "既然生命体的活动方式体现着生命的本质，那就可以说，自爱正是人的生命活动或者正体现着人的本质。其他生命体固然可

---

① 陈新汉：《自我评价论》，上海人民出版社 2011 年版，第 69 页。
② 陈新汉：《自我评价论》，上海人民出版社 2011 年版，第 72 页。
③ 沈嘉祺：《论道德教育中的自爱》，《湖南师范大学教育科学学报》2006 年第 2 期。

以说以自爱为本质，但只有人才具有真正意义上的自爱。"① "既然自爱源自人的本能，因此，除非消灭'我'，否则就不能消灭自爱……有我就必然有自爱，没有自爱也就没有人的生命本身。"② 基于人的绝对价值的自爱由于与人的生命存在的同一性而具有本能性。

亚里士多德说："生命就其自身就是善，就是使人快乐的。……它使一切人快乐。"③ 尽管亚里士多德所说的"善"是广义上的"善"，但毕竟表征着与"坏"相对应的"好"的含义。绝对性的自爱是对自我绝对价值即自我生命存在的情感体验，因为"生命就其自身就是善"，因此基于自我生命价值的自爱情感也具有"善"的属性。这样的自爱情感与我们在前面谈到的以趋利避害为特征的自爱有一定的相似之处，即都把自爱作为人存在于世的一种本能。但二者由于论述的角度不同，因此具有很大的差别。如前所述，无法把作"恶"的人对自己身体和名誉的爱解释为一种美德，本体论维度的自爱陷入了困境，因为在本体论维度上，把自爱理解为满足自我需要的动机和行为。而基于绝对价值的自爱，被理解为一种情感，也就是对生命的爱的情感。任何人对生命的爱都是一种美德，生命是不分善恶的，任何人的生命都是独一无二的，都是值得被爱的。

作"恶"的主体，他的生命也应该被爱，甚至死刑犯在执行死刑之前，他的生命也要被爱。深层次地说，一些铤而走险而犯下滔天罪行的人，实质上是对自己生命的漠视。他在危害别人生命的同时，也使自己的生命存在失去了保障，因此，也就不再成为自爱的主体。由此可见，作"恶"的人体验到的不是自爱，他们恰恰是缺乏自爱的情感。

其二，基于自我绝对价值的自爱具有基础性。就像自我的绝对价值

---

① 陈新汉：《自我评价论》，上海人民出版社 2011 年版，第 192 页。

② 陈新汉：《自我评价论》，上海人民出版社 2011 年版，第 193 页。

③ ［古希腊］亚里士多德：《尼各马科伦理学》，苗力田译，中国人民大学出版社 2003 年版，第 204 页。

是创造其他一切价值的本源一样，由自我的绝对价值产生的自爱情感，是基于自我的其他价值而产生的自爱情感的基础。马斯洛把人的生理需要作为最基本的需要，生理需要是产生其他一切需要的基础，他说："假如一个人在生活中所有需要都没有得到满足，那么生理需要就会最有可能成为他的主要动机，而不是其他需要。一个同时缺乏食物、安全、爱和尊重的人，对于食物的需要可能最为强烈。"① 在生理需要没有得到满足之前，其他需要就很难成为主体意识的对象，"一个人在生活中所有需要都没有得到满足，而且生理需要将主宰着他的身体，那他将会摒弃所有的其他需要，至少会变得很微弱。"② 在基础性的需要得到满足之前，其他需要实际上也就不能成为需要。"一旦某种需要主宰了人的机体，就会引起另一个奇异的特性，几乎可以诱发人的人生观发生变化。对于一个长期极度饥饿的人来说，理想就是一个食物充足的地方。……生活最大的意义就是吃，其他任何东西都是次要的。自由、爱、公众感情、尊重、哲学，都被当作无用的奢侈品弃置一边，因为它们不能填饱肚子。"③ 生理需要就是最起码的维持生命存在的需要，生理需要的满足就是对自己生命需要的满足，也就是对自己生命的爱。

对自己生命的爱"乃是人的一切需要、感情、社会性、观念、判断、意志、行动的原则"④。对自己生命的爱是自己一切社会实践活动的出发点，"一个人不爱自己的肉体生存，不爱自己的精神尊严，那么他肯定就不会有实践道德的动力。"⑤ "一个不爱自己的人，在危机和困

---

① ［美］马斯洛：《人性能达到的境界》，马良诚译，陕西师范大学出版社 2010 年版，第20 页。

② ［美］马斯洛：《人性能达到的境界》，马良诚译，陕西师范大学出版社 2010 年版，第20 页。

③ ［美］马斯洛：《人性能达到的境界》，马良诚译，陕西师范大学出版社 2010 年版，第20—21 页。

④ 北京大学哲学教研室编译：《论人——十八世纪法国哲学》，商务印书馆 1986 年版，第499 页。

⑤ 肖群忠：《论自爱》，《道德与文明》2004 年第 4 期。

难时会丧失对生活的信心，因为他把自己视为生活的牺牲品，很少相信自己。他情愿冷漠地对待自己，既不认真对待也不真正关心，甚至常常无情地对待自己。"①

基于人的绝对价值的自爱与人的生命存在直接同一，也是人开展一切社会活动的基础和前提，因此这样产生的自爱情感具有绝对性。但绝对性的自爱并不是封闭的，封闭的自我需要不是走向自私，就是走向自恋。

四、基于自我生命价值的自爱具有开放性

自爱的主体维护自己的生命实际上就是在实现自己的绝对价值，实现自我的绝对价值是每一个主体的一种责任。在康德看来，出于责任而维护一个人的生命就具有道德的意义，"维持一个人的生命是一项责任，而且每个人都有一个直接的偏好去维持其生命。……他们是依照责任来维持生命，而不是出于责任来维持生命。……不是出于偏好和恐惧，而是出于责任——那么，他的准则就有道德的意义。"② 黑格尔说："灵魂与肉体属于同一个生命，但也可以说，两者是各别存在着的。没有肉体的灵魂不是活的东西，倒过来说也是一样。"③ 对自我绝对需要的满足，显然是对自我肉体生命的爱，而自我的生命是由"肉体"与"灵魂"共同构成的，正因为有"灵魂"的存在，使得对自己"肉体"的爱具有开放性。因为在人的灵魂中生成了伦理德性，"在灵魂中有三者生成，这就是感受、潜能和品质，德性将为这三者之一。"④ "德性既不是感受，也不是潜能，那么它只有是品质了。""一切德性，只要某

---

① ［德］尼娜·拉里什-海德尔：《爱自己：爱是唯一的力量》，朱刘华译，北方妇女儿童出版社 2010 年版，第 30 页。
② ［德］康德：《道德形而上学基础》，孙少伟译，中国社会科学出版社 2009 年版，第 8 页。
③ ［德］黑格尔：《法哲学原理》，范扬等译，商务印书馆 1979 年版，第 1 页。
④ ［古希腊］亚里士多德：《尼各马科伦理学》，苗力田译，中国人民大学出版社 2003 年版，第 31 页。

物以它为德性，就不但要使这东西状况良好，并且要给予它优秀的功能。……那么人的德性就是种使人成为善良，并获得其优秀成果的品质。"① 一个有品质的人，他会选择"高尚、便利、快乐"②，他以高尚的生活为快乐，而高尚不是自我封闭，高尚要求"己欲立而立人，己欲达而达人"（《论语·雍也》），高尚要求把对自己生命的爱推己及人。正如费希特所说："在躯体方面，道德规律的那种涉及我们自己的规定作为命令来看，因而从肯定的角度来看，要求我们承担起一项职责，即营养我们的躯体，用一切方式增进其健康与完好。"③ 增进自己躯体的健康与完好是一项职责，同时，增进别人躯体的健康与完好也是一项职责，"别人的躯体和生命的健康、坚强与保存应该是我们的目的；我们应该在我们的力量所及的范围内，不仅不阻碍这种保存，而且恰恰像我们促进我们自己的躯体的保存那样，促进别人的躯体的保存。"④

发生在广东佛山的小悦悦事件，十八个路人的冷漠引发我们沉痛的反思，这种冷漠是对别人生命的冷漠。对此，费希特有过精彩的论述："在别人处于危境时，一个人不前往援救，而诉诸其自我保存的职责，是一种虚伪的辩解，因为在这时那种职责已不再是职责。这种辩解如果正确地加以转述，则无非是说：只有我们自己救人时能安然无恙，我们才愿意援救别人。可以说，这确实是一种奇特的宏论！在救人的事情能够对我们自己毫无危险地完成的场合，也都不愿意拯救人的生命，可以说，这是一种明显的谋杀。其次，在这个问题上也完全不应该像某些道德家主张的那样，首先计算哪个人的生命有更大的价值，对哪个人的保存需要受到更多的重视。我们认为，在道德规律面前，一切人的生命都

① ［古希腊］亚里士多德：《尼各马科伦理学》，苗力田译，中国人民大学出版社 2003 年版，第 32 页。
② ［古希腊］亚里士多德：《尼各马科伦理学》，苗力田译，中国人民大学出版社 2003 年版，第 29 页。
③ ［德］费希特：《伦理学体系》，梁志学等译，商务印书馆 2007 年版，第 293 页。
④ ［德］费希特：《伦理学体系》，梁志学等译，商务印书馆 2007 年版，第 305 页。

有同样的价值，一旦某人遇到了危险，所有其他的人，不管他们是谁，在那个人得到援救以前，都不再有安然无恙地生存的权利。这才是一种诚实的、洪亮的和完全合乎道德信念的言论。"① 费希特所说的"在道德规律面前，一切人的生命都有同样的价值"，这就是说自我基于绝对价值的自爱必须呈现开放性。小悦悦事件中那十八个冷漠的路人，在这一个特定的事件中是对小悦悦生命的漠视，但这种行为所造成的可能的恶果就是整个社会的普遍冷漠，而当有一日，这些冷漠的"过客"本人的生命安全也陷于困境的时候，同样遭遇到的是冷漠。也就是说，对他人生命的冷漠终究是对自己生命的冷漠，对自己生命冷漠的主体是体验不到自爱的情感的。

将人的绝对需要理解为对生命的需要，并不意味着人时刻以自己的生命为出发点。高尚也不仅仅意味着就是对他人生命的尊重，"虽然生存需要没有等级之分，但它却有相对之分。一种生存状态，对于某些人也是满足的，但对于某些人却是远远不够的。这要取决于生存的欲望了。一般来说，只要满足了最基本的生存需要，一般的人都能生存，但一般的人都不会感到这种需要就满足了。只有这样，人类才会发展。"② 马斯洛已经说得很清楚，对自己绝对需要的满足，"一般的人都不会感到这种需要就满足了"，因为还有更高的需要，而绝对需要并不是人的最高需要。邸利平等论述道："'绝对价值'不能等同于'最高价值'。'最高价值'首先肯定了它自身是一种价值，它是在与其他的价值对比和角逐中确立自身的；但'绝对价值'却可以是非价值，它并非可以仅仅以价值来涵括和替代。"③ 虽然我们不能理解作者是在何种意义上讲"'绝对价值'可以是非价值"，但我们完全赞同他们关于绝对价值

① ［德］费希特：《伦理学体系》，梁志学等译，商务印书馆 2007 年版，第 307 页。
② ［美］马斯洛：《人性能达到的境界》，马良诚译，陕西师范大学出版社 2010 年版，第 18 页。
③ 邸利平、袁祖社：《"相对主义"与"绝对价值"之争——价值相对主义与现代性精神存在根基的缺失》，《人文杂志》2010 年第 1 期。

和最高价值的区分，因为这两种价值实际上是处于不同的论域中的。对基于生命价值的绝对价值的质疑，认为绝对价值不是人的生命，而是某种崇高的东西，实际上是混淆了绝对价值与最高价值的区分。

第二节 基于自我最高价值的自爱

我们在前文中说过，任何人都需要生命是从抽象和普遍的意义上讲的，"人需要生命"要具体化为能够满足生存需要的生活条件，有了这些生活条件，人就能够活下来，但人活着不能仅仅为了维持自己的生命。正如马斯洛所说，满足了生存需要，一般人都能生活下去，但一般人都不会就此止步不前。"吃、喝、生殖等等，固然也是真正的人的机能。但是，如果加以抽象，使这些机能脱离人的其他活动领域并成为最后的和唯一的终极目的，那它们就是动物的机能。"[1] 人与动物的一个最大的不同之处就在于，人除了需要过肉体生活之外，还需要过"灵魂"生活，亚里士多德说："要把灵魂上的快乐和肉体上的快乐加以区别。"[2] 基于自我绝对价值产生的自爱情感可以说是"肉体"上的快乐，而"灵魂"上的快乐是不断提升自我所创造价值的层次，也就是不断提高自己的人生境界。

一、人的最高价值

最高价值是表征客体属性与人的最高需要之间的价值关系，要理解人的最高价值，我们就需要理解人的最高需要。由此，我们需要分析人生价值。人生"由人的生存与生活所构成，标志着人的生命活动状况

---

[1] 《马克思恩格斯选集》第1卷，人民出版社1995年版，第44页。

[2] ［古希腊］亚里士多德：《尼各马科伦理学》，苗力田译，中国人民大学出版社2003年版，第63页。

和人趋近自己选择的生活目的所走过的历程"①。人生价值就是一个人以自己的"人生"为价值客体，对于作为价值主体的"我"及他人和社会的需要满足的状况。以"人生"为客体对于作为价值主体的他人和社会需要的满足，这就是一个人的社会价值。而以自己的"人生"作为价值客体，对于作为价值主体的"我"的需要的满足，就是人生的自我价值。"人生"作为价值客体与"物"作为价值客体的不同之处在于，"人生"是主动地满足价值主体需要的，而"物"是被动地满足主体需要的。"人生"价值更具有创造性，即人生的价值是作为价值客体的人生主动创造的。因此我们可以说，"人生"的价值依赖于价值客体。而"物"对主体需要的满足依赖于价值主体对"物"的属性的认识和改造，与主体不相关的"物"对于主体就没有价值，因此"物"的价值依赖于价值主体。

前文在谈到人的绝对价值时引用了恩格斯的话："通过有计划地利用和进一步发展一切社会成员的现有的巨大生产力，在人人都必须劳动的条件下，人人也都将同等地、愈益丰富地得到生活资料、享受资料、发展和表现一切体力和智力所需的资料。"② 恩格斯在这里谈到了人的三个层次的需要，即生存需要、享受需要和发展需要。我们可以说，人的最高需要是"发展和表现一切体力和智力"的需要。马斯洛认为人的最高需要是自我实现的需要，"只有一个人类的终极价值，一个所有人都追求的遥远目标。这个目标就是被不同的著作家分别称之为自我实现、自我现实化、整合、心理健康、个别化、自主性、创造力、生产力的东西。但是，所有这些著作家都一致认为，这个目标就是使人的潜能现实化。也就是说，使这个人成为有完美人性的，成为这个人能够成为

---

① 罗国杰主编：《中国伦理学百科全书·伦理学原理卷》，吉林人民出版社 1993 年版，第 267 页。

② 《马克思恩格斯选集》第 1 卷，人民出版社 1995 年版，第 330 页。

的状态。"① 马斯洛所说的"使人的潜能现实化"与恩格斯所说的"发展和表现一切体力和智力"有异曲同工之妙。因此，我们可以把人的最高需要理解为自我实现的需要。相应地，最高价值也就是表征客体属性与人的自我实现需要之间的价值关系。追求自我实现需要的满足，也就是在寻求最高价值。

有人说："绝对价值不仅是人类生活追求的终极目标，而且也对人类追求价值的活动起着指引规范导向作用。我们受到我们行为与之保持紧密关系的那种价值的引导。"② 我们承认我们的行为受与我们保持紧密关系的那种价值的引导，但我们并不认为这种价值是绝对价值。真正引导我们的是在绝对价值基础之上的最高价值。

"自我实现需要的明显的出现，通常依赖于生理、安全、爱和自尊需要的满足。"③ 就像最高需要不能凭空产生一样，最高价值也不能离开人的生活世界。黑格尔在谈到所有权和使用权的关系时说："所以谁使用耕地，谁就是整块地的所有人。如果就对象本身承认另一个所有权，这是空洞的抽象。"④ 我们也可以说，离开对主体绝对需要和在此基础上的最高需要的满足，而谈最高价值的范导，也必然导致"空洞的抽象"。共和国历史上不乏那种一边空着肚子、一边喊着崇高的口号的年代。那是一个我们曾经有着信仰的年代。但今天，我们不可否认的事实是我们正在遭遇着信仰的危机。重建信仰当然离不开一种终极价值目标的确立，但有感于历史的教训，我们确立的终极价值目标不能脱离人们现实的生活世界，而必须把最高价值目标从"天上"拉回"人间"。

---

① ［美］马斯洛：《动机与人格》，马良诚等译，陕西师范大学出版社 2010 年版，第 169 页。
② 刘尚明：《论确立绝对价值观念——兼论对价值相对主义与价值虚无主义的批判》，《探索》2011 年第 3 期。
③ ［美］马斯洛：《人性能达到的境界》，马良诚译，陕西师范大学出版社 2010 年版，第 30 页。
④ ［德］黑格尔：《法哲学原理》，范扬等译，商务印书馆 1979 年版，第 68 页。

有的学者认为："越是普遍性、持久性的价值，越是代表了人的根本利益，对于互相对立和冲突的价值具有统一和调节作用。"① 事实上，越是脱离人的具体需要的普遍价值，越是没有吸引力，从而难以起到对相互冲突的价值的统一和调节作用。因为"'思想'一旦离开'利益'，就一定会使自己出丑"②。而以人的自我实现为实质内容的最高价值，是立足于人的多种需要满足的基础上的，是扎根于人自己的情感体验过程中的，因此能够确立起合理的信仰，"合理的信仰是扎根于自己思想或感情体验的一种坚定的信念。合理的信仰首先不是信仰什么东西，而是一种确认，这种确认是符合建筑在自己真实经历上的坚定的信念。"③

与现实的人的诸多需要相对应的多元价值，势必发生冲突与对立，但以普遍的一元将诸多的多元收归囊中，也只能是一种幻想。正如黑格尔所说："有人认为如果普遍性把特殊性的力量都吸收过来，诚如柏拉图在他的理想国中所阐述的那样，看来普遍性的景况会好些。但这也只是一种幻想，因为普遍性和特殊性两者都只是相互倚赖、各为他方而存在的，并且又是相互转化的。我在促进我的目的的同时，也促进了普遍物，而普遍物反过来又促进了我的目的。"④ 黑格尔的论述对于我们终极价值目标的寻求有着深刻的启示意义。终极价值目标应该是普遍的，但这种普遍性不能脱离特殊性，更不能压制特殊性，而只能处于与特殊性相互依赖的矛盾运动中。"在市民社会中，每个人都以自身为目的，其他一切在他看来都是虚无。但是，如果他不同别人发生关系，他就不能达到他的全部目的，因此，其他人便成为特殊的人达到目的的手段。但是特殊目的通过同他人的关系就取得了普遍性的形式，并且在满足他

① 刘尚明：《论确立绝对价值观念——兼论对价值相对主义与价值虚无主义的批判》，《探索》2011 年第 3 期。
② 《马克思恩格斯文集》第 1 卷，人民出版社 2009 年版，第 286 页。
③ ［美］弗洛姆：《爱的艺术》，李建鸣译，上海译文出版社 2008 年版，第 112 页。
④ ［德］黑格尔：《法哲学原理》，范扬等译，商务印书馆 1979 年版，第 199 页。

人福利的同时，满足了自己。"① 每一个现实的个人从自身利益出发，"人们为之奋斗的一切，都同他们的利益有关"。② 而为了满足自己真正的利益，就需要满足他人的利益，黑格尔认为特殊性的个人的需要通过劳动得到满足。马克思主义也认为，在劳动作为人的第一需要的社会阶段到来之前，劳动依然是谋生的手段，也就是满足需要的手段。而劳动的过程也就是主体本质力量对象化的过程，就是"发展和表现一切体力和智力"的过程，当然，这个过程也是通向自我实现的过程。"自我实现……可以归入人对于自我发挥和完成的欲望，是一种使它的潜力得以实现的倾向。这种倾向可以说是一个人越来越成为独特的个人，成为他所能够成为的一切。"③ 而同时，通过主体的劳动，满足他人和社会的需要，使得主体需要的特殊性通过自我实现需要的满足而上升到普遍性，"需要的目的是满足主观特殊性，但普遍性就在这种满足跟别人的需要和自由任性的关系中，肯定了自己。"④

由此可见，可以作为人类追求的终极目标和提供生活范导的价值不是绝对价值，而是最高价值。由于最高价值所满足的是在绝对需要基础上逐渐激发出来的最高需要，因此也就立足了根基、脚踏了实地。这样的最高价值由于与主体的利益密切相关，因而能够让主体经由可信、确信而达到信仰的高度。

二、对自我最高价值的评价

在表征人的最高价值的价值关系中，价值主体的需要是自我实现的需要，价值客体是自我的本质力量。客体属性满足主体需要的过程就是

---

① ［德］黑格尔：《法哲学原理》，范扬等译，商务印书馆 1979 年版，第 197 页。
② 《马克思恩格斯全集》第 1 卷，人民出版社 1995 年版，第 187 页。
③ ［美］马斯洛：《人性能达到的境界》，马良诚译，陕西师范大学出版社 2010 年版，第 29 页。
④ ［德］黑格尔：《法哲学原理》，范扬等译，商务印书馆 1979 年版，第 204 页。

自我在社会实践中通过本质力量的对象化实现了自我。我们在前面已经论述过，对价值关系的深刻理解离不开评价，"我"对自我实现的需要与自我本质力量之间的价值关系的评价也是一种自我评价。在对自我最高价值的评价活动中，主体选择的需要种类就是自我实现的需要，主体反映的价值关系就是自我实现的需要和主体的本质力量之间的关系。"我"的本质力量对"我"的自我实现需要的意义就在于，"我"通过"我"的社会实践将"我"的本质力量对象化，而这个过程就是为他人和社会做贡献的过程，也就是"我"的人生意义的展开过程。

季羡林先生说："如果人生真有意义与价值的话，其意义与价值就在于对人类发展的承上启下、承前启后的责任感。"[1] 季先生所说的对人类发展的承上启下、承前启后的责任感，实际上就是以我的人生为价值客体，以他人和社会为价值主体，人生价值也就是不断地以自己的人生满足他人和社会的需要。"我"的人生过程满足了他人和社会的需要，则"我"的人生就有价值，满足他人和社会的需要越大，则"我"的人生价值越大。每个人都希望自己的人生有意义、有价值，"我们有对自我感觉良好的人类基本需求。心理学将此称为自我增强的动机，这个术语指人们有产生高的自我价值感的动机。人们想以己为荣，而不想以己为耻。他们想努力扩大并保护自己的自我价值感。人们实现这一目的的方式随着时间、文化以及亚文化的差异而改变，但这种需求具有普遍性。"[2] "扩大并保护自己的自我价值感"的主要途径就是增强自我实现的能力，发展和表现自己的体力和智力，在自己能力展现的过程中满足他人和社会的需要。自我价值感是自爱的基石，自爱的情感伴随着自我价值感的增强而增强，正如休谟所说："我敬重一个这样的人，他的自爱无论通过什么方式都这样被指导，以至于使得他对他人怀有关怀之心，对社会能有所助益；正如我憎恶或轻蔑一个这样的人，他毫不关注

[1] 季羡林：《人生的意义与价值》，《前线》2007年第5期。
[2] ［美］乔纳森·布朗：《自我》，陈浩莺等译，人民邮电出版社2009年版，第169页。

超出他自己满足和享受之外的任何事物。"①

　　在自我实现的过程中，"虽然就外在行为结果来看，它指向的是他人的利益，是他爱，但就其行为结果所产生的心理感受来说，它指向的是自我，是自爱。"② 自爱与爱他人和社会相统一，在尽自己的努力满足他人和社会需要的过程中，自我不断地体验着自爱的情感，斯宾诺莎说："假如某人曾做一事，他想象着这事将引起他人快乐，则他也将快乐，而且意识着他自己是快乐的原因，这就是说，他将反省自己，感觉快乐。反之，假如他曾做一事，而他想象着这事将引起他人的痛苦，则他反省自己，也将感到痛苦。"③ 自己引起他人快乐，自己也快乐，他人快乐是自己快乐的原因，但自己又是他人快乐的原因，因此是自己通过他人而使自己快乐，也就是自己在满足他人需要中体验着快乐。

　　马斯洛说："自我实现……可以归入人对于自我发挥和完成的欲望，是一种使它的潜力得以实现的倾向。这种倾向可以说是一个人越来越成为独特的个人，成为他所能够成为的一切。"④ 这就要求自我要尽可能地发展自己的体力和智力，并在社会实践中寻找到最适合展现自己能力的职业岗位，"除非我们正处在自己理想的岗位上，否则，就算所有需要都已得到满足，也肯定会有新的欲望和不安迅速发展起来。一位作曲家必须作曲，一位画家必须绘画，一位诗人必须写诗，否则他始终都难安静。一个人能够成为什么，他就必须成为什么，他必须忠实于他自己的本性。这一需要我们可以称之为自我实现的需要。"⑤ 对于真正的自我实现的过程，其同时也是主体享受快乐的过程，"只有在健康人

---

① ［英］休谟：《道德原则研究》，曾晓平译，商务印书馆 2009 年版，第 149 页。
② 沈嘉祺：《论道德教育中的自爱》，《湖南师范大学教育科学学报》2006 年第 2 期。
③ ［荷兰］斯宾诺莎：《伦理学》，贺麟译，商务印书馆 2010 年版，第 122 页。
④ ［美］马斯洛：《人性能达到的境界》，马良诚译，陕西师范大学出版社 2010 年版，第 29 页。
⑤ ［美］马斯洛：《人性能达到的境界》，马良诚译，陕西师范大学出版社 2010 年版，第 29 页。

身上才会发现，只有这种人才既向往对自己有益的东西，又向往对其他人有益的东西，而且能全心全意地享受它，并且感到满意。从享受的意义上看，这样的人的德行本身就是他自己的报偿，他们自发地倾向做公正的事，因为这些事是他们愿意做的、他们需要做的、他们赞成的，以及做这些事是他们的享受，并且愿意继续享受下去。"① 以自我实现为享受，也就是以满足他人和社会的需要为享受，这就是把自己的需要与他人和社会的需要有机整合为一个统一体。

　　通过以上的论述，我们已经知道，对自我最高价值的肯定性评价产生了不断增强的自我价值感，而不断增强的自我价值感在强化着主体的自爱情感。"爱之欲其善，人之情也。"② 不断强化的自爱情感又促使着主体进一步增强自我实现的能力，从而在社会实践中创造更大的人生价值。因此，"我"在"我"的最高价值的基础上产生的自爱情感，不断地丰富着"我"的人生意义，激发着"我"的人生价值。

三、自爱的崇高性

　　"我"的自爱情感依赖于"我"的人生价值，"我"的人生价值取决于"我"的自我实现的程度，也就是取决于"我"对他人和社会所做贡献的大小。"我"在为他人和社会做贡献的自我实现过程中增强了"我"的自爱情感。"另有一条原则……，它一直为哲学家们所牢固地坚持着，一直是许多体系的基础。这条原则就是，不论一个人可能感受到或者想象自己同情到什么感情，没有一种激情是或能够是无私的；最慷慨的友谊，不论多么真诚，都是自爱的一种变体；甚至我们自己也不知道，当我们看来全心全意从事为人类谋划自由和幸福时，我们只是寻求我们自己的满足。通过想象力的倾向，通过反思的提炼，通过激情的热忱，我们似乎加入了他人的利益并想象我们自己排除了一切自私的考

---

① ［美］马斯洛：《动机与人格》，马良诚等译，陕西师范大学出版社2010年版，第174页。
② 严群：《亚里士多德之伦理思想》，商务印书馆2003年版，第163页。

虑；但实际上，最慷慨的爱国者和最坚吝的守财奴，最勇敢的英雄和最怯弱的懦夫，在每一个行动中都是同等地关注他自己的幸福和福利。"①根据休谟的论述，寻求自我实现的自爱主体，"看来全心全意从事为人类谋划自由和幸福时，我们只是寻求我们自己的满足"。我们也可以描述为，寻求自我实现的自爱主体，其为他人和社会做贡献是手段，而自我实现才是目的，自爱的主体出于自我实现的目的而为他人和社会做贡献。

美国哲学家、伦理学家弗兰克·梯利在他的《伦理学导论》中写道："大卫·哈特勒试图展示道德感怎样通过一种纯粹机械的方式构成。最初人仅仅由他的快乐和痛苦所支配，但不久他就学会把他的快乐与使他快乐的事情联系起来，并转而热爱这些事物本身。婴儿把母亲的观念与从母亲得到的快乐联系起来，慢慢就爱他母亲了。金钱本身并不具有使人赞赏和快乐的东西，它是一种获得所欲东西的手段，所以慢慢在我们心中它就和快乐的观念联系起来。因此，守财奴就变得为金钱而爱金钱，宁愿弃绝金钱能买来的欢乐而不肯付以片金。道德感是通过同样的途径构成的。他们使我们得到许多我们热中（衷）的利益，渐渐地我们就把我们的热中（衷）从这些利益转向带来这些利益的事物上，变得为德性而爱德性。"②"爱之欲其善"③，自爱的主体因为自爱而希望自我"好"，也就是希望自己的人生能创造出更大的价值。因此自我实现就成为"我"的目的，而通过自我实现为他人和社会做贡献就成为满足自我实现需要的手段。我们之所以在社会实践中尽己所能地为他人和社会做贡献，是因为我们热衷于我们自己自我实现的需要，但是正如弗兰克·梯利所说的，"渐渐地我们就把我们的热中（衷）从这些利

---

① ［英］休谟：《道德原则研究》，曾晓平译，商务印书馆 2009 年版，第 148 页。
② ［美］弗兰克·梯利：《伦理学导论》，何意译，广西师范大学出版社 2002 年版，第 36—37 页。
③ 严群：《亚里士多德之伦理思想》，商务印书馆 2003 年版，第 163 页。

益转向带来这些利益的事物上"，也就是，渐渐地，我们就把我们的热衷从满足自己自我实现的需要，转移到了尽己所能为他人和社会做贡献上来，"正像为了钱本身而爱钱一样，一个人可能逐渐形成某些特殊的行为习惯，而那原始的动机却不再出现在他的心中。"① 经过在社会实践活动中不断地重复、反复地积淀，自爱的主体也逐渐地为了满足他人和社会的需要而为他人和社会做贡献，那原始的自爱动机也不再出现在心中，为他人和社会的利益成为"我"的目的。

由此，我们可以看到，从满足自我实现的过程中体验到的自爱情感可以生长出为他人和社会做贡献的崇高精神；以自我实现为出发点，能够把他人和社会的利益作为我的责任。当"我"把他人和社会的利益作为我的责任时，"我"的行为就有了道德的意义，因为"我"的自我实现不再是出于自我的偏好，而是出于对他人和社会的责任，"尽其所能对人友善是一项责任。……它和［行为来自于此的］其他偏好处于同一层次，像对荣誉的偏好，如果这种偏好幸而定向于事实上合乎责任的领域，并普遍有用，也因此而受到褒奖，则它自是值得赞誉和鼓励，但却不值得崇敬。因为这个准则缺乏道德的意义，即道德的行为不是出自偏好而是出自责任。"② 自爱的主体，最初的自我实现只是为了满足自己的最高需要，但当为他人和社会的利益由手段转化为目的时，如何为他人和社会服务就成为"我"的出发点和行为的准则，"［这样，道德的第一个命题就是：一个行为要具有道德价值，其必须是出自责任而被做。］第二个命题是：一个出自责任的行为，其道德价值并不来自于通过此行为而要实现的目的，而是来自行为被规定的准则。"③ 也就是说，当为他人和社会做贡献成为"我"的行为的准则时，"我"的自我

① ［美］弗兰克·梯利：《伦理学导论》，何意译，广西师范大学出版社 2002 年版，第37页。
② ［德］康德：《道德形而上学基础》，孙少伟译，中国社会科学出版社 2009 年版，第 9 页。
③ ［德］康德：《道德形而上学基础》，孙少伟译，中国社会科学出版社 2009 年版，第 11—12 页。

实现的行为就具有了崇高的道德价值。

因此，在自我实现基础上产生的自爱情感是崇高的，因为在满足自我需要的过程中，展现着人性的自身的美丽和尊严，"在 17—18 世纪所谓的崇高，大都指的是外在事物，如宇宙的无限等。而康德则在此之上加入了人的自身。人性自身的美丽和尊严，就在引导着自己的道德生活，这本身就是崇高的体现，它就是崇高。"[1]

四、"自我牺牲"中的自爱

基于自我最高价值的自爱就是主"我"对客"我"满足主"我"最高层次需要的情感体验。也就是自爱的主体在社会中的自我实现。自我实现就是以自己的力量服务于他人和社会，尽己所能地在社会中释放自己的能力并获得社会的认可。"爱、团结、主宰、竞争以及征服是人际关系网中的自我无法回避的话题。值得他人去爱，成为他人可靠信赖的伴侣，会带给我们良好的自我价值感。"[2] "我"在自我实现的过程中，通过"我"的本质力量的对象化满足他人和社会的需要，不断增强着"我"的自我价值感。

自我实现有两种状态：一种是以自己的职业本身为快乐，在自己所从事的职业或工作中既服务了他人和社会，又使自己的本质力量顺利实现了对象化。"在对自我实现的人进行直接考察时，我发现他们毫无疑问都是忠于自己事业的人，献身于某一'他们身外的'任务，某一事业或责任，或心爱的工作。这种献身精神非常突出，我们能用事业、使命等过时的词汇恰当地说明他们对'工作'的忘我而深厚的激情和热忱。"[3] 在他们的身上，贡献和愉快是统一的，"在具有完美人性的人身

---

[1] [德] 康德：《论优美感和崇高感·译序》，何兆武译，商务印书馆 2010 年版，第 6 页。

[2] [瑞士] 维蕾娜·卡斯特：《依然故我》，刘沁卉译，国际文化出版公司 2008 年版，第 23 页。

[3] [美] 马斯洛：《动机与人格》，马良诚等译，陕西师范大学出版社 2010 年版，第 271 页。

上，我们发现责任和愉快是一回事，同样，工作和娱乐、自私和利他、个人主义和忘我无私，也是一回事。"①

另一种方式是从事自己并不喜欢的工作，但从事这份工作是为了更崇高的目的。比如"暴走妈妈"式的母亲，她们通过自我牺牲，在自己子女身上看到了自己人生价值的体现；比如被网友们称为"最美洗脚妹"的2010年度十大感动中国人物之一的安徽姑娘刘丽，她在厦门一家足浴城当"洗脚妹"，却在11年里资助了37名贫困学生。他们在自己所从事的工作或生活中是在吃苦，甚至是在做自己不喜欢的事情，也就是说他们选择了自我牺牲。但他们的这种自我牺牲正是自爱的升华，他们正是在追求着最高价值的自爱而作出的自我牺牲。

自我牺牲不是自讨苦吃，而是为了体现自我更大的价值，是那种自我实现过程中更大的价值在吸引着他们作出自我牺牲。石里克为了论述"明显的最大克己（seemingly-greatest renunciation）或自我牺牲（self-sacrifice）的情况"，② 他专门举了个例子，一个小孩子在几块糕点中进行选择，如果小孩子拿了最小的一块，而把较大的糕点留给他的同伴，在他看来，这个小孩子作出了这样的自我牺牲，却获得了最大的快乐："很明显，在其他情况下，想吃较大糕点的思想比想吃较小糕点的思想更加快乐。但是这里的情况有所不同，放弃吃大糕点的孩子由于他所受的教育或由于其天性，他的心中正发生着某种在其他孩子心中所没有的事件。这些事件起作用的结果，使得互相冲突的目的原先所具有的情感色调完全改变了。那是些联想性的事件，通过这种联想在孩子的意识中或明或暗地产生了高兴或不高兴的观念，父母表扬或责备的观念，伙伴们高兴或失望的观念。所有这些观念所具有的某些强烈的情绪色调，被

---

① ［美］马斯洛：《动机与人格》，马良诚等译，陕西师范大学出版社2010年版，第176—177页。
② ［德］石里克：《伦理学问题》，张国珍等译，商务印书馆1997年版，第47页。

传送到同它们有关的动机那里，那个动机原先具有的快乐价值就完全改变了。"① 事实上，通过自我牺牲，在很大程度上使得主体增强了自我价值感，因为通过自我牺牲，"我"满足了他人和社会的利益。而同时，主体作出的这种自我牺牲也会得到他人和社会的认可，受到他人和社会的赞赏与鼓舞，"鼓舞，这是可能影响人们命运的最大快乐。受到某个东西的鼓舞意味着被这种思想引起的最大的欢乐所征服。一个人，当他因为受到鼓舞而不惜一切地去帮助朋友，或去拯救他人于痛苦和毁灭之中的时候，他就会感到，促使他去完成这一行动的思想使他如此深切地感到欢欣，如此强烈地感到快乐，以致在此时此刻，保存自己生命以及避免痛苦的思想，是不可与之比拟的。一个人，如果他为一个事业而斗争受到了极大的鼓舞，竟至愿意接受任何迫害和凌辱，那么他就会怀着极其高尚而纯洁的欢乐之情去实现他的理想，以致无论是会遭受苦难的思想，或者是这些苦难将会给他造成极大痛苦的思想，都一点也不能超出他的理想之上。因为痛苦而放弃自己的目标，这个思想对于他来说，是比痛苦本身更加难受的。"②

由此可见，自我牺牲是自我实现的一种方式，实际上是主体对自我不同价值的权衡而作出的选择。"自我实现的人之所以会做他们所做的事，似乎是为了终极价值的缘故才那样做，这些终极价值似乎又是为了捍卫一些具有内在价值的原则。他们保护并热爱这些价值，假如这些价值受到威胁，会惹得他们恼怒，激发他们行动，并往往作出自我牺牲。这些价值对于自我实现的人不是抽象的，它们是自我实现的人的一部分，正如他们的骨骼和血管一样。永恒的真实、存在价值、纯真和完美不断地激励着自我实现的人。"③ 通过自我牺牲，他们不是受到了损失，而是获得了更高程度的自爱体验。通过自我牺牲方式实现的自我价值，

---

① ［德］石里克：《伦理学问题》，张国珍等译，商务印书馆1997年版，第46页。
② ［德］石里克：《伦理学问题》，张国珍等译，商务印书馆1997年版，第48—49页。
③ ［美］马斯洛：《动机与人格》，马良诚等译，陕西师范大学出版社2010年版，第257页。

更能体现出人生的壮美，丰富着自爱主体的审美人生。

五、自爱的层次性

基于自我绝对价值的自爱与基于自我最高价值的自爱是决然不同的。基于自我绝对价值而产生的自爱情感，是最低限度的自爱情感，是自爱的主体维护了自己的生命就可以体验到的自爱情感。基于自我最高价值而产生的自爱情感，是自爱的主体人生不断趋向的最高境界。维护了自己的生命存在就能体验到基于绝对价值的自爱，但基于最高价值的自爱却像是地平线，我们一直沿着它往前走，永无止境，激励着自爱的主体不断向前。基于绝对价值的表征着自爱的实然状态，而基于最高价值的自爱表征着自爱的应然状态。在不同的价值体系中，自爱的主体从实然走向应然，需要经过诸多的环节。

马斯洛认为人的基本需要分为生理的需要、安全的需要、社交的需要、尊重的需要和自我实现的需要，他把这些需要都称之为生物性的需要，"现已充分证实，作为内在结构的要素，人不仅具有生理需要，而且也具有心理需要。但这些需要必须由环境给予最适宜的满足，才能防止疾病和主观上的不幸，因此可以认为它们是一种缺失。它们可以称之为基本的需要、生物性的需要，可以把它们比作像对盐、钙、维生素 D 的需要一样的需要，因为，被剥夺生活必需品的人，持续地渴望它们的满足，剥夺它们会造成人的疾病和枯萎。"[1] 在这些需要体系中，最基本、最原始的需要是生理需要，"假如一个人在生活中所有需要都没有得到满足，那么生理需要就会最有可能成为他的主要动机，而不是其他需要。一个同时缺乏食物、安全、爱和尊重的人，对于食物的需要可能最为强烈。"[2] 在生理需要得到满足后，最先出现的就是安全需要，即

---

[1] ［美］马斯洛：《动机与人格》，马良诚等译，陕西师范大学出版社 2010 年版，第 169 页。
[2] ［美］马斯洛：《人性能达到的境界》，马良诚译，陕西师范大学出版社 2010 年版，第 20 页。

要求自己的劳动安全、生活稳定、未来有保障和免于灾难等，"在生理需要得到充分的满足后，一系列新的需要就出现了，我们可以把它们大致归为安全需要（安全、稳定、依赖、免受恐吓、焦躁和混乱的折磨，对体制、秩序、法律、界限的需要；对于保护者实力的要求等等）。"① "安全、运转顺利、稳定、健全的社会通常都不会让自己的成员感到会受到野兽、严寒、酷暑、强奸、谋杀、动乱、暴政等等的威胁。因此，站在一种非常现实的角度上看，不会再有什么安全需要能成为他的有效动机，正如一位吃饱了的人不会再感到饥饿。"② 在生理需要和安全需要得到满足后，"爱、感情和归属的需要就会以新的中心产生并重复着那些细节。于是，个人会强烈地感到缺乏朋友、情人、妻子或孩子，也就是说，他一般渴望同人们有一种充满深情的关系，渴望在他的团体和家庭中有一个位置，他将为达到这个目标而作出努力。……当他感到饥饿的时候，他把爱看得遥远、陌生和次要了。在生理需要得到满足后，他强烈地感到孤独、受冷遇、受排挤、无助的痛苦。"③ 也就是强烈地感受着爱和归属的需要，渴望与家庭、朋友、同事、团体的沟通与交流，渴望得到关怀和理解。

比爱与归属的需要高一个层次的是尊重的需要，"社会上所有的人（少数病态的人除外）都需要一种对他们而言稳定牢固的高度评价，有一种对于自尊、自重和来自他人的尊重的需要或欲望。这种需要可以分为两类：第一，对于实力、成就、适当、优势、胜任、面对世界时的自信、独立和自由等欲望；第二，对于名誉或威信（来自他人对自己的尊敬或尊重）的欲望，对于地位、声望、荣誉、支配、公认、注意、

① ［美］马斯洛：《人性能达到的境界》，马良诚译，陕西师范大学出版社 2010 年版，第22页。

② ［美］马斯洛：《人性能达到的境界》，马良诚译，陕西师范大学出版社 2010 年版，第24页。

③ ［美］马斯洛：《人性能达到的境界》，马良诚译，陕西师范大学出版社 2010 年版，第26页。

重要性、高贵或赞赏等的欲望。"① 马斯洛认为，满足尊重的需要，能增强人的自我价值感，否则，则会产生自卑感和无价值感，"满足自尊需要能增强人的自信，使人觉得自己是一个有价值、有能力和有力量的人，在这个世界上有用处，位置重要而必不可少。然而这些需要一旦受到挫折，就会产生自卑、弱小以及无能的感觉。这些感觉又会使人丧失基本的信心，使人要求补偿或者产生神经病倾向。"②

人的最高层次的需要是自我实现的需要，自我实现是"人对于自我发挥和完成的欲望，是一种使它的潜力得以实现的倾向。这种倾向可以说是一个人越来越成为独特的个人，成为他所能够成为的一切"③。

在马斯洛的需要层次理论中，高级需要的满足以低级需要的满足为基础，"自我实现需要的明显的出现，通常依赖于生理、安全、爱和自尊需要的满足。"④ 但需要从低级走向高级，并非严格的逐级递增，也不是在任何时候高级需要都要依赖于低级需要的满足，对此，马斯洛说："虽然我们要在低级需要得到满足后才转而对高级需要感兴趣，但人们在满足了高级需要，并获得了价值和体验之后，高级需要会变得具有自治能力，不再依赖低级需要的满足。人们甚至会蔑视与摒弃使他们得以过上'高级生活'的低级需要的满足，这就像第三代的富裕为第一代的富裕感到羞耻一样。"⑤ 在低级需要和高级需要都没有满足的情况下，低级需要对主体有更强的影响力，但如果两种需要都满足了，那

① ［美］马斯洛：《人性能达到的境界》，马良诚译，陕西师范大学出版社 2010 年版，第 28 页。
② ［美］马斯洛：《人性能达到的境界》，马良诚译，陕西师范大学出版社 2010 年版，第 28 页。
③ ［美］马斯洛：《人性能达到的境界》，马良诚译，陕西师范大学出版社 2010 年版，第 29 页。
④ ［美］马斯洛：《人性能达到的境界》，马良诚译，陕西师范大学出版社 2010 年版，第 30 页。
⑤ ［美］马斯洛：《人性能达到的境界》，马良诚译，陕西师范大学出版社 2010 年版，第 42 页。

么人们对这两种需要进行比较的时候，就会认为高级需要比低级需要更值得满足，甚至为了满足高级需要而放弃低级需要的满足，"两种需要都满足过的人们通常认为，高级需要比低级需要更有价值。他们愿为高级需要的满足牺牲更多的东西，而且更容易忍受低级需要的丧失。"①

马斯洛认为需要越高级，越有利于公众和社会的利益，而且高级需要的满足让人们更接近自我实现，而自我实现是人在永恒追求着的终极人的状态，"我们仿佛要永远力求达到终极人的状态，但这却是一种永远不可能达到的状态。"② 也正是因为自我实现这种"终极人的状态"没有顶点，才对一个人的人生永远具有吸引力，激励着人永远前进，"人是如此构造的，他坚持向着越来越完美的存在前进，而这也意味着，他坚持向着大多数人愿意叫作美好的价值前进，向着安详、仁慈、英勇、正直、热爱、无私、善行前进。"③ 这些美好的价值目标在激励着"爱之欲其善"的自爱主体永不懈怠、不断地创造更大的人生价值。

无论自我作为价值客体满足了作为价值主体的"我"的需要，还是满足了作为价值主体的他人和社会的需要，从根本上都是满足了"我"的不同层次的需要。满足需要的层次不同，那么自我的价值也就不同，基于自我价值感而产生的自爱情感也就呈现出不同的层次性。"爱之欲其善"，自爱情感也在进一步鞭策着自我主体逐步提高自我需要满足的层次，以创造更大的人生价值。

绝对价值与最高价值本属于不同的论域，绝对指的是无根据性和无条件性，而最高指的是层次性。但从前面的论述中，我们可以看出，我们所说的绝对需要事实上要具体化为主体维持生命的需要，也就相当于恩格斯所说的生存需要或马斯洛所说的生理需要。因此，基于自我的绝

① ［美］马斯洛：《人性能达到的境界》，马良诚译，陕西师范大学出版社 2010 年版，第 107 页。
② ［美］马斯洛：《动机与人格》，马良诚等译，陕西师范大学出版社 2010 年版，第 170 页。
③ ［美］马斯洛：《动机与人格》，马良诚等译，陕西师范大学出版社 2010 年版，第 171 页。

对价值而产生的自爱情感，实际上是基于自我低级需要的满足而产生的自爱情感。"如果人的自爱仅停留在低层次需要而没有向高层次发展，最终这种自爱就会堕落于自私自利之中。"① 低级需要有必要上升到高级需要，低级需要的满足也必然能够激发主体的高层次需要，而最高层次的需要就是自我实现的需要。从满足生理需要到满足自我实现的需要的过程，也就是基于绝对价值的自爱向基于最高价值的自爱的过渡过程，这个过程也是自我作为价值客体从满足自身生命存在到满足他人和社会利益的过程。"自爱作为人的本能需要，它的发展也是受到人的需要层次变化的影响。人首先是动物，就动物的本能来说，他首先关心的是自己的生存、安全，必须满足其作为动物的基本的生理需要。当然这时也存有他爱，它主要表现为爱那些能满足自己这种需要的人。"②

在马斯洛看来，他所提出的基本需要为不同文化中的人类所共有，"与表面的欲望或行为相比，基本需要更为人类所共有。"③ 但表面的欲望和行为在不同的文化中却有着诸多的差异。比如对满足生理需要的事物的喜爱、发型和服装款式的差异等。如果这些差异还是表面现象的话，那么面对不同层次需要冲突时，人们所作出的取舍，则具有深层次的文化因素。在不同的价值体系中，价值主体对自我需要的排序呈现出不同的特点。

在不同的价值体系中，主体在面对不同层次的需要发生冲突时，需要在该价值体系的指导下优先满足高层次的需要而放弃对低层次需要的满足。我们兹通过《礼记》中记载的晋献公杀其世子申生的历史事件来作些分析。"晋献公将杀其世子申生，公子重耳谓之曰：'子盖言子

<hr />

① 沈嘉祺：《论道德教育中的自爱》，《湖南师范大学教育科学学报》2006年第2期。
② 沈嘉祺：《论道德教育中的自爱》，《湖南师范大学教育科学学报》2006年第2期。
③ ［美］马斯洛：《人性能达到的境界》，马良诚译，陕西师范大学出版社2010年版，第38页。

之志于公乎？'世子曰：'不可，君安骊姬，是我伤公之心也。'曰：'然则盖行乎？'世子曰：'不可，君谓我欲弑君也，天下岂有无父之国哉！吾何行如之？'使人辞于狐突曰：'申生有罪，不念伯氏之言也，以至于死，申生不敢爱其死；虽然，吾君老矣，子少，国家多难，伯氏不出而图吾君，伯氏苟出而图吾君，申生受赐而死。'再拜稽首，乃卒。是以为'恭世子'也。"（《礼记·檀弓上》）申生宁肯丢掉自己的性命也不愿意向父亲说出自己心中的委屈，只是怕父亲失去身边的美人而孤单。没有选择逃走，是因为不愿让世人知道自己父亲的短处。自己的生命，也就是我们所说的绝对价值，在面临着与父亲利益的冲突时，世子申生选择了自己去死，以摧毁自己绝对需要的方式维护着父亲的需要。申生的选择被当时的价值体系给予高度的赞赏，被尊称为"恭世子"。

由此，我们可以看到，在中国传统社会的价值体系中，人的绝对价值和最高价值是对立的。虽然在这个事件发生的时期还没有明确表述出三纲五常的核心价值观，但事实上他们已经在践行着"君要臣死，臣不得不死，父要子亡，子不得不亡"的价值理念。在中国传统社会以"三纲"为核心的价值体系中，个体的绝对需要就要从属于"君、父、夫"的需要。在根本上"君"的需要高于"父、夫"的需要，因此在"忠孝不能两全"的时候提倡"舍孝尽忠"。在这样的价值体系中，价值主体的自我实现就是在家中为"父、夫"的需要而献身，而在整个社会中是为"君"的需要而献身，"君"的需要是就是最高需要，满足这种最高需要也就是价值主体的最高价值。

我们今天的价值体系当然不能认可传统社会的价值体系中人们在面对需要冲突时的抉择，尤其是我们把人的生命从对权威的附属物中解放出来，重新确立"天地之性人为贵"的价值理念。在社会主义核心价值体系中，绝对价值和最高价值能够摆脱在传统社会中的对立状态而走向统一。因为在应然上，社会主义核心价值体系的价值主体是人民，这样的价值体系以人民的需要和利益作为出发点与旨归，使人民能够在"高天、阔海"中满足自我实现的最高需要。关于在社会主义核心价值体系中如何生成正确的自爱观，我们将在后文中详细论述。

第四章　自爱的自觉：明者自爱

"知人者智，自知者明"（《道德经》），只有对自己的需要、价值、知识、能力等全面系统深入的认识的主体才能成为知道、了解自己的明者，这样的主体才能成为自觉的自爱主体，也就是我们所说的明者自爱。

自爱由自发到自觉的根据是自我意识及其自觉。自爱以自我需要的满足为根据。自我需要只有被主体意识到才能成为自我评价活动的出发点，对自我存在和自我需要的意识构成了自我意识的主要内容。如果说趋利避害是自爱的话，那么动物满足自己需要的自然本能也都是自爱，这种自然本能的行为是自发的。而人对自我需要的满足需要上升为自觉，其上升为自觉的前提就是自我意识及其自觉。如果不能意识到"我"的真实需要，而把"我"的需要投射到"物"上，尤其是投射在金钱和权力上，那么就会造成需要的异化。由异化需要而生长起来的自爱情感不是真正的自爱，甚至是自爱的反面，我们称为自爱的异化。克服自爱的异化需要自我意识的自觉，需要主体以理性的力量发掘自己内心的呼声，需要主体以极大的勇气突破外在权威对自我内心的遮蔽，发掘自己真实的作为人的需要，并把这种真实需要作为自我评价活动的出发点。

第一节　自我意识的自觉

马克思指出，与动物意识不到自己的生命活动不同，"人则使自己的生命活动本身变成自己意志的和自己意识的对象。他具有有意识的生命活动。"① 人的有意识的生命活动就是把自己的存在和行为作为自己意识的对象。也就是说，人在自己的生命活动中，既意识到自己的行为所指向的对象，即对象意识；又意识到自己的存在和行为本身，即自我意识。无论是从人类早期到现代的人类发展的漫长历史，还是一个人从婴儿时期成长为成人，其自我意识都经历了一个从无到有、从自发到自觉的过程。

一、对自觉的理解

自觉是一个与自发相对应的概念，"有两方面含义：相对于动物的自发性活动而言，指人们的活动都是有目的、有意识的。表明人的活动的自觉的性质。相对于尚未认识到客观规律、盲目性较大的活动而言，指正确认识客观规律，并按照客观规律办事的活动。"② 石磊等主编的《哲学新概念词典》中认为"自觉"一般有三层意义："（1）是在'有意识'的意义上使用，即指人类有区别于动物本能的自觉意识。这是人类最普通的和最基本的自觉形式，它构成了人类自觉的最低层次，可以称之为'自觉一般'。（2）是在社会运动中把'个人意图和目的'视为自觉来使用，即指'个体自觉'，这种自觉表现了个体活动所具有的较为明确的目的性。……（3）即自由，是马克思对人类自觉的最高向往。……完满意义上的自觉消除了在私有制下个人自觉与社会的自发的必然对抗，与历史发展的客观规律处于协调一致的关系之中，实现了自由与必然的真正统一。在自觉的这一水平上，主体不仅达到了对自然规律和社会行动规律的认识，而且依据这种认识科学地预见未来，把握自己行动的直接后果和间接后果。"③ 宋希仁等主编的《伦理学大辞典》

---

① 《马克思恩格斯全集》第 3 卷，人民出版社 2002 年版，第 273 页。

② 金炳华主编：《马克思主义哲学大辞典》，上海辞书出版社 2003 年版，第 334 页。

③ 石磊、崔晓天等主编：《哲学新概念词典》，黑龙江人民出版社 1988 年版，第 119—120 页。

中认为自觉是表示自我意识的道德概念。"指主体自身的认识和觉悟。自觉是在有目的有计划的活动中体现的。这种活动是在自己觉察，并掌握一定客观规律的前提下进行的，一般能预见到行为活动的后果。由于认识和掌握了客观事物的本质和规律，就能使自己的行为达到一种自如的程度。但自觉还不只是认识上的问题，还有对自己的行为活动的价值觉悟问题。"①

冯友兰先生在他的《新原人》的第一章中谈论的"觉解"对我们理解自觉的含义有诸多启示。冯先生说："一件事的意义，则是对于对它又了解底人而后有底。如离开了对它有了解底人，一事即只有性质、可能等，而没有意义。"② 这种人对事物意义的了解就是"解"，而"觉"是自觉，"人做某事，了解某事是怎样一回事，此是了解，此是解；他于做某事时，自觉其是做某事，此是自觉，此是觉。"③ 冯先生说，自觉将人与禽兽区分开来，因为人与禽兽都有活动，但禽兽并不了解它的活动是怎么一回事，于是在它的活动中就不自觉其在从事某活动。"人则有某活动，而并且了解某活动是怎样一回事，并且于有某活动时，自觉其是在从事于某活动"④。人不但对于自己的活动有觉解，而且人对自己的"觉解"亦有觉解，"人不但有觉解，而且能了解其觉解，是怎样一回事，并且于觉解时，能自觉其觉解。"⑤ 正如事物的意义在于人对事物的了解，一个人对他的人生愈有觉解，则他的人生对于他就愈有意义。

综合前面对自觉的理解，我们可以认为：第一，一个人对自己人生价值的理解离不开自觉，自觉的活动和能力是人与动物的根本区别。自觉与自发相对，自觉表示人对自己的活动具有明确的目的性、计划性和

① 宋希仁、陈劳志等主编：《伦理学大辞典》，吉林人民出版社1989年版，第416—417页。
② 冯友兰：《贞元六书》下卷，华东师范大学出版社1996年版，第519页。
③ 冯友兰：《贞元六书》下卷，华东师范大学出版社1996年版，第526页。
④ 冯友兰：《贞元六书》下卷，华东师范大学出版社1996年版，第526页。
⑤ 冯友兰：《贞元六书》下卷，华东师范大学出版社1996年版，第530页。

组织性。第二，自觉与认识的理性认识阶段相联系，伴随着人的理性思维过程，包括人对事物的运动规律和人的思维规律的深刻认识。第三，自觉不仅包含着人对外界对象的认识，而且包含着人对自己认识的认识，并且只有经过对自己认识的认识才谈得上自觉，对自己的认识的认识就是对自己思想的"思"，就是反思。自我意识的自觉就是主体以自己理性思维的能力，在深刻认识对象规律和自身思维规律的基础上，在自觉的实践活动中，明确地觉解到意识是"我"的意识，实践是"我"的实践活动，价值是"我"的价值，从而价值感是"我"的价值感，因此自爱也是"我"的自爱。

二、自我意识的自觉依赖于对象意识与自我意识的矛盾运动

自爱的情感是"主我"对"客我"的爱，这当然需要"客我"成为"主我"意识中的内容，而"主我"和"客我"实际上是同一的，因此，"主我"对"客我"的意识也就是"我"的自我意识。自我意识直观地讲，就是将"我"作为意识对象而形成的自我意识。而将"我"作为意识的对象，其前提是"我"能够成为主体，把自身与客体进行区分，进而把"我"双重化，既作为主体，又作为客体。

黑格尔在他的《哲学史讲演录》中写道："近代哲学的出发点是古代哲学最后达到的那个原则，即现实自我意识的立场；总之，它是以呈现自己面前的精神为原则的。勒内·笛卡尔事实上正是近代哲学的真正创始人……"[1] 笛卡尔之所以被称为"近代哲学的真正创始人"，就是因为笛卡尔提出了"我思故我在"，这是对哲学以数学方法进行论证的第一条原理。"我发现，'我想，所以我是'这条真理是十分确实、十分可靠的，怀疑派的任何一条最狂妄的假定都不能使它发生动摇，所以我毫不犹豫地予以采纳，作为我所寻求的那种哲学的第一条原理。"[2]

---

[1] ［德］黑格尔：《哲学史讲演录》第 4 卷，贺麟等译，商务印书馆 1981 年版，第 63 页。
[2] ［法］笛卡尔：《谈谈方法》，王太庆译，商务印书馆 2010 年版，第 27 页。

尽管笛卡尔也论证了上帝的存在，但上帝的存在无疑成了第二性的了，因为它也是由第一条原理推出来的，上帝的存在是由"我"想到的，尽管是"我"想到的最完满的存在，但也是"我"想到的，只有"我"才是真正的主体，"我"的存在不依赖于任何外在的物质，"我认识了我是一个本体，它的全部本质或本性只是思想。它之所以是，并不需要地点，并不依赖任何物质性的东西。"① "我"作为本体，就是对思想的思想，是对"我思"的思，也就是自我意识。

停留于"我思"之思的自我意识仅仅封闭在主体自身之内，只有在与对象意识的矛盾运动中自我意识才获得更高的形式。"我"的意识不仅包含着自我意识，也包含着对除"我"之外的对象的意识，但在根本上，对象意识的产生是以对"我"的意识为出发点的。正如马克思所指出的："凡是有某种关系存在的地方，这种关系都是为我而存在的"。② "我"之所以会将外在的对象作为"我"的意识的对象，正是出于"我"的需要。因此，在逻辑上，"我"的对象意识的出发点应该是"我"对"我"的需要的认识，而"我"的需要决定了"我"将与何种对象发生关系。为了更好地构建"为我关系"，"我"就需要不时地对"我"的对象意识进行反思，经过这种反思形成了对"我"的意识的意识，这当然是一种自我意识。经过对"我"的意识进行反思而形成的自我意识，已经不同于对象意识出发点的那个自我意识，因为这是走向自觉的自我意识。

由此可见，自我意识的自觉不能仅仅在自身内部完成，自我意识需要经过对象意识，并在与对象意识的矛盾运动中实现由自发到自觉的转变。卢梭说："我存在着，我有感官，我通过我的感官而有所感受。这就是打动我的心弦使我不能不接受的第一个真理。我对我的存在是不是

---

① ［法］笛卡尔：《谈谈方法》，王太庆译，商务印书馆 2010 年版，第 28 页。
② 《马克思恩格斯选集》第 1 卷，人民出版社 1995 年版，第 81 页。

有一个特有的感觉，或者说，我是不是只通过我的感觉就能感到我的存在？"① 对于这个疑问，卢梭随后回答道："我的感觉既能够使我感知我的存在，可见它们是在我的身内进行的；不过它们产生的原因是在我的身外，因为不论我接受与否，它们都要影响我，而且，它们的产生或消灭全都不由我做主。这样一来，我就清清楚楚地认识到我身内的感觉和它们产生的原因（即我身外的客体）并不是同一个东西。因此，不仅存在着我，而且还存在着其他的实体，即我的感觉的对象。"② 卢梭认为，知觉就是感觉，而比较就是判断，动物能够感觉到客体，但只有人才能对客体进行比较，而人同他的对象进行比较的第一个对象就是他自己，"我胆战心惊地发现我被投入了这个巨大的宇宙之中，迷迷茫茫不识路径，宛如淹没在一望无际的生物的海洋里，既不知道它们是什么样子，也不知道它们之间以及它们和我有哪种关系。我研究它们，观察它们；而我想到应该拿来同它们加以比较的第一个对象，就是我自己。"③ 实际上，我们可以看到，在卢梭看来，人的自我意识是在与对象意识的矛盾运动中产生和发展的。

走向自觉的自我意识能够清楚地意识到自我的主体地位，并逐渐做到主动地从作为主体的"我"的需要出发创建"为我关系"。伴随着自我需要的满足不断地从低层次上升到高层次，自爱的层次也在逐步提升。但自我意识的自觉并非一蹴而就之事，它是伴随着人的逐渐成长的一个漫长过程。人的自我意识离不开人的实践活动和自我认知活动，并随着实践活动和自我认知活动的深入而逐步走向自觉。

三、自我意识和对象意识的矛盾运动以自我的实践为基础

自爱的情感源于自我价值感，而自我价值感根本上取决于"我"

---

① ［法］卢梭：《爱弥儿》下卷，李平沤译，商务印书馆 2010 年版，第 383 页。
② ［法］卢梭：《爱弥儿》下卷，李平沤译，商务印书馆 2010 年版，第 383 页。
③ ［法］卢梭：《爱弥儿》下卷，李平沤译，商务印书馆 2010 年版，第 386 页。

的实践活动满足了价值主体的需要。实践是主观见之于客观的行动，实践的过程是主体本质力量对象化的过程，也就是主体认识和改造世界的过程。整个人类历史也就是人类认识世界和改造世界的历史。"历史不过是追求着自己目的的人的活动而已。"① 实践活动的目的性要求主体首先要意识到自己的需要是什么，通过实践活动能够满足自己的何种需要，这就构成最初的自我意识的内容。同时，主体还要认识实践对象的存在状态和运动规律，只有这样，才能使实践对象通过主体的实践活动满足主体的需要，而这就成为主体的对象意识的内容。

自我意识作为人区别于动物的一个本质规定与实践作为人区别于动物的本质规定是统一的，但自我意识并不是主体自身自发产生的，它只能是物质的产物，正如恩格斯指出："我们的意识和思维，不论它看起来是多么超感觉的，总是物质的、肉体的器官即人脑的产物。物质不是精神的产物，而精神本身只是物质的最高产物。这自然是纯粹的唯物主义。"② 由此可见，自我意识在任何时候都是"我"的头脑对"我"的存在的反映，而"我"的存在本质上是实践的。

实践是人的存在方式，这是马克思主义哲学的一个基本观点。与动物消极地适应自然不同，人则积极地改造自然以不断满足自己多种层次的需要，人不会甘愿受现实自然的种种限制，人会在自己的精神世界中描绘自己理想生活的蓝图，并通过自己的实践活动把这种理想变成现实，这就是人的实践活动的合目的性。但同时，人的实践活动又必须立足于现实的自然界，受自然界中必然性的规律的支配，因此人的实践活动又必须具有合规律性。正是因为人的实践活动的合目的性和合规律性，因此，实践活动成为人的自我意识与对象意识的矛盾运动的基础。

首先，从实践活动的合目的性来看，人的对象意识离不开自我意识。"从前的一切唯物主义（包括费尔巴哈的唯物主义）的主要缺点

---

① 《马克思恩格斯文集》第 1 卷，人民出版社 2009 年版，第 295 页。
② 《马克思恩格斯选集》第 2 卷，人民出版社 1995 年版，第 227 页。

是：对对象、现实、感性，只是从客体的或者直观的形式去理解，而不是把它们当作感性的人的活动，当作实践去理解，不是从主体方面去理解。"① 对对象、现实、感性等客体的理解所产生的是对象意识，对主体的理解所产生的是自我意识，从主体方面对客体的理解，也就是从自我意识方面对对象意识的理解。人将什么样的对象纳入自己的视野，从根本上是源于人自己对自我需要的意识。一个懵懂的婴儿首先不能区分自己与外界事物，所有的外界事物对他来说都是"无"，因此也就无所谓意识或自我意识。但伴随着人的成长，他逐渐地从无意识状态到产生出意识，其产生意识的前提当然是他能把自己与外界区分开来，即能够说出"我"并理解"我"与外界的不同，这也就是"我"的主体地位的确立。随着婴儿的逐渐长大，他能意识到的自己的需要也越来越丰富，同时，也有越来越多的对象纳入了他的认识视野。但逐渐地，他会发现，并不是每一种需要都能得到满足，也并不是每一个对象都能成为满足自己需要的对象，他认识和改造对象以满足自己需要的实践活动会接受越来越多的挫折。也就是说，并不是所有的实践活动都能够符合主体的目的。不符合主体目的的实践活动也可以说是失败的实践，面对失败的实践，主体需要思考的问题首先有两个：其一，主体的需要是否合理；其二，主体改造对象的实践活动是否符合对象本身的规律。对主体需要的思考就是对自我意识的反思，对对象规律的思考就是对主体的对象意识的反思，同样是对自我意识的反思。主体的需要是客观的，有其自身的规律，而外界对象同样具有规律性，对主体需要和对象规律的反思，是由实践活动的合规律性决定的。

其次，从实践活动的合规律性来看，人的对象意识需要通过反思成为自觉的自我意识。相对于人而言的外界事物，并不都能像母亲的乳头那样直接满足主体自身的需要，往往需要主体以自己的本质力量对象化

---

① 《马克思恩格斯选集》第 1 卷，人民出版社 1995 年版，第 54 页。

的方式来改变外界事物的存在状态，以使之能够满足主体的存在。自然界不能自动满足主体的需要，而主体改造自然的活动也并非一帆风顺的过程，因为自然界有其自身运动的必然规律，是否能够认识这些必然规律，是主体的实践活动能否成功的前提。爱迪生在发明电灯满足人类照明需要的过程中，反复对各种材料的属性进行研究和试验，最终发现钨丝的属性最能满足制造灯泡的需要。爱迪生发明电灯的实践之所以能够成功，就是因为他对各种金属材料的属性已经有了深刻的认识，他在自己反复试验的过程中，把对各种材料的属性形成的认识在头脑中不断比较、权衡，最终确定钨丝的属性最适合。而这个过程，就是爱迪生对各种材料进行试验，首先形成对每一个对象的对象意识，然后又对这些对象意识进行深刻反思的过程，实际上也就是对自己头脑中的对象意识进行反思形成自我意识的过程，这种经过反思而形成的自我意识是自觉的自我意识，在自觉的自我意识的指导下，人改造世界的活动才是自由的，恩格斯指出："自由是对必然的认识。"① "自由就在于根据对自然界的必然性的认识来支配我们自己和外部自然"。② 对自然界必然性的认识所形成的对象意识必然需要不断反思，因为自然界的运动规律是事物的本质的、内部的联系，离开对对象意识的反思就难以把握事物运动的内在规律，也就不能为实践活动提供有效的指导。

最后，人的自我意识和对象意识的统一以实践活动的合目的性和合规律性的统一为基础。事实上，我们很难明确地区分人的意识构成中，哪些是对象意识，而哪些又是自我意识，对象意识和自我意识往往缠绕在一起，共同构成人的意识的内容。对象意识和自我意识缠绕在一起，是因为人的实践活动的合目的性和合规律性也是缠绕在一起不能分割，甚至不能明确地区分开。对"我"的需要的意识是自我意识中最主要的内容，而"我"的需要"代表着主体与客体之间一种客观的、必然

---

① 《马克思恩格斯选集》第 3 卷，人民出版社 1995 年版，第 455 页。
② 《马克思恩格斯选集》第 3 卷，人民出版社 1995 年版，第 456 页。

的联系。而主体的需要不论是否为主体所意识，都必然成为它活动的真实目的。"① 但主体需要只有被主体意识到，才能真正成为自由自觉的实践活动的目的，这就要求主体自身的需要成为认识的对象，"正因为人是类存在物，他才是有意识的存在物，就是说，他自己的生活对他来说是对象。"② 主体以自己的生活为认识的对象，所形成的意识既是对象意识，又是自我意识，实际上是对象意识和自我意识的统一体。也正因为人的实践活动受对象意识和自我意识统一体的支配，才能说人的实践活动是自由自觉的活动，也才使人真正成为类存在物。马克思指出："动物只生产它自己或它的幼仔所直接需要的东西；动物的生产是片面的，而人的生产是全面的；动物只是在直接的肉体需要的支配下生产，而人甚至不受肉体需要的影响也进行生产，并且只有不受这种需要的影响才进行真正的生产；动物只生产自身，而人再生产整个自然界；动物的产品直接属于它的肉体，而人则自由地面对自己的产品。"③ 动物只有自己的尺度，它满足自己需要的活动只是一种本能活动，如果说动物对自己需要的感受也是意识的话，那么它只有自我意识而没有对象意识，也正因为动物没有对象意识，所以我们很难说动物是有意识的。而人与动物根本不同，因为人所进行的生产是自由自觉的实践活动，这种自由自觉的实践活动必须同时具有合目的性和合规律性，因此，实践活动的主体必须同时遵循人的尺度和物的尺度，而这两个尺度是统一的，其统一的基础就是人的主体性活动。把人的尺度，即主体内在性尺度同物的尺度，即客体尺度统一起来，是人的实践活动与动物的本能活动的根本区别，"动物只是按照它所属的那个种的尺度和需要来构造，而人却懂得按照任何一个种的尺度来进行生产，并且懂得处处都把固有的尺

---

① 李德顺：《价值论》，中国人民大学出版社 2017 年版，第 51 页。
② 《马克思恩格斯选集》，人民出版社 2012 年版，第 56 页。
③ 《马克思恩格斯选集》，人民出版社 2012 年版，第 57 页。

度运用于对象；因此，人也按照美的规律来构造。"① 能够在自己的实践活动中将两种尺度相统一，才使实践活动成为自由自觉的、体现人的本质力量的活动，"正是在改造对象世界的过程中，人才真正地证明自己是类存在物。这种生产是人的能动的类生活。通过这种生产，自然界才表现为他的作品和他的现实。因此，劳动的对象是人的类生活的对象化：人不仅像在意识中那样在精神上使自己二重化，而且能动地、现实地使自己二重化，从而在他所创造的世界中直观自身。"② 马克思所说的在精神上以及现实地使自己二重化，就是在人的对象化活动中既坚持了人的内在的主体性尺度，又坚持了物的客体性尺度，在客体主体化的过程中实现着主体客体化。以这两个尺度相统一的实践活动为基础，人的自我意识和对象意识交织在一起，通过主体的不断反思走向自觉。

人的实践活动是为了满足人的需要，而人对自我意识和对象意识的反思是为了更好地从事实践活动，从而根本上也是为了满足人的需要。自我意识和对象意识的矛盾运动围绕着实践活动的合目的性和合规律性、同时遵循着人的尺度和物的尺度。遵循物的尺度是为了实践活动能够取得成功，实践活动是否取得了成功却要遵循人的尺度。成功的实践活动顺利地满足了主体的需要，而对主体需要的满足也使实践的主体体验到了自我价值感，从而产生自爱的情感。人对世界的认识永无止境、实践活动永无止境，因此，人的对象意识和自我意识的矛盾运动也永无止境，也就是说人的自我意识的自觉永无止境。

四、自我意识的自觉离不开"我"的社会关系

自我意识虽然是"我"对"我"的意识，但它却不能孤立地存在，"我"对"我"的意识也必须得到他人的承认。对此，黑格尔在他的

---

① 《马克思恩格斯选集》，人民出版社 2012 年版，第 57 页。
② 《马克思恩格斯选集》，人民出版社 2012 年版，第 57 页。

《精神现象学》中有着非常精彩的论述。黑格尔把自我意识的确立与确信放在与另外一个自我意识的矛盾运动中去理解，他说："自我意识是自在自为的，这由于并且就因为它是为另一个自在自为的自我意识而存在的；这就是说，它之所以存在只是由于被对方承认。"① 自我意识需要在对方的自我意识中看到它自己的存在，这有点像我们清洗面部的污渍需要通过照镜子来确认一样，我们自己感觉用水冲过就干净了，但是通过照镜子我们才能确信是否真的冲洗干净了。自我意识要确信自身，需要走出自身并重新返回自身，"自我意识有另一个自我意识和它对立；它走到它自身之外。这有双重的意义，第一，它丧失了它自身，因为它发现它自身是另外一个东西；第二，它因而扬弃了那另外的东西，因为它也看见对方没有真实的存在，反而在对方中看见它自己本身。""它必定要扬弃它的这个对方；这个过程是对于第一个双重意义的扬弃，因而它自身就是第二个双重意义；第一，它必须进行扬弃那另外一个独立的存在，以便确立和确信它自己的存在；第二，由此它便进而扬弃它自己本身，因为这个对方就是它本身。"② 在这双重意义的扬弃中，实际上两个自我意识都通过对方确认了自己本身的存在，两个自我意识都以对方为中介而从自发走向自觉，"这个对于它的双重意义的对方之双重意义的扬弃同样是一种双重意义的返回到自己本身。因为第一通过扬弃，它得以返回自己本身，因为通过扬弃它的对方它又自己同自己统一了；第二但是它也让对方同样地返回到对方的自我意识，因为在对方中它是它自己，于扬弃对方时它也扬弃了它自己在对方中的存在，因而让对方又得到自由。"③ 自我意识的自觉以另外一个自我意识为中介，实际上也就是以社会关系为中介，因为与自我意识发生关系的那个自我意识总是与它处于一定社会关系中，对于根本没有发生任何社会关系的

① ［德］黑格尔：《精神现象学》上卷，贺麟等译，商务印书馆 2010 年版，第 138—139 页。
② ［德］黑格尔：《精神现象学》上卷，贺麟等译，商务印书馆 2010 年版，第 139 页。
③ ［德］黑格尔：《精神现象学》上卷，贺麟等译，商务印书馆 2010 年版，第 139 页。

另一个自我意识，它们之间也不会有任何意义的"扬弃"。

对于两个自我意识之间的相互承认，黑格尔通过主人意识和奴隶意识的辩证关系进行了精彩的论述。① 主人和奴隶在经过生死斗争的博弈后，也就是经过"双重意义的扬弃"后，主人意识到自己是主人，在奴隶的承认那里也得到了确认；奴隶意识到自己是奴隶，并从主人那里得到了确认，于是，双方的自我意识得以确立和确认，而自我意识的确立和确认都是以对方的自我意识为中介的。

我们在前面论述过，人的自我意识在走向自觉的过程中，以实践为基础。而实践不是单个人的活动，在实践活动中必定要结成人与人之间的关系，我们常把实践称之为社会实践。社会实践并不只是处理社会关系的实践，而是包括生产实践和科学实验等实践活动在内的所有实践活动。就算是"私人"的实践活动也没有脱离它的社会属性，因为"人的本质不是单个人所固有的抽象物，在其现实性上，它是一切社会关系的总和"②。因此，表面上表现为"私人"的实践活动，其仍然离不开他的社会关系。"个体是社会存在物。因此，他的生命表现，即使不采取共同的、同他人一起完成的生命表现这种直接形式，也是社会共同生活的表现和确证。"③ 人的对象性活动离不开社会关系，人对外界对象的认识也需要在一定的社会关系境遇中展开。人对自身的意识就更离不开社会关系了，因为人自己的本质就是"一切社会关系的总和"，对自己本质的认识，也就是对自己"一切社会关系总和"的认识。

马克思在《评阿·瓦格纳的〈政治经济学教科书〉》中指出："'人'？如果这里指的是'一般的人'这个范畴，那么他根本没有'任何'需要；如果指的是孤立地站在自然面前的人，那么他应该被看

---

① 参见［德］黑格尔：《精神现象学》上卷，贺麟等译，商务印书馆 2010 年版，第 144—146 页。
② 《马克思恩格斯选集》第 1 卷，人民出版社 1995 年版，第 56 页。
③ 《马克思恩格斯文集》第 1 卷，人民出版社 2009 年版，第 188 页。

做是一种非群居的动物；如果这是一个生活在不论哪种社会形式中的人，……那么出发点是，应该具有社会人的一定性质，即他所生活的那个社会的一定性质，因为在这里，生产，即他获取生活资料的过程，已经具有这样或那样的社会性质。"① 这就很明确地告诉我们，人所进行的生产活动，不是孤立的单个人的活动，而是具有这样或那样的社会性质的实践活动，不仅生产活动是社会性的，"甚至当我从事科学之类的活动，即从事一种我只在很少情况下才能同别人进行直接联系的活动的时候，我也是社会的，因为我是作为人活动的。不仅我的活动所需的材料——甚至思想家用来进行活动的语言——是作为社会的产品给予我的，而且我本身的存在就是社会的活动；因此，我从自身所做出的东西，是我从自身为社会做出的，并且意识到我自己是社会存在物。"② 无论人的何种实践活动，都是社会的，都离不开一定的社会关系。因此，人只要从事认识和改造对象的实践活动，就必然离不开一定的社会关系，因此，人的对象意识的产生总是在一定的社会关系中的。

　　人对自身本质的认识，就是对自己处于社会关系网状结构中的结点的认识，尤其是对自己社会地位、社会责任的认识。我们在前文论述过，如果人把自己的目的和满足目的的手段都封闭在自身之内，就是自恋的表现。自爱的情感生长于自我价值感，自我价值感当然不能封闭在自身之内。"我"积极地从事社会交往、满足他人和社会的需要也是体现"我"的价值、增强自我价值感的必要途径，而这实际上也是在满足"我"的需要。因此，对"我"的需要的认识事实上包含了对"我"的社会地位和"我"所承担的社会责任的认识。自觉的自我意识，不仅包含着对自我实然状态的认识，而且也包含着对自我应然状态的描绘，即对理想的"我"的认识。离开对理想的"我"的认识，说明自我意识还不能把握"我"的发展规律，还不明确"我"的发展目

① 《马克思恩格斯全集》第19卷，人民出版社1963年版，第404—405页。
② 《马克思恩格斯文集》第1卷，人民出版社2009年版，第188页。

标，这样的自我意识就不是自觉的而是盲目的。自觉的自我意识来源于并指导着自觉的实践活动，人以社会实践的方式存在，并以社会实践的方式表现自己，正如人的社会实践离不开一定的社会关系一样，人的存在以及人对自己存在的意识也离不开一定的社会关系，"个人无论怎样表现自己的存在，都要与他人发生关系。个人的存在只有在与他人的联系中才能得到实现。"①

以社会关系为中介，人确认了自己的社会地位和社会责任。同样，人从自己的社会地位和社会责任出发，确定了自己认识活动和实践活动所指向的对象以及改造对象的方式。对实践对象的认识，是基于自己特定的社会关系，"在原始部落中，在一定情况下，谋杀邻近部落的人被认为是一个伟大的道德上的贡献，谋杀本部落的人则是犯了大罪。"②人的实践活动被认为是道德上的贡献，还是被认为是犯罪，所依据的是以社会关系为中介对实践对象的认识。人对实践对象的认识，也就是人的对象意识，随着人的社会关系的改变而改变。在原始部落中，人谋杀邻近部落的人会产生胜利者的喜悦，也就是我们所说的自我价值感，因此可以被称为是实现自爱的一种方式。但在现代社会，谋杀任何一个人都被认为是犯罪，无论是出于复仇或是惩恶，如果谋杀没有得到社会的认可，则谋杀的主体就不会产生自我价值感，甚至产生的是负罪感。在不同的社会关系中对同一个行为方式所指向的对象，之所以会形成不同的对象意识，就在于实践的主体基于不同的社会关系对于自己的社会地位和社会责任得出了不同的认识。在现实生活中，我们常常会有这样的说法："我是一个教师，我应当为人师表。""我是人民的公仆，应当吃苦在先，享乐在后。""我是一名法官，我的所作所为要能对得起我帽子上的国徽。""我是人民选举出来的代表，因此要代表人民表达他们的利益诉求。"……在这些表述中，"我"的社会地位和社会责任作为

---

① 陈新汉：《自我评价论》，上海人民出版社2011年版，第47页。
② ［德］石里克：《伦理学问题》，张国珍等译，商务印书馆1997年版，第85页。

"我"的本质规定，规定着"我"作为一个人在应然上的担当，而这些担当也表现为"我"的需要，"我"对"我"的意识显然是对于"我"所处的社会关系网络结构中的那个结点的意识，"我"也正是通过整个社会关系网络而确定了"我"这个结点的本质属性。

五、罗洛·梅的创造性自我意识

美国当代心理学家罗洛·梅将人的自我意识的发展分为四个阶段。第一个阶段是刚出生后的婴儿的天真无知，这是在自我意识出现之前的阶段。第二个阶段他称之为反抗的阶段，这个阶段的自我意识的特征从两三岁的小孩一直到青少年的身上都可以看到，他们竭力想通过切断旧的联系而获得自由，以建立某种属于自己的内在力量，这个阶段是由无意识向自我意识过渡的阶段。第三个阶段是正常的自我意识的阶段，"我们可以称第三个阶段为正常的自我意识。在这个阶段，个体能够在某种程度上看到他自己的错误，考虑到自己的偏见，将自己的内疚感和焦虑看作是可以从中学习的体验，并且能够负有某种责任心地作出决定。这就是大部分人在他们谈到人格的健康状态时所指的意思。"[1] 尽管在第三个阶段中已经产生了正常的自我意识，但这还是不够的，"意识还有第四个阶段，从大部分人都很少体验到它这个意义上说，它是非同寻常的。"[2] 罗洛·梅认为用传统的称谓来称呼这个阶段，比如"客观自我意识""自我超凡意识""自我超越意识"等都不能澄清这个概念的含义，他建议使用"创造性自我意识"这个术语。对于这种"创造性自我意识"，"经典心理学中所使用的术语是出神。"[3] "出神"的

---

[1] ［美］罗洛·梅：《人的自我寻求》，郭本禹等译，中国人民大学出版社 2008 年版，第 110 页。

[2] ［美］罗洛·梅：《人的自我寻求》，郭本禹等译，中国人民大学出版社 2008 年版，第 110 页。

[3] ［美］罗洛·梅：《人的自我寻求》，郭本禹等译，中国人民大学出版社 2008 年版，第 110 页。

意思就是处于忘我的境界，罗洛·梅认为第四个意识水平不同于我们普通的通过主观和客观的两分法来看世界，"这第四个意识水平超越了主观与客观之间的这种分裂。我们可以暂时地超越有意识人格的通常界限。通过我们所谓的顿悟、直觉或者其他创造性活动中所涉及的只是被模糊理解的过程，我们可以隐约地窥探现实中所存在的客观真理，或者在如一种无私之爱的体验中，感觉到某种新的道德可能性。"① 罗洛·梅所谈到的创造性的自我意识就是我们所说的自觉的自我意识，不仅意识到"我"的实然状态，还在我的意识中描绘着"我"的理想蓝图，不断地激励着我从实然走向应然，实现对自我的超越，他引用波伏瓦的话说："生命总是忙于使自己永久存在并且超越自己，如果它所做的一切只是为了维持自己的话，那活着就仅仅是没有死而已，而人类的存在就无法与愚蠢的植物区别开来了……"② 但创造性自我意识只是少数人才能达到的阶段，"这种创造性自我意识是一个我们大多数人都很少达到的阶段……但是，正是这一水平赋予了我们处于较低水平的行动和体验以意义。……这就好像是一个人暂时地站立于高山之巅，并从一个广泛的、不受限制的视角来看待他自己的生活。"③ 创造性自我意识让我们看到了自己生活的意义，也就是明白了该如何去实现自己的价值，特别是创造性自我意识包含着人们的信仰，"《圣经》中那些关于为了自己所信仰的价值观而牺牲自己生命的陈述所指的就是这第四个水平。"④

罗洛·梅关于自我意识依次发展的四个阶段，也就是我们所说的自我意识不断走向自觉的过程。创造性自我意识就是自我意识自觉的最高

---

① ［美］罗洛·梅:《人的自我寻求》，郭本禹等译，中国人民大学出版社 2008 年版，第 111 页。
② ［美］罗洛·梅:《人的自我寻求》，郭本禹等译，中国人民大学出版社 2008 年版，第 112 页。
③ ［美］罗洛·梅:《人的自我寻求》，郭本禹等译，中国人民大学出版社 2008 年版，第 112 页。
④ ［美］罗洛·梅:《人的自我寻求》，郭本禹等译，中国人民大学出版社 2008 年版，第 113 页。

阶段，我不仅意识到了"我"的实然，而且在应然上描绘着理想的"我"，并且逐渐地把实现这种理想的"我"作为自己的信念甚至是信仰，对自己追求的价值目标深信不疑并身体力行，在满足自我不同层次需要的过程中不断超越现实的"我"，直指自我的最高需要，即自我实现的需要。

对象意识与自我意识相互交织的矛盾运动，总是伴随着这些问题：我是什么样的？我的需要是什么？我应当去做什么？我怎样满足我的需要？对这些问题认识得越清晰，人的自我意识自觉的程度就越高，就越有可能创造更大的人生价值，从而增强自我价值感，不断自觉地体验自爱的情感。但如果对这些问题的认识发生了偏差，也就是对自己存在方式和内在需要的错位，就会造成人的本质的异化和人需要的异化。实践是人的存在方式，自由自觉的活动是人的类本质，但当自由自觉的活动转变为异化劳动后，"异化劳动把自主活动、自由活动贬低为手段，也就把人的类生活变成维持人的肉体生存的手段。"而最终导致"人的本质同人相异化"①。异化的人对自身的自我意识也是异化的自我意识，同样，他的对象意识也是异化了的对象意识，因此，他实践活动的目的也同他本身的目的相异化，他把实现并非源自内在本质的追求当作自我的价值，那么他在此基础上产生的价值感也是异化了的自我价值感，基于这种自我价值感生长起来的自爱情感也是异化了的自爱。

第二节　自爱的异化

自爱的情感源于自我价值感并包含着对理想的"我"的期待，自我价值感和理想的"我"都基于"我"的人生作为价值客体不断地创

① 《马克思恩格斯全集》第3卷，人民出版社2002年版，第274页。

造出更大的价值。但是在"以物的依赖性为基础的人的独立性"的社会形态中，"物"成为衡量"我"的价值的标准，伴随着"我"的价值的物化，自爱的情感也被异化了。

一、"以物的依赖性为基础"的社会中的异化

马克思提出的人类社会发展"三形态说"已经被越来越多的学者用来分析当今中国的社会发展阶段，"每个个人以物的形式占有社会权力。如果从物那里夺去这种社会权力，那么你们就必然赋予人以支配人的这种权力。人的依赖关系（起初完全是自然发生的），是最初的社会形式，在这种形式下，人的生产能力只是在狭小的范围内和孤立的地点上发展着。以物的依赖性为基础的人的独立性，是第二大形式，在这种形式下，才形成普遍的社会物质变换、全面的关系、多方面的需要以及全面的能力的体系。建立在个人全面发展和他们共同的、社会的生产能力成为从属于他们的社会财富这一基础上的自由个性，是第三个阶段。第二个阶段为第三个阶段创造条件。"[①] 按照马克思所说的三个阶段社会的特征看，我们当前的社会具有他所说的第二个阶段的社会形态的诸多特征，尤其是我们谈到的社会转型，主要指的就是由传统的以半自然经济为基础的计划经济向以商品经济为基础的市场经济的转变，实际上也就是从马克思所说的从第一个阶段向第二个阶段的转变。在这样的社会转型期，"以物的依赖性为基础的人的独立性"的社会特征逐步显现，但传统计划经济中人对"单位"的依附关系并未完全摆脱，因此，在这个社会转型期中，不可避免地出现了货币拜物教向政治领域渗透和权力拜物教向经济领域渗透的现象，而这也凸显出现代性社会的基本特征，"现代社会主要围绕着三个主轴：金钱、权力和理性。在现代性发展中，三个主轴是不可分割地相互绞结在一起的……金钱和权力的理性

---

① 《马克思恩格斯文集》第 8 卷，人民出版社 2009 年版，第 52 页。

化，就是近现代社会的基本特征。"① 对"物"的依赖关系具体表现为对金钱和权力的依赖，也就是把金钱和权力作为最高的追求目标。我们在前面的章节中已经论述过人的最高需要是自我实现的需要，金钱和权力也只是实现人的最高需要的手段，而手段成为目的，也就是自我的需要被异化。

异化理论并不仅仅是马克思早期思想中的核心观点，成熟时期的马克思也并没有把异化理论边缘化，俞吾金说："异化理论是贯穿马克思一生哲学思考的基本理论，这一理论在马克思哲学中拥有基础性的、核心的地位和作用。"② 异化理论也不仅仅是资本主义社会中特有的现象，它可以被用来分析一般商品经济社会中由于社会分工和不同经济利益主体所造成的劳动的异化以及人需要的异化。"异化是指人的物质、精神活动及其产物变成异己的力量转过来反对甚至支配、统治人本身，因而出现了人原来具有的正常人性和人的本质被压抑、扭曲，甚至被否定的情况。'异化'这个概念可以用来表达人的活动的负面效应所造成的消极后果，所导致的人同自己的活动、活动的产品，以及他人、社会的某种反对关系，以及阶级社会中社会生活对人性的破坏性影响。"③ 一句话，就是"人们的生产活动及其产品反对人们自己的特殊性质和特殊关系"④。当金钱和权力成为人追求的最高目标之后，人真实的需要就被遮蔽，此时人的实践活动不再是为了满足人的需要，而是在满足人的欲望，被遮蔽的需要不仅不能得到满足，而且还会受到破坏性影响，这就是人的需要的异化。人的追求目标被固定到金钱和权力上之后，就出现了所谓的"见物不见人"，此时的自我意识只是对"物"的意识，而非对"人"的意识，也可以说，是异化了的自我意识。在异化了的自

① 高宣扬：《后现代论》，中国人民大学出版社 2005 年版，第 101 页。
② 俞吾金：《再论异化理论在马克思哲学中的地位和作用》，《哲学研究》2009 年第 12 期。
③ 陈志尚：《人学原理》，北京出版社 2005 年版，第 110 页。
④ 冯契主编：《哲学大辞典》，上海辞书出版社 2001 年版，第 1810 页。

我意识中，自我价值感也是对异化了的"我"的价值感，也是对"我"的异化了的价值的意识，因此，在此基础上生长出来的自爱情感也是异化了的自爱。

二、从劳动异化到自爱的异化

马克思关于社会发展的"三形态说"，相对应的三种经济形态是自然经济、商品经济和产品经济形态，"以物的依赖性为基础的人的独立性"的社会形态所对应的经济形态是商品经济形态。在商品经济社会中，劳动还没有成为人的第一需要，劳动是人的谋生手段，也就是满足人多层次需要的手段。但在资本主义社会，生产资料归资本家所有，因此工人的劳动产品不属于工人而属于资本家，而且工人生产的产品越多，资本家的力量就越强大，工人实际上生产了越来越强大的统治自己的力量，因此在资本主义生产关系下，工人的劳动与自己的劳动产品相异化，"工人生产的财富越多，他的产品的力量和数量越大，他就越贫穷。工人创造的商品越多，他就越变成廉价的商品。物的世界的增值同人的世界的贬值成正比。……劳动所生产的对象，即劳动的产品，作为一种异己的存在物，作为不依赖于生产者的力量，同劳动相对立。"[①]尽管马克思所分析的劳动异化是资本主义生产关系下工人劳动的特征，但在普遍的商品经济社会中，都存在着劳动异化现象。因为商品经济存在的两个前提是社会分工和生产资料分属不同的没有人身依附关系而相互独立的所有者。因此，在商品经济社会中，生产者不能够生产自己所需的一切产品，因此要满足自己的需要就必须获得别的生产者所生产的产品。要获得别人的产品不能通过无偿的调拨或剥夺，而只能通过交换。生产的目的不是为了直接满足自己的需要，而是为了满足对方的需要，因为只有满足对方的需要才能使商品交换取得成功，商品交换取得

---

① ［德］马克思：《1844年经济学哲学手稿》，人民出版社2000年版，第52页。

成功才能获得满足自己需要的商品。商品生产与生产者的需要间接联系，生产成果虽不能直接满足生产者的需要，但要想满足自己的需要，就必须生产越来越多的商品以满足别人的需要，逐渐地，对商品本身就拥有了像宗教崇拜形式的那种商品拜物教。"商品形式和它借以得到表现的劳动产品的价值关系，是同劳动产品的物理性质以及由此产生的物的关系完全无关的。这只是人们自己的一定的社会关系，但它在人们面前采取了物与物的关系的虚幻形式。因此，要找一个比喻，我们就得逃到宗教世界的幻境中去。在那里，人脑的产物表现为赋有生命的、彼此发生关系并同人发生关系的独立存在的东西。在商品世界里，人手的产物也是这样。我把这叫做拜物教。劳动产品一旦作为商品来生产，就带上拜物教性质，因此拜物教是同商品生产分不开的。"① 商品的本质属性是社会属性，它反映的是人与人之间的社会关系，但商品拜物教以物与物之间虚幻的关系取代了人与人之间真实的社会关系，把人的意识固定到"物"上，使得商品的生产者和消费者"见物不见人"。

在价值规律正常发挥作用的商品经济社会中，商品生产者生产的产品越多，则通过供求关系所影响的价格就越低，相应地，生产商品的资本利润和劳动力价值也就越贬值。这就说明，生产者生产的产品越多自己就越贬值的现象不仅存在于有着压迫关系和剥削关系的资本主义社会，在排除了人剥削人、人压迫人的商品经济条件下，生产者依然生产出了自己的否定力量，尽管这根本不同于资本主义条件下工人生产出了统治自身的力量，但生产者的生产活动以及产品与自己的关系依然符合"人们的生产活动及其产品反对人们自己的特殊性质和特殊关系"，因此，也可以说是劳动的异化，这种劳动的异化是按需分配的产品经济社会形态之前无法避免的现象，也是走向产品经济的必经阶段。

产品经济社会中，劳动成为人的第一需要，但在"以物的依赖性

---

① 《马克思恩格斯选集》第 2 卷，人民出版社 2012 年版，第 123—124 页。

为基础的人的独立性"的商品经济社会中，劳动不仅没有成为人的第一需要，而且还与劳动者本身相异化，"劳动对工人来说是外在的东西，也就是说，不属于他的本质；因此，他在自己的劳动中不是肯定自己，而是否定自己，不是感到幸福，而是感到不幸，不是自由地发挥自己的体力和智力，而是使自己的肉体受折磨、精神遭摧残。因此，工人只有在劳动之外才感到自在，而在劳动中则感到不自在，他在不劳动时觉得舒畅，而在劳动时就觉得不舒畅。因此，他的劳动不是自愿的劳动，而是被迫的强制劳动。因此，它不是满足劳动需要，而只是满足劳动需要以外的那些需要的一种手段。劳动的异己性完全表现在：只要肉体的强制或其他强制一停止，人们会像逃避瘟疫那样逃避劳动。外在的劳动，人在其中使自己外化的劳动，是一种自我牺牲、自我折磨的劳动。最后，对工人来说，劳动的外在性表现在：这种劳动不是他自己的，而是别人的；劳动不属于他；他在劳动中也不属于他自己，而是属于别人。"① 尽管马克思所论述的劳动本身与劳动者相异化的现象是资本主义生产关系下的，但在一般商品经济条件下，劳动还是谋生的手段，人们不是为劳动而劳动，而是为谋生而劳动，人们没有谋生的压力也就没有劳动的动力，谋生对劳动的压力也就是马克思所说的"肉体的强制"。

在"以物的依赖性为基础的人的独立性"为特征的商品经济社会中，"需要的人是一方面能感觉到自己是自由和独立的并相信自己不屈服于任何权威、原则和良心，另一方面他们又准备执行命令，完成别人交给的任务，服服帖帖地进入社会这部机器中去，规规矩矩地听人摆布，自愿服从领导，盲目地受人指挥——只有一个例外，那就是他们要不遗余力地干活，永远地发挥作用和力争晋升。"② 不遗余力地干活只是为了满足自己日益膨胀的消费需求，而并不是把干活本身当作自己的

① ［德］马克思：《1844年经济学哲学手稿》，人民出版社2000年版，第54—55页。
② ［美］弗洛姆：《爱的艺术》，李建鸣译，上海译文出版社2008年版，第79页。

存在方式，"一个种的整体特性、种的类特性就在于生命活动的性质，而自由的有意识的活动恰恰就是人的类特性。"① 在应然上，人的类特性就是自由自觉的活动，但作为谋生手段的异化劳动，"不过是满足一种需要即维持肉体生存的需要的一种手段。"② 劳动仅仅是手段而不是生活本身，也就是说没有把自由自觉的活动作为生活方式本身。"异化劳动，由于（1）使自然界，（2）使人本身，使他自己的活动机能，使他的生命活动同人相异化，也就使类同人相异化；对人来说，它把类生活变成维持个人生活的手段。第一，它使类生活和个人生活异化；第二，把抽象形式的个人生活变成同样是抽象形式和异化形式的类生活的目的。"③

我们在前面论述过人的自我意识和对象意识的统一以实践活动的合目的性和合规律性的统一为基础，主体以自身的生活为对象，"正因为人是类存在物，他才是有意识的存在物，就是说，他自己的生活对他来说是对象。仅仅由于这一点，他的活动才是自由的活动。"④ 但在"以物的依赖性为基础的人的独立性"为特征的商品经济社会中，"异化劳动把这种关系颠倒过来，以致人正因为是有意识的存在物，才把自己的生命活动，自己的本质变成仅仅维持自己生存的手段。"⑤ 总之，异化劳动使得"人的类本质——无论是自然界，还是人的精神的类能力——变成对人来说是异己的本质，变成维持他的个人生存的手段。异化劳动使人自己的身体，同样使在他之外的自然界，使他的精神本质，他的人的本质同人相异化。"⑥

在"以物的依赖性为基础的人的独立性"为特征的商品经济社会

---

① ［德］马克思：《1844 年经济学哲学手稿》，人民出版社 2000 年版，第 57 页。
② ［德］马克思：《1844 年经济学哲学手稿》，人民出版社 2000 年版，第 57 页。
③ ［德］马克思：《1844 年经济学哲学手稿》，人民出版社 2000 年版，第 57 页。
④ ［德］马克思：《1844 年经济学哲学手稿》，人民出版社 2000 年版，第 57 页。
⑤ ［德］马克思：《1844 年经济学哲学手稿》，人民出版社 2000 年版，第 57 页。
⑥ ［德］马克思：《1844 年经济学哲学手稿》，人民出版社 2000 年版，第 57 页。

中，商品生产者同满足自己需要的产品之间是间接的联系，这个间接联系的中介就是货币，通俗地讲就是：钱。商品生产者为满足自己的需要而进行的生产活动就转化为以货币为目的的生产活动，也就是说，生产实践的主体所从事的实践活动并不直接与自己的需要相联系，而是与货币直接联系。我付出多少劳动，我获得多少钱，我为了获得钱，而付出"我"的劳动。最终，为满足自己需要而从事的实践活动变成了为了钱而劳动。因为客我满足了主我的需要而产生的自爱情感也逐渐地转变为，因为客我挣来了更多的钱而生长出对客我的爱。自爱是主我对客我的爱，可如果客我的本质被异化，那么主我爱的那个客我就不是真正的"我"、不是对"我"的本质的爱，而是对维持"我"的个人生存的手段的爱，是对工具"我"的爱、对手段"我"的爱，总之，是对异化了"我"的爱，因此，在"以物的依赖性为基础的人的独立性"为特征的商品经济社会中，异化劳动必将导致自爱的异化。

三、从需要的异化到自爱的异化

以马尔库塞和弗洛姆为代表的西方马克思主义者把异化理论引入消费领域，深刻揭露了发达工业社会技术合理性对人真实本性的压抑。人在被现代性社会合理性和不断激发出来的消费欲望的控制之下，无法满足其真实的需要，甚至认识不到自己的真实需要是什么，而把社会所控制的、强加在他头上的需要当作自己的真实需要，也就是把虚假需要当作真实需要；从而对虚假需要的意识被当作自我意识的内容，事实上并没有意识到自己的真实需要，也就没有真实的自我意识，更谈不上自我意识的自觉。因此，对虚假需要的满足而产生的自我价值感不同于在自我意识自觉的基础上所生长出来的自我价值感，因为对虚假需要的满足并不同于满足人们的真实需要，人们赋予自己满足需要的实践活动的意义也不相同。虚假需要与真实需要相对立，满足虚假需要的实践活动很难同时满足人们的真实需要，因此满足虚假需要而产生的自我价值感也是"虚假"的自我价值感，在这样虚假的自我价值感基础上生长起来的自爱情感也是"虚假"的自爱。

马尔库塞在他的《单向度的人》一书中把人的需要区分为"虚假需要"和"真实需要"。"为了特定的社会利益而从外部强加在个人身上的那些需要，使艰辛、侵略、痛苦和非正义永恒化的需要，是虚假的需要。""现行的大多数需要，诸如休息、娱乐、按广告宣传来处世和消费、爱和恨别人所爱和恨，都属于虚假的需要这一范畴之列。""这样的需要具有社会的内容和功能，它们取决于个人所无法控制的外力；这些需要的发展和满足是受外界支配的。"① 显然，在马尔库塞看来，虚假需要是受到外部控制的需要，是被操纵的需要。对虚假需要的意识，也不同于人们对自我真实需要形成的自我意识。究竟什么是真实需要和虚假需要，马尔库塞认为应该由一切个人自己来回答，"归根到底，什么是真实的需要和虚假的需要这一问题必须由一切个人自己来回答。"② 但如果他们处于不能自治的状态，只要他们接受外界的灌输和操纵，他们的回答就不能算作是他们自己的，因为他们在事实上并不具备自由回答的条件，"决定人类自由程度的决定性因素，不是可供个人选择的范围，而是个人能够选择的是什么和实际选择的是什么。"③ 在"以物的依赖性为基础的人的独立性"为特征的商品经济社会中，人们能够实际选择的就是尽可能生产更多的商品，以致通过交换自己能消费更多的物品，人们生产什么、生产多少好像是由自己自由决定的，但实际上生产什么和生产多少并不是出于为满足自己的真实需要，只不过是为了不断地满足自己无限膨胀的消费欲望，因此，"在大量的商品和服务设施中所进行的自由选择就并不意味着自由。"④ 马尔库塞指出，在

---

① ［美］马尔库塞：《单向度的人》，刘继译，上海译文出版社 2006 年版，第 6 页。
② ［美］马尔库塞：《单向度的人》，刘继译，上海译文出版社 2006 年版，第 7 页。
③ ［美］马尔库塞：《单向度的人》，刘继译，上海译文出版社 2006 年版，第 8 页。
④ ［美］马尔库塞：《单向度的人》，刘继译，上海译文出版社 2006 年版，第 9 页。

现代工业社会，表面上人们有了比以往任何时候都更多的各方面的自由，但这些自由是受控制的自由。"这些自由是垄断价格中的自由竞争，审查制度下的自由出版，以及商标和圈套之间的自由选择"。①

在现代社会的生产过程中，人创造了前所未有的物质世界，人建成了复杂的社会机器来管理他建立起来的技术机器，但是他的全部创造物却高于他并控制着他。他不能感觉到自己是一个创造者，反而觉得自己是一个自己用双手造出来的机器人的奴隶。这是一个生产过程和消费过程都异化了的社会。"异化的事实就是，人没有把自己看作是自身力量及其丰富性的积极承担者，而是觉得自己变成了依赖自身以外力量的无能之'物'，他把自己的生活意义投射到这个'物'上"②。当一个人被权力欲望所驱使，他就会成为为这外在目标而奋斗的奴隶，无法从人的丰富性和无限性中去体验自己。当他把自己的全部热情放在金钱上时，金钱成了他的偶像，他把自己的全部生活意义投射到金钱上。正如弗洛姆引用阿德兰·史蒂文斯的话说："我们不再面临变成奴隶的危险，但我们面临着变成机器人的危险。"③ 变成机器的人当然是异化的人，弗洛姆说："异化的人不可能有精神健康。因为他感到自己是一种受自身或他人支使的东西和投资，他没有自我意识。"④

无论是马尔库塞还是弗洛姆，他们对现代发达工业社会人们虚假需要和异化消费的揭露与批判，表明了这种虚假需要掩盖了人的真实需要，人们从虚假需要出发进行的异化消费活动压抑了源于人的本性的真正需要的满足。马尔库塞认为那些生命攸关的需要，即在可达到的物质水平上的衣、食、住等需要是人们真实的需要，他指出："需要的'真实'与'虚假'在下述意义上指明各种客观条件：根本需要的普遍满

---

① ［美］马尔库塞：《单向度的人》，刘继译，上海译文出版社 2006 年版，第 8 页。
② ［美］弗洛姆：《健全的社会》，欧阳谦译，中国文联出版公司 1988 年版，第 124 页。
③ ［美］弗洛姆：《健全的社会》，欧阳谦译，中国文联出版公司 1988 年版，第 101 页。
④ ［美］弗洛姆：《健全的社会》，欧阳谦译，中国文联出版公司 1988 年版，第 205 页。

足和辛劳、贫困的逐渐减轻成为普遍有效的标准。"① 但当代社会成功地把社会需要移植成个人的需要，人们在社会控制所强加的过度的生产和消费的需要中麻木不仁，而且人们对这种异化状态还很满意，认为得到了自己的发展和满足，"异化了的主体被其异化了的存在所淹没"②。弗洛姆认为，人除了动物性的需要即饥渴、睡眠及性满足外，还有人所特有的那些需要和情欲："人需要爱、超越性、生存根基、自我意识、生存的目标以及献身。"③ 人们通过异化消费对虚假需要的满足破坏了人们对真实需要的满足。人们仅仅意识到了自己不断膨胀的消费欲望，而丧失了对消费意义的追问，人不再成为实践活动的目的，而沦为不断追求"物"的工具和手段。相应地，人的自我意识也迷失于对象意识之中而"见物不见人"。此时，人的价值取决于人通过异化消费对虚假需要满足的状况，"爱之欲其善"的自爱情感也表现为，爱自己就让自己尽可能地通过异化消费而满足自己的虚假需要，这样的自爱是异化了的自爱。

四、从自我意识的异化到自爱的异化

人的实践活动的合目的性，意味着人在实践活动之前就已经意识到自己的需要是什么，非常明确地知道通过实践活动试图满足自己的何种需要。但当人的真实需要被虚假需要所掩盖，人对异化消费的追求成为人实践活动的现实目的时，"我"也就成为实现"物"和消费"物"的主体，"我"在实际上已经沦为"物"的奴隶。"动物只是在直接的肉体需要的支配下生产，而人甚至不受肉体需要的影响也进行生产，并且只有不受这种需要的影响才进行真正的生产；动物只生产自身，而人再生产整个自然界；动物的产品直接属于它的肉体，而人则自由地面对

---

① ［美］马尔库塞：《单向度的人》，刘继译，上海译文出版社 2006 年版，第 7 页。
② ［美］马尔库塞：《单向度的人》，刘继译，上海译文出版社 2006 年版，第 12 页。
③ ［美］弗洛姆：《健全的社会》，欧阳谦译，中国文联出版公司 1988 年版，第 65 页。

自己的产品。"① 但在物的依赖性为基础的社会中，人依然不能自由地面对自己的产品，因为人的独立性是以对物的依赖性为基础的，人在"物"的支配下进行生产，"物"也就成了人们关注的基础和核心，因此也成为人的意识的主要内容。

从"人的依赖关系"到"以物的依赖性为基础的人的独立性"的转变，具体在中国的社会转型过程中，就是从传统的自然经济、半自然经济社会向商品经济社会的转型、由传统的计划经济向社会主义市场经济转型。在旧的社会形态被瓦解而新的社会形态还没有完全形成的转型过程中，两种社会形态的特征相互渗透着呈现出来，那就是在"人的依赖关系"为特征的社会形态中对权力的崇拜，和"以物的依赖性"为特征的社会形态中对"物"的崇拜相互交织。权力也是一种"物"，尤其是在适合滋生腐败的社会土壤中，权力能够被演变成攫取金钱的手段，在物化了的人眼中，攫取权力也就等同于攫取金钱。因此，金钱和权力作为具体的"物"成为现实的追求目标，"物"作为具体的目标而契合了实践活动的合目的性，通过这样的实践活动，生产出了机械人、工具人、商品人。"生产不仅把人当作商品、当作商品人、当作具有商品的规定的人生产出来；它依照这个规定把人当作既在精神上又在肉体上非人化的存在物生产出来。"② 成功的实践活动丧失了自由自觉的活动的特征，而以是否获得足够的"物"为衡量的标准，实践的主体也把自由自觉的实践活动这种人的存在方式异化为不断攫取"物"的活动过程。于是，实践的主体关于自身的自我意识就被异化为关于"物"的意识，"物"成为衡量人自身价值和意义的标准，成为人生是否取得成功的标志。如果人在金钱和权力方面取得成功，就会认为自己的人生价值得以实现，从而产生良好的自我价值感；而如果在金钱和权力方面

---

① 〔德〕马克思：《1844 年经济学哲学手稿》，人民出版社 2000 年版，第 57—58 页。
② 〔德〕马克思：《1844 年经济学哲学手稿》，人民出版社 2000 年版，第 66 页。

屡屡受挫，则认为是自己人生的失败。正如我们在前文已经说过的："人则使自己的生命活动本身变成自己意志的和自己意识的对象。他具有有意识的生命活动。"① 当不断地攫取"物"的活动成为人的存在方式后，人也以这种生命活动本身作为自己意识的对象，对这样的自我存在方式的反映所形成的自我意识就是"见物不见人"。因此，人的自我意识就由对人的意识异化为对"物"的意识，由于满足人的需要而产生的自我价值感也异化为追求"物"而获得的自我价值感，"物"由满足需要的手段成为目的本身，自我价值感的产生就依赖于获得的"物"的多少。

我们在前文中论述过，自我作为价值客体，无论是满足了自我主体的需要，还是满足了他人和社会的需要，都将使"我"产生自我价值感，都将使我感觉到"我"是"好"的、有用的、有意义的社会存在，从而产生对"我"的爱的情感。但当"物"由满足需要的手段变成追求的目的后，自我价值感也被依附到"物"上，从而，自我价值感与获取金钱和权力成正比例关系，获得的金钱越多、攫取的权力越大，就越有价值感；反之，在获取金钱和权力方面屡屡受挫，则产生自我的无价值感。在自我价值感的基础上生长出自爱的情感，但在自我无价值感的基础上则产生出"恨"自己的情感，这种对自己的"恨"基于对自我价值客体的否定性评价，而这种否定性评价又可能导致主体毁灭无价值客体的行动，最极端的方式就是自杀。

第三节　自爱的勇气

人的自我意识的产生和变化，势必会受到外界因素的影响，尤其是

---

① 《马克思恩格斯全集》第 3 卷，人民出版社 2002 年版，第 273 页。

对权威的服从。主体对外在权威的服从分为三种情况。第一种是遵从。遵从是一种信服，实际上就是把外在的要求内化为自己的自我意识。第二种是屈从。屈从就是自己的内心对外在的要求并不认同，但迫于外在的压力不得不保留自己的意见而在外在行为中表现出来的服从，外在的压力一旦停止，那么这种服从也就停止了。第三种是盲从。盲从就是外界环境中的人大都在做什么自己也去做什么，至于为什么选择这样做而不那样做、这样做的目的是什么他都没有经过深思熟虑，实际上他是跟从于一种害怕被孤立的恐惧感。屈从和盲从的人体验不到真正的自我价值感，因为他们在屈从和盲从的过程中丧失了自我，因此也是没有自爱的人。重新获得自我价值感需要巨大的勇气，对外在权威的反抗和自我意识的自觉可能意味着要作出牺牲，但这种自我牺牲是获得真正自爱的途径，是走向自觉的自爱所付出的代价。

一、对影响自我意识的外在权威的服从

权威看不见、摸不着，它不是一种物理存在物，而是一种客观存在的关系，即意志的接受者与意志的施加者之间的服从关系。马克思论证到资本家的权威是工人"的活动服从资本家的目的的他人的意志的力量"。恩格斯也曾表达过相同的意思："这里所说的权威，是指把别人的意志强加于我们；另一方面，权威又是以服从为前提的。"① 他在另外一封书信中再次指出："我不知道什么东西能比革命更有权威了，如果用炸弹和枪弹把自己的意志强加于别人，就像在一切革命中所作的那样，那么，我认为，这就是在行使权威。"② 他不仅谈到了服从，而且还谈到了对服从于权威的强制。

无论从什么角度去理解权威，我们至少可以得出一个基本的共识："权威以服从为标志"。马克斯·韦伯说："'服从'应该意味着，服从

---

① 《马克思恩格斯选集》第 3 卷，人民出版社 1995 年版，第 224 页。
② 《马克思恩格斯选集》第 4 卷，人民出版社 1995 年版，第 606 页。

者的行为基本上是这样进行的，即仿佛他为了执行命令，把命令的内容变为他的举止的准则。"①服从有三种表现，第一种是以内在的认可为基础，我们可以称之为信服或遵从。遵从的主体具有明确的自我意识，能够意识到外在权威的要求与自己内在的呼声相契合，能够自觉地把外在权威的要求内化为自己的自我意识的内容，主动地调整自己的思想与行为以与外在权威的要求相一致。第二种是以外在的强制力量为基础的服从，我们可以称之为屈从。由于外在强制力量的存在，使得被要求者不服从就可能有不利的后果出现，不利的后果可能是肉体的痛苦，也可能是精神上的打击和折磨，还可能是经济上的损失或安全需要的控制。这就使得被要求者害怕不利后果的产生而不得不服从，而当这种外在的强制力一经停止，那么服从也就随之停止了。主体之所以选择了对外在强制力的屈从，是经过充分考虑的，是在自己思想的内部进行了激烈的斗争之后作出的与自己的自我意识不一致的选择。他清楚地知道自己的行为违背了自我意识，但他也清楚，如果他不选择屈从将会有怎么样的后果，他的行为违背自己的自我意识处于迫不得已的外在强制力。比如"指鹿为马"的典故中那些明知道是"鹿"却承认是"马"的那些人就是屈从的主体。屈从与信服的不同之处在于：信服的主体已将外在的要求内化为自我意识的内容，他在自我意识的指导下所从事的实践活动与外在权威的要求是一致的，他在服从外在权威的同时也在自我意识的指导下实现自己本质力量的对象化；而屈从的主体并没有把外在权威的要求内化为自己的自我意识的内容，而是清楚地意识到外在权威的要求与自我意识的差距，他的行为选择是出于外在强制力而非出于自我意识本身的要求。第三种服从表现为盲从，盲从既不是对外在权威产生共鸣而信服，也不是因为外在的强制力而屈从。盲从的主体并不真正理解自己的行为，他没有认真思考过自己的实践活动究竟有什么意义，他只有

---

① ［德］马克斯·韦伯：《经济与社会》，林荣远译，商务印书馆1997年版，第240页。

对象意识而没有自我意识，他所做的事仅仅是因为许多人都在做所以他也这么做了，他没有把自身以及自己的生命活动作为意识的对象进行反思。盲从不同于屈从，屈从的主体有自己的自我意识，并意识到外在权威的要求与自我意识是不一致的，在对外在强制力的屈服中丧失了自我；而盲从的主体没有自我意识，他意识不到外在权威的要求对自己有什么意义，他只是在听从外在的呼声，在麻木不仁中丧失了自我。

走向对外在权威的遵从，是一个人确立信念、坚定信仰的过程。外在权威的要求一经被确立为信仰，主体就会自觉地投入为自己信仰的最高价值目标而奋斗的社会活动中去，自觉地把实现这种最高价值目标确立为自我最高层次的需要，所谓自我实现的需要在这里就成了为自己的信仰的最高价值目标奉献终生的力量，为了这种最高的价值目标，遵从的主体具有一种敢于自我牺牲的勇气，也就是我们所说的为信仰而献身的勇气。遵从的主体将外在权威的要求确立为自己的信仰，在为自己的信仰而奋斗的过程中体验到自己的价值和意义，他们把自己自我实现这种最高层次的需要外化为为信仰而奋斗的过程，在追求自己信仰的过程中体验着强烈的自我价值感，这种自我价值感成为他们自觉的自爱的基石。而屈从和盲从的主体要想重新找回迷失于外在权威中的自我，则需要有一种不同于遵从的主体所具有的敢于承担风险、作出牺牲的勇气。

二、孔子之"勇"与罗洛·梅之"勇"

"勇"在《说文解字·力部》中的解释是："勈，气也，从力，甬声。"段玉裁在为《说文解字》中的"勇"做注时说："气，云气也，引申为人充体之气之称。力者，筋也。勇者，气也。气之所至，力亦至焉；心之所至，气亦至焉。"① 因此，"勇"从本义上讲是一种源自人的心灵内部对人有激发力量的气，我们常将"勇"与"气"组合在一起

---

① 段玉裁主编：《说文解字注》，上海古籍出版社1981年版，第701页。

称为"勇气"。在探讨为信仰而作出牺牲的勇气以及摆脱屈从和盲从的勇气时，我们有必要讨论孔子思想中的"勇"与罗洛·梅思想中的"勇"。

（一）孔子思想中以"仁"为目标的勇气

在《论语》中的"勇"大致有两种含义，一种含义我们可以称之为表现在行为上的"勇猛"，有了这种"勇"就敢于不顾后果而大胆行动，对于子路身上表现出来的这种"勇"孔子多有批评。"子路曰：'君子尚勇乎？'子曰：'君子义以为上。君子有勇而无义为乱，小人有勇而无义为盗。'"（《论语·阳货》）孔子对子路身上表现出来的"勇"不断进行批评教育，提出要以"仁、义、礼、智"等诸德来节制这种"勇"，以使这种"勇"不仅仅表现为匹夫之勇。另一种含义是表示作为品德的"勇"。为了便于对这两种含义进行区分，我们不妨将前一种"勇"在中性的意义上称之为"勇猛"，而将后一种"勇"在褒义的意义上称之为"勇气"，我们在本书中主要探讨的是后一种含义，即"勇气"。

在孔子及其后的儒家思想中，"勇"与"仁""智"共同构成君子人格中的"三达德"，"知、仁、勇，三者，天下之达德也。"（《中庸》）孔子说："君子道者三，我无能焉。仁者不忧，知者不惑，勇者不惧。"（《论语·宪问》）在这三种品德中，"勇"的排序相对于"仁"和"智"来说处于末位，程颢对这"三达德"的排序说："'仁者不忧，知者不惑，勇者不惧'，德之序也。'知者不惑，仁者不忧，勇者不惧'，学之序也。知以知之，仁以守之，勇以行之。"在品德的层次上，"勇"是从属于"仁"与"智"的，"有德者必有言，有言者不必有德。仁者必有勇，勇者不必有仁。"（《论语·宪问》）在孔子看来，在"仁"与"勇"的关系上，"仁"是"勇"的充分条件，而"勇"是"仁"的必要条件，离开了"仁"的"勇"就偏离了正确的方向，就容易背离品德上的要求。

孔子生活的时代礼崩乐坏,孔子毕其一生孜孜以求的就是恢复周礼,他提出以"仁"为核心的学说也是为了以仁释礼,礼"是以血缘为基础、以等级为特征的氏族统治体系。要求维护或恢复这种体系是'仁'的根本目标"①。而孔子要恢复的周礼,其特征是"将以祭神(祖先)为核心的原始礼仪,加以改造制作,予以系统化、扩展化,成为一整套宗法制的习惯统治法规('仪制')。以血缘父家长制为基础(亲亲)的等级制度是这套法规的骨脊,分封、世袭、井田、宗法等政治经济体制则是它的延伸扩展。"② 在这样的宗法等级体系中,对个体人格的德性修养提出的要求就是要服从于外在的权威,在严格的尊卑等级序列中,每一个个体都要求服从于处于其上的权威。要实现这种服从,就要求个体对自身严格要求和约束,"约之以礼"(《论语·雍也》)"克己复礼而为仁""仁者其言也讱"(《论语·颜渊》)"刚毅木讷近仁"(《论语·子路》)"君子无终日之间违仁,造次必如是,颠沛必如是。"(《论语·里仁》)"士不可以不弘毅,任重而道远。仁以为己任,不亦重乎,死而后已,不亦远乎。"(《论语·泰伯》)每一个个体对自己的要求和约束实际上也是一种牺牲,即牺牲了自己的私欲。在追求"仁"的过程中,总是面临着内心的私欲与"仁"的要求之间的冲突,意志薄弱的人听从了自己内心的私欲而放弃了对"仁"的追求,从而最终沦落为小人。而具有君子人格的人不会为私欲所蔽,他们勇于克服自己内心私欲的影响而"克己复礼",他们具有为追求"仁"而作出牺牲的勇气。这种为追求"仁"、实现"仁"的"勇"才是大勇,而仅仅为日常生活中的逞强而好勇斗狠是不足称道的。为了"仁"的"勇"敢于作出的自我牺牲是为了更高的价值目标的牺牲,是在明确的自我意识自觉的基础上作出的选择,是以自我牺牲的方式实现自己的最

---

① 李泽厚:《中国思想史论》上,安徽文艺出版社 1999 年版,第 21 页。
② 李泽厚:《中国思想史论》上,安徽文艺出版社 1999 年版,第 14 页。

高价值。"志士仁人，无求生以害仁，有杀身以成仁。"(《论语·卫灵公》)为实现"仁"的目标，仁人志士甚至不惜牺牲自己的生命，这当然需要巨大的勇气，但这种勇气是服从于外在权威的勇气，是得到外在权威称赞的勇气。

(二) 罗洛·梅思想中克服孤独的勇气

罗洛·梅在他的著作《人的自我寻求》中，专门列出了一章的内容来讨论勇气，罗洛·梅的勇气是克服孤独、空虚和焦虑的勇气。罗洛·梅对生活于现代社会的人们的失调症状的诊断是："不幸福、无力决定婚姻或职业、生活中泛化的失望和无意义，如此等等。"[1] 他指出，在 20 世纪中期以来，人们面临的主要问题是空虚，空虚的人不知道自己想要什么，他们对自己的需要和感受没有明确的体验。空虚的人没有明确的自我意识，他们在自己的实践活动中并不是在满足自己的需要，而仅仅是把别人的要求当作自己的需要，"通常情况下，他们能够流利地谈论他们想要的东西——成功地完成大学课程、找到一份工作、恋爱、结婚、供养家庭——但很快这一点就会凸显出来（甚至他们自己也明白），即他们正在描述的是其他人——父母、教授、老板们期望他们做的，而不是他们自己想要做的。"[2] 对于这种空虚的人的空洞状态，罗洛·梅把它比喻为"许多镜子的集合"，在这个镜子中反映的是其他所有人期望于我的东西。显然，罗洛·梅所说的空洞状态的人，就是我们在前面论述过的对外在权威的要求盲从的人，这种人完全是外部导向的，他们"不是寻求出人头地，而是寻求'适应'；他生活得好像是他受到了一个紧紧固定在他头脑中并且不断告诉他别人期望他如何做的雷

---

① ［美］罗洛·梅:《人的自我寻求》，郭本禹等译，中国人民大学出版社 2008 年版，第 2 页。

② ［美］罗洛·梅:《人的自我寻求》，郭本禹等译，中国人民大学出版社 2008 年版，第 3 页。

达的指挥。这种雷达型的人从他人那里得到动机和指导；就像那个把自己描述为是一个由多面镜子组成的装置的人，他能够作出反应，但却不能进行选择；他没有他自己有效的动机中心"①。罗洛·梅用"陀螺仪"来比喻这些人，"陀螺仪是对他们的一种极好的象征，因为它代表了一种完全机械的稳定中枢。……掏出那个陀螺仪，他们就变得空洞了。"②"陀螺仪"在不停地转动，但这种转动是无意义的转动，仅仅是转动本身。就像陀螺仪在外力的驱使下不停地转动一样，外部导向的人也在外在的要求下不停地忙碌着，他们这样忙碌的原因就是因为别人要求他要这样忙碌着，他们在自己的忙碌中体验着空虚。

空虚感与孤独感是分不开的，一个人要证明自己不是孤独的，就需证明自己受到大家的喜欢，就需要通过自己在社会上的声望和金钱上的成功来确证自己是被社会喜欢的，"每个人都是从他人跟自己所说的话以及他人对自己的看法中获得他对自身现实的大部分感觉的。但是许多现代人却已经达到了这种程度，即他们对现实的感觉完全依赖于他人，以至于他们会害怕，如果没有对他人的依赖，他们将失去其对自身存在的感觉。他们觉得，他们将会'消散'，就像水在沙滩中四面八方地流淌一样。许多人都像盲人，他们只能通过触摸一连串的他人来摸索自己的生活道路。"③ 尽可能地符合他人的要求，被他人和社会接受和喜欢，可以阻止孤独感的迫近。对孤独的恐惧，使人们不敢于彰显自己的自我意识，以他人的要求为自己的需要，但如此地埋没自己只能使人不断地陷入焦虑的命运，焦虑给人带来的是："使人迷失方向，暂时性地使人不知道自己是谁、自己是做什么的，并因此模糊了他关于周围现实的见解。"④ 焦虑的人谈不上自我意识的自觉，摆脱焦虑离不开自我意识的

---

① ［美］罗洛·梅：《人的自我寻求》，郭本禹等译，中国人民大学出版社 2008 年版，第 7 页。
② ［美］罗洛·梅：《人的自我寻求》，郭本禹等译，中国人民大学出版社 2008 年版，第 7 页。
③ ［美］罗洛·梅：《人的自我寻求》，郭本禹等译，中国人民大学出版社 2008 年版，第 18 页。
④ ［美］罗洛·梅：《人的自我寻求》，郭本禹等译，中国人民大学出版社 2008 年版，第 28 页。

自觉，"就像焦虑会摧毁我们的自我意识一样，自我意识也能够摧毁焦虑。"① 因此，罗洛·梅呼吁我们要用强大的自我意识的力量来抵制和战胜焦虑，而这需要有克服孤独的勇气，"勇气的对立面是自动屈从。"② 一种克服孤独的勇气就是摆脱对外在权威的"自动屈从"——即盲从。

罗洛·梅指出："在任何时代，勇气都是人类穿过从婴儿期到人格成熟这条崎岖之路所必需的简单的美德。但是，在一个焦虑的时代，在一个道德群集与个人孤立的时代，勇气是一种必不可少的东西。"③ 如果说孔子思想中以"仁"为目标的勇气是强调"合"的话——即要求个体节制和约束自己以合乎"仁"的要求，那么罗洛·梅思想中的勇气强调的是"分"，"它（勇气）是一种分化的意愿，是一种摆脱对父母的依赖这个受保护的王国，走向自由和整合这一新层面的意愿。"④ 一个人对这种勇气的需要不仅存在于那些脱离父母之保护最明显的阶段——即我们在前文论述过的自我意识诞生的阶段，而且在一个人成长的过程中从一个熟悉的环境跨越到另一个不熟悉的环境的每一个步骤之间都需要勇气。通常，脱离群体、不能与群体打成一片等词语都在突出地表达着人们对脱离群体的恐惧，人们害怕被孤立，而隐蔽自己的自我意识，以他人的要求为自己的需要，做他人要求的自己就可以避免孤独的危险。但这种对外在要求的盲从使自我消融在他人之中，是"见人不见我"，而当这种"见人不见我"的现象成为普遍现象，就出现了所谓的"集体无意识"的状态，自我意识消融在他人意识之中，而他人

---

① [美]罗洛·梅：《人的自我寻求》，郭本禹等译，中国人民大学出版社 2008 年版，第28页。
② [美]罗洛·梅：《人的自我寻求》，郭本禹等译，中国人民大学出版社 2008 年版，第187页。
③ [美]罗洛·梅：《人的自我寻求》，郭本禹等译，中国人民大学出版社 2008 年版，第186页。
④ [美]罗洛·梅：《人的自我寻求》，郭本禹等译，中国人民大学出版社 2008 年版，第187页。

意识又消融在另外的他人意识之中。要改变这种状况，就要过一种创造性的生活。创造性意味着不再苟同于他人的生活方式，意味着对过去的"循规蹈矩"的生活的决裂，而这需要承担被孤立的危险，要求具有克服孤独的巨大勇气。过创造性的生活之所以需要巨大的勇气，其原因就在于"创造"意味着要摆脱过去对外在要求的依赖关系，意味着要打破已经在平稳运行的、井然有序的旧关系，重新创造新的自我以及与他人的关系。创造性的活动要求自我重新反思自己的自我意识，使自己的活动摆脱对外在权威的盲从而真正成为自由自觉的活动，"每一个真正具有创造性的活动都意味着获得一种更高水平的自我意识和个人自由，而且正如我们在普罗米修斯与亚当的神话中所看到的，要获得一种更高水平的自我意识和个人自由可能会涉及相当大的内在冲突。"① 在罗洛·梅看来，要突破这种内在冲突，所需要的勇气与战士冲锋陷阵所需要的勇气是一样的。"无论是战士敢冒死亡危险的勇气还是小孩子离开家去上学的勇气，勇气都意味着放开熟悉之物与安全之物的力量。勇气不仅在一个人偶尔为自己的自由而作重大决定时是必需的，日常生活中琐碎的小决定同样也需要勇气，这些小决定就像砖头，构建了他的自我大厦，使他成为一个能够自由而负责任地行动的人。"② 能够自由而负责任地行动的人，需要有勇气摆脱对外在关系的依赖，只有这样，才能体验到真正的自我价值感。

三、遵从的勇气与摆脱屈从和盲从的勇气

自觉的自爱其前提是自觉的自我意识，但自觉的自我意识不是与生俱来的，它伴随着一个人社会化的过程。我们在本章的第一节曾论述过

---

① ［美］罗洛·梅：《人的自我寻求》，郭本禹等译，中国人民大学出版社 2008 年版，第191 页。

② ［美］罗洛·梅：《人的自我寻求》，郭本禹等译，中国人民大学出版社 2008 年版，第192 页。

自我意识的自觉离不开"我"的社会关系，我通过"我"的社会实践活动对"我"的认识，就是对"我"的社会关系本质的认识、就是对"我"承担的社会责任和使命的认识。明确了自己的社会地位、社会责任和使命，也就明确了自己人生的方向，知道了自己作为一个独立的社会存在物应该如何去体现自己的价值。一个人对自己社会地位和社会责任的意识作为自我意识的主要内容也不是与生俱来的，需要在他成长的过程中由外在的权威逐渐地灌输给他以及启发他自己去思考，最初是他的父母对他的教诲，逐渐地是他所处的社会中的权威组织或他崇拜的偶像对他的指引。他在自己的社会生活体验中验证着这些外在权威对自己的教导，他通过自己生活实践的亲身体验来选择接受还是抛弃那些来自外在的声音。对于那些契合自己生活体验的、能够引起自己内心共鸣并得到社会权威大力倡导的观念，主体逐渐地把它整合成自己自我意识的内容。在他自己的思想世界中，对外在权威的要求，经历了一个由以理性为基础的可信到确信、再到以非理性为特征的信仰的过程。信仰一经确立，就在主体的内心深处树立了一个遵从的权威。信仰虽表现出非理性的特征，但对信仰的遵从不同于对外在权威的盲从。信仰有科学的信仰和盲目的信仰，科学的信仰是一种自觉的信仰，它的确立是以理性为基础的。科学信仰的主体有自己明确追求的价值目标，他知道自己为什么而欢呼、为什么而激动，他对权威的遵从是为了实现自己追求的价值目标。而盲从的主体只有盲目的信仰，盲目的信仰没有建立在理性的基础上，而直接表现出非理性的特征。盲目信仰的主体不知道自己行为的目的是什么，他选择自己的行为的原因是因为别人要求他这样选择而且别人也大都选择了这样的行为，他对行为的选择没有经过自己理性的审判，他跟随在他人后面，其实是一种空虚和懦弱的表现，他没有准备对自己的行为负责，跟随他人就是为了逃避责任，因此盲从是不需要勇气的。但科学的信仰则需要巨大的勇气。

科学的信仰的主体对权威的遵从，并不仅仅是因为权威的要求是

"权威"的，而是因为权威的要求与自己的生活体验相契合，在他的内心产生了强烈的共鸣。听从权威的召唤也就是听从自己内在的呼声，对权威的遵从也就是将自己的自我意识对象化。在电影《金陵十三钗》中，我们在片中首先看到这样一个场景：即将退出南京城的教导队放弃了自己撤出南京的机会，毅然决定对追赶女学生的日本兵开枪，他们当然知道自己此举是凶多吉少，但面对着跟在手无寸铁的学生后面穷凶极恶的侵略者，作为中国军人的社会责任感在他们的自我意识中逐渐升华。在国恨家仇面前，他们知道自己的社会责任和历史使命是什么，作为军人的历史使命感在特定的历史时刻已经升华为信仰，他们愿意为着这种信仰而慷慨赴死。奔赴与侵略者厮杀的战场、保护这方国土上的国民，不仅是外在权威对军人的要求，也是军人自身通过对自我意识的反思而对自己社会地位和社会责任的明确认识。因为权威的要求与自己内心反思的一致，激发出了对权威遵从的巨大勇气，甚至为了这种召唤虽牺牲性命也在所不惜。"风萧萧兮易水寒，壮士一去兮不复还！"表达的正是这种遵从权威要求的勇气。

屈原抱石投江、文天祥慷慨悲歌、谭嗣同面对刀俎、秋瑾从容赴死、刘胡兰走向铡刀……为追求自己信仰的价值目标，他（她）们都有作出自我牺牲的巨大勇气。因为有了这种对自己信仰的权威遵从的勇气，就能够在刑场上举行婚礼、就能够大火烧身而浑然不动、就能够毅然挺起胸膛扑向敌人的枪口……正如孔子所说："志士仁人，无求生以害仁，有杀身以成仁。"拥有为追求"仁"而作出自我牺牲的勇气的人，是真正自爱的主体，他们在追求着、也在体验着最高层次的自爱。因为他们作出的自我牺牲是为了满足自我实现这种最高层次的需要，他们通过自己创造性的社会活动塑造着理想的"我"，他们在通过自己的社会实践实现这种最高价值目标的过程中体验着崇高的自我价值感。

但外在权威的要求并不总能契合主体自身的生活体验，对于不能在主体内心产生共鸣的权威的服从，一般伴随着权威自身的威慑力量。权威以自己手中掌握的权力资源对要求服从的主体形成巨大的压力，使得主体不服从就要承担严重的后果。如果主体服从了这种权威，那就是屈从。屈从是一种"口服心不服"的服从，屈从的主体违背了自己的自我意识，明知道权威的要求与自我意识有着不可调和的隔阂，但迫于压力却不得不接受权威的要求。屈从的主体不是自爱的主体，他们体验不到自我价值感，他们甚至恨自己的行为对自己意愿的违背。《金陵十三钗》中曹可凡饰演的孟先生委身于日本人，并不是真心为日本人服务，而是迫于日本人已经占领南京，他不选择对日本人的屈从就无法存活下来。他耻于女儿冠以他汉奸的称呼，他虽在日本人面前表现恭敬，但也只是"口从心不从"。

外在要求的压力与内在的"我"的自我意识之间的矛盾造就了屈从的主体的双重人格，他在这双重人格的矛盾斗争中纠结不安。一部分人彻底丧失了自我而走向对权威的盲从，而另一部分人在经过思想中的矛盾斗争后对自己的行为感到可耻。子曰："好学近乎知，力行近乎仁，知耻近乎勇。"（《中庸》）屈从的主体在自己的生活体验中强烈地感受到外在要求与真实的自己之间不可调和的冲突，特别是，通过自己在生活中的亲身体验，他越来越深刻地认识到外在权威的要求是错的，而同时越来越坚定自己原本的信念，于是逐渐产生了摆脱屈从的勇气，他要做回真实的自己。当做回真实的自己的信念越来越强烈的时候，他逐渐地不再惧怕外在的压力，因为为了做真实的自己付出牺牲是值得的。屈从的主体是为了自我保存，但这种自我保存不是自爱，因为这种自我保存使得自己的心灵与肉体处于不协调的境地，他在保存自我肉体的同时丧失了心灵的自我。正如我们在前文论述自爱的本体论困境时候说过的，自爱不能仅仅表现为对自己身体的保存，因为自爱的情感是基于自我价值感的，如果保存自己的身体需要以牺牲自己的自我意识为代价，那么这样对自己身体的保存就不能够获得价值感，甚至只能产生对自己的恨，他恨自己的懦弱、恨自己的无能甚至恨自己的无耻。

面对外在权威的压力，不选择屈从需要一种巨大的勇气，"勇气来自于一个人的尊严感和自尊感；而若一个人没有勇气，则是因为他太多小看自己。"① 勇气来源于对自我意识的坚定信念，只有通过自己的实践活动实现自我意识的对象化，才能真正体验自我价值感。在中共八届十二中全会上唯一一位没有举手同意开除刘少奇党籍的陈少敏，她清楚地知道在当时的政治气氛中不举手意味着什么，但她并没有选择对压力的屈从，而是坚持了自己的观点。她有自己明确的自我意识，她知道给她施加压力的人已经背离了她一直追求的信仰，当与会代表中只有她一人举手的时候，她也坚信自己不举手是正确的。在她的那个年代，有不少人是出于自我保护的心理而"阳奉阴违"地举起了手，但"阳奉阴违"的人不是自爱的主体，陈少敏的选择才能真正体验到自爱，她所拥有的勇气就是自爱的勇气。不可否认，那些"阳奉阴违"的人中也并不都是出于明哲保身而选择对权威的错误不抵制，有些人是出于"委曲求全"以留得"青山"在日后再图发展，为自己日后创造更大的价值保存力量，所谓"大丈夫能屈能伸"。但我们依然认为，在"屈"的过程中，主体是体验不到自我价值感的，只有在日后"伸"的过程中主体才能体验到自我价值感。因此我们说，"屈"的主体不是自爱的主体，而"伸"的主体才是自爱的主体。"大丈夫"要善于选择"屈"和"伸"的时机，而不能一味地委曲求全。由"屈"到"伸"也就是由屈从到摆脱屈从的过程，这依然需要巨大的勇气。

对权威的抗拒可能遭到不利的后果，而对权威的服从则可以得到权威的赞美和表扬。"想要得到赞美与表扬的强迫性需要——会削弱一个人的勇气，因为这个时候他是凭着他人的信念，而不是他自己的信念来进行斗争的。"② 一部分屈从的主体通过自我意识的反思，激发出巨大摆脱屈从的勇气。而另一部分屈从的主体在经过长时间的多次反复的屈

① ［美］罗洛·梅：《人的自我寻求》，郭本禹等译，中国人民大学出版社2008年版，第196页。
② ［美］罗洛·梅：《人的自我寻求》，郭本禹等译，中国人民大学出版社2008年版，第197页。

从后，逐渐丧失了自己的自我意识。与其通过对权威的抗争而遭受打压，不如放弃自我而随波逐流。屈从的主体对外在权威的要求逐渐麻木，于是也逐渐地转化为盲从的主体。盲从的主体选择服从的原因并不是因为他们内心认同权威要求，而是因为他们根本就不能理解权威要求的意义。他们对权威的服从也不一定是因为惧怕权威的压力，而是因为他们对权威有一种盲目的信仰，他们不经内心的反思就听从了权威的召唤。这种盲目的信仰不同于科学的信仰，因此他们的服从既不是遵从，也不是屈从，而是一种丧失了自我意识的盲从。盲从的主体没有自己明确的价值目标，也就不能体验到自我价值感，因此也不是自爱的主体。盲从的主体要走出盲从的泥潭而展现自己，就需要一种罗洛·梅思想中克服孤独的勇气。

正如我们在前面论述过的，孔子思想中以"仁"为目标的勇气是一种"合"的勇气，是一种以外在权威的要求为自己的追求目标而排除万难、慷慨赴"仁"的勇气。而罗洛·梅思想中克服孤独的勇气是一种"分"的勇气，是一种敢于从稳定运行的旧秩序中脱颖而出的勇气，是一种勇于追求"举世皆浊我独清，众人皆醉我独醒"的英雄气概。真正自觉的自爱的主体对外在权威的要求是"合"还是"分"，需要坚持一定的标准，这个标准就是马克思主义的唯物史观。唯物史观认为人民群众是历史的真正主体，因此，人民群众才是真正的价值主体。对外在权威的要求是"合"还是"分"，依据的不是别的，正是人民主体的利益。如果外在权威的要求与人民主体的利益一致，那么自觉的自爱主体就需要具有与外在权威的要求相"合"的勇气；而如果外在权威的要求与人民主体的利益不一致，那么自觉的自爱主体就需要具有与外在权威的要求相"分"的勇气。

第五章　自杀：自爱的悖论
还是崇高的自爱？

　　自爱的根据是人的自我价值感，但在以"物的依赖性为基础的人的独立性"的社会中，人的价值被异化为"物"的价值，"物"成为衡量人的价值的标准，因此在"物"的获取上失败的人就产生了自我无价值感。"爱之欲其善"的自爱主体要消除"不好"的自己并期待"好"的自己，于是就通过自杀的方式对无价值的自己进行彻底的否定。但这种自杀彻底摧毁了自爱的主体，使得自爱处于"皮之不存，毛将焉附"的状态。因此通过自杀的方式去实现自爱本身就是一个悖论。在不同的价值体系中，主体为了维护那种超过生命以上的价值而选择自杀，我们称之为有尊严地去死。如果为了爱"面子"而自杀，则与无价值感的自杀一样，因为彻底摧毁了自爱的主体而成为一种自爱的悖论。在满足一个人的自我实现的需要或者说在为社会需要而展现自己本质力量的过程中，有时候需要主体作出自我牺牲，自我牺牲的最极端方式就是主动献出自己的生命，这就是献身的自杀。献身精神是符合社会发展规律、为了人类进步事业和大多数人的幸福而作出自我牺牲的精神，自杀式恐怖活动不能被称之为"献身"。献身是一种崇高的自爱。

第一节　自我价值感与自杀

自杀指的是主体自己结束自己的生命，既包含自杀行为又包含自杀的动机。引起自杀的原因是复杂的，迪尔凯姆根据自杀产生的社会因素把自杀分为利己主义的自杀、利他主义的自杀、反常的自杀和宿命论的自杀。无价值感的自杀是一种利己主义的自杀；而献身的自杀是利他主义的自杀，是为了追求他人和社会的价值而选择了自杀。有尊严地去死的自杀中，一部分自杀者的自杀是属于利己主义的，而另一部分则带有明显的利他主义的因素。

一、自杀的含义

对自杀最简单的理解就是自己结束自己生命的行为，但主体结束自己的生命所具有的思想基础也是我们判断是否是自杀的重要因素，因为有些由主体自己引起自己死亡的行为是在主体并没有意识到会导致自己死亡的情况下发生的，对此迪尔凯姆说："在各种不同类别的死亡中，有一类死亡表现出这样的特点：这类死亡是死者自己的有意识行为，也可以说是某种行动的结果，受害者是采取行动的人本身；另一方面可以肯定，这种特点也是人们通常在谈论自杀时的思想基础。"[1] 因此，对于这样一个自杀的定义："任何由死者自己所采取的积极或消极的行动直接或间接地引起的死亡都叫作自杀。"[2] 迪尔凯姆认为该自杀的定义是不完全的，因为它并不能清楚地表达自杀的含义，"它没有区别两种不同的死亡。我们实在不能把幻觉症患者的死亡和神志清醒的人的死亡列为一类，以同样的方式来对待：前者从楼上的窗口跳下来，因为他以

---

[1]　［法］埃米尔·迪尔凯姆：《自杀论》，冯韵文译，商务印书馆1996年版，第8页。
[2]　［法］埃米尔·迪尔凯姆：《自杀论》，冯韵文译，商务印书馆1996年版，第9页。

为窗口和平地在同一个水平上，而后者自尽时知道自己在干什么。"①
离开主体自己想死亡的思想基础就不能叫作自杀，"通俗地讲，自杀首
先是一个再也活不下去的人在绝望时所采取的行动。"②"一旦这种决心
到了肯定要牺牲性命的程度，从科学上来说，这就是自杀。"③在肯定
了自杀者应该具备的思想基础后，迪尔凯姆说出了他的自杀的定义：
"人们把任何由死者自己完成并知道会产生这种结果的某种积极或消极
的行动直接或间接地引起的死亡叫作自杀。"④由于迪尔凯姆这个关于
自杀的定义强调的是"死亡"而没有把自杀未遂包含进去，我国学者
库少雄对这个定义进行了小幅度的修改："任何由当事人自己完成并知
道会直接或间接产生死亡结果的某种积极或消极的行动都是自杀。"⑤
这样，我们对自杀含义的理解就包含以下内容：（1）自杀是以主体的
自我意识为思想基础的，即主体清楚地知道他的行为将产生什么样的结
果。（2）由于自杀是主体有意识的主动行为，因此总是有原因的，并
且主体清楚地知道自己自杀的动机是什么。这两条使自杀区别于主体因
为自己的行动而引起自己死亡的意外事件。（3）自杀是主体自己采取
行动结束自己生命的，这种行动可以是积极的、也可以是消极的。也就
是说既包括积极主动地"寻死"，也包括消极懈怠地"等死"。积极的
行为如自己服毒、上吊、跳楼等，而消极的如迪尔凯姆引用法尔雷在
《忧郁与自杀》中谈到的一个商人的情况，这个商人隐居在一个人迹罕
至的森林里让自己饿死，让自己饿死就是一种消极懈怠的"等死"行
为，如果行为人积极主动地去寻找食物就不会被饿死，因此我们说这是
自杀者的消极行为导致自己死亡的结果。（4）只要主体采取了结束自

① ［法］埃米尔·迪尔凯姆：《自杀论》，冯韵文译，商务印书馆 1996 年版，第 9 页。
② ［法］埃米尔·迪尔凯姆：《自杀论》，冯韵文译，商务印书馆 1996 年版，第 10 页。
③ ［法］埃米尔·迪尔凯姆：《自杀论》，冯韵文译，商务印书馆 1996 年版，第 11 页。
④ ［法］埃米尔·迪尔凯姆：《自杀论》，冯韵文译，商务印书馆 1996 年版，第 11 页。
⑤ 库少雄：《自杀：理解与应对》，人民出版社 2011 年版，第 27 页。

己生命的行动，不论这种行为的目的是否达到，都可以叫作自杀。成功的自杀导致了自杀者的死亡，不成功的自杀我们称为自杀未遂，本书的研究暂时把自杀未遂排除在外。

二、迪尔凯姆所论述的自杀的社会类型

作为社会学家，迪尔凯姆着重分析了自杀产生的社会因素。自杀尽管是自杀者自己结束自己生命的行为，从行为的实施来看，是一种个人行为，但完全可以从社会的角度来进行研究，"如果不把自杀仅仅看成是孤立的、需要一件件分开来考察的特殊事件，而是把一个特定社会在一段特定的时间里所发生的自杀当作一个整体来考虑，我们就会看到，这个整体不是各个独立事件的简单的总和，也不是一个聚合性的整体，而是一个新的和特殊的事实，这个事实有它的统一性和特性，因而有它特有的性质，而且这种性质主要是社会性质。"[1] 对于影响自杀率的各种因素，迪尔凯姆认为有社会因素和非社会因素，而非社会因素对自杀率的"影响根本不存在，或者十分有限"[2]。迪尔凯姆通过细致的研究，在《自杀论》第一编中用四章的篇幅详细论证，逐步排除了心理变态、正常的心理状态——种族和遗传、自然因素、仿效等对自杀率的影响。通过排除法，迪尔凯姆把自己对自杀的研究引向了社会原因和社会类型。

要确定自杀的社会类型就要首先研究自杀的原因。在迪尔凯姆看到的官方关于自杀数据的统计表中，迪尔凯姆认为在自杀动机一栏填写的（家庭纠纷，肉体痛苦或者其他痛苦，内疚或酗酒，等等）实际上都是提供这些资料的下级官员对自杀动机的看法的统计，"如果死者被认为近来曾经丢失过钱财，或者经历过家庭纠纷，或者嗜酒成癖，人们就会把他的死因归咎于酗酒、家庭纠纷或经济上的损失。我们不能把如此靠

---

[1] ［法］埃米尔·迪尔凯姆：《自杀论》，冯韵文译，商务印书馆1996年版，第14页。
[2] ［法］埃米尔·迪尔凯姆：《自杀论》，冯韵文译，商务印书馆1996年版，第21页。

不住的情况当作解释自杀的根据。"① 因为这些在迪尔凯姆看来，都不是自杀的真正原因，"我们撇开作为个人的个人、他的动机和想法，直接考虑自杀是随着什么样的社会环境（宗教信仰、家庭、政治团体、行业团体等等）发生变化的。"② 这些社会因素才是真正的自杀的原因，迪尔凯姆依次研究了宗教社会、家庭社会和政治社会对自杀率的影响。

通过比较新教和天主教流行的国家和地区之间的自杀率，迪尔凯姆发现新教徒中的自杀率远高于天主教徒中的自杀率，两种宗教都把自杀算作错误行为之列，但"天主教和新教之间唯一的基本区别是，后者比前者在更大的程度上允许自由思考。……天主教徒自然而然地教授它的教义，不加思考。他甚至不能对它的教义进行历史的检验，因为人们所依据的原始经文禁止他这样做。为了使传统不致发生变化，巧妙地建立了一套权威的等级制度。一切变化都是天主教思想所厌恶的。相比之下，新教徒却是他的信仰的创造者。《圣经》掌握在他的手里，任何解释都不能强加于他。甚至这种改革过的宗教信仰的结构也使这种宗教个人主义状态不可忽视"③。也就是说，与天主教相比，新教徒有更多的自由思考，而这种"自由思考"无疑在削弱着传统信仰的权威，使原来存在于宗教社会中的带有强制性的集体的力量逐步减少，而个人自由、利己主义在逐步上升，这种整体化力量的削弱正是新教徒自杀比较多的原因。通过对宗教社会影响自杀率的研究，迪尔凯姆得出了两条结论：第一，一般说来自杀随科学的进步而发展。第二，一般地说，宗教对自杀有一定的预防作用。对于第一条，迪尔凯姆解释说，科学不是影响自杀率进一步发展的原因，科学和自杀都是宗教社会失去内聚力后的产物，"一个人力求受教育而又自杀，是因为他所从属的宗教社会失去

---

① ［法］埃米尔·迪尔凯姆：《自杀论》，冯韵文译，商务印书馆 1996 年版，第 140 页。
② ［法］埃米尔·迪尔凯姆：《自杀论》，冯韵文译，商务印书馆 1996 年版，第 143 页。
③ ［法］埃米尔·迪尔凯姆：《自杀论》，冯韵文译，商务印书馆 1996 年版，第 151 — 152 页。

了内聚力；但他不自杀却是因为他受过教育。使宗教解体的不是他所受过的教育，而是因为宗教解体才引起对教育的需要。教育不是被当作一种推翻已被认可的舆论的手段来力求获得的，而是因为舆论已经开始被推翻。"① 迪尔凯姆通过对意大利各省自杀和教育的比较以及普鲁士中学生中天主教徒和新教徒自杀率的比较，认为智力的发展与自杀的人数无关，"在有文化的阶层中，自杀的倾向之所以比较严重，正像我们已经说过的，是由于传统信仰的削弱和由此而引起的道德利己主义的状态。"② 对于第二条结论，迪尔凯姆说，宗教之所以对自杀有一定的预防作用，"不是因为宗教用某些特殊的理由劝告他重视自己的身体，而是因为宗教是一个社会，构成这个社会的是所有信徒所共有的、传统的、因而也是必须遵守的许多信仰和教规。这些集体的状态越多越牢固，宗教社会的整体化越牢固，也就越具有预防的功效。"③ 也就是说，宗教社会因为其作为高度一体化的社会而具有了预防自杀的功效，"如果说宗教能预防自杀只因为它是一个社会，而且只有在它是一个社会时才能预防自杀，那么其他社会也可能产生同样的作用。"④ 迪尔凯姆顺着这个思路考察了家庭社会和政治社会。

在家庭社会中，已婚者比独身者对自杀更具有免疫力，有子女者比无子女者对自杀更具有免疫力，这并不是因为婚姻和子女本身对自杀具有免疫作用，而是因为婚姻和子女是构成一个完整的家庭社会的不可缺少的组成部分，"已婚者的主要免疫因素仍然是家庭，即由父母和子女组成的完整的群体。毫无疑问，由于已婚者是家庭的成员，所以他们对这种结果也作出了贡献，但不仅仅是作为丈夫和妻子，而是作为父亲和母亲，作为家庭关系的维系人。其中一方的消失之所以增加了另一方自

---

① ［法］埃米尔·迪尔凯姆：《自杀论》，冯韵文译，商务印书馆1996年版，第165页。
② ［法］埃米尔·迪尔凯姆：《自杀论》，冯韵文译，商务印书馆1996年版，第165页。
③ ［法］埃米尔·迪尔凯姆：《自杀论》，冯韵文译，商务印书馆1996年版，第167页。
④ ［法］埃米尔·迪尔凯姆：《自杀论》，冯韵文译，商务印书馆1996年版，第168页。

杀的可能性，不是因为把他们彼此联系在一起的纽带断裂，而是因为由此而引起的家庭动乱，这种动乱使未亡人受到影响。"① 因此，家庭社会中真正影响自杀的因素是家庭的不稳定、家庭对家庭成员整合力量的削弱，"而家庭的构成越牢固就越能避免自杀。"② "各种事实都不能证实这种流行的观念：自杀主要是由于生活的负担重，因为随着负担的增加自杀反而减少。"③ 迪尔凯姆把影响自杀的家庭因素归结为家庭的一体化程度对于我们今天的研究有很重要的启示意义。

他用同样的方式研究了政治社会对自杀的影响，并且认为政治社会的稳定程度与自杀率之间存在着一种紧密的联系，"事实上，历史告诉我们，在年轻的、正在发展和集中的社会里，自杀是很少见的，相反，随着社会的分崩离析，自杀就多起来。"④ 社会的分崩离析并不等同于政治的大动荡和战争的持续，因为在政治大动荡或战争时期很可能激发起社会民众的激情，只有那些不能激发社会民众激情的社会动荡和战乱才是导致自杀的罪魁祸首，"1848—1849 年间，震动了法国的危机接着震动了欧洲；各地的自杀人数都减少了，而且危机越严重，时间越长，自杀人数的减少就越明显。"⑤ 但迪尔凯姆指出："并非所有的政治危机或民族危机都有这种影响。只有那些引起激情的危机才产生这种影响。"⑥ 比如迪尔凯姆谈到的 1864 年到 1866 年普鲁士在战争期间自杀略有增加，是因为这些战争完全是由政客们挑起来的，没有像 1870 年到 1871 年那样大规模的民族战争那样能够激起民众的激情。

通过对宗教社会、家庭社会、政治社会对自杀率影响的研究，迪尔凯姆确定了三个命题："自杀人数的多少与宗教社会一体化程度成反

---

① ［法］埃米尔·迪尔凯姆：《自杀论》，冯韵文译，商务印书馆1996年版，第201页。
② ［法］埃米尔·迪尔凯姆：《自杀论》，冯韵文译，商务印书馆1996年版，第207页。
③ ［法］埃米尔·迪尔凯姆：《自杀论》，冯韵文译，商务印书馆1996年版，第205页。
④ ［法］埃米尔·迪尔凯姆：《自杀论》，冯韵文译，商务印书馆1996年版，第207页。
⑤ ［法］埃米尔·迪尔凯姆：《自杀论》，冯韵文译，商务印书馆1996年版，第208页。
⑥ ［法］埃米尔·迪尔凯姆：《自杀论》，冯韵文译，商务印书馆1996年版，第212页。

比。自杀人数的多少与家庭社会一体化的程度成反比。自杀人数的多少与政治社会一体化的程度成反比。"① 总之，一句话："自杀人数的多少与个人所属群体一体化的程度成反比。"② 由此，迪尔凯姆给出了他关于自杀的第一种社会类型——利己主义自杀的定义："个人所属的群体越是虚弱，他就越是不依靠群体，因而越是只依靠他自己，不承认不符合他私人利益的其他行为规则。因此，如果可以把这种个人的自我在社会的自我面前过分显示自己并牺牲后者的情况称之为利己主义，那么我们就可以把这种产生于过分个人主义的特殊类型自杀称之为利己主义的自杀。"③

利己主义的自杀是因为把人和社会联系在一起的纽带松弛了，因此导致了人和自己生命联系的纽带也松弛了。丧失了社会目标，人找不到除他本身之外生命存在的意义，社会一体化程度的削弱使他不知道自己生命的价值该归附到何处，"如果生命不值得延续下去，那么一切都可以成为摆脱生命的借口。"④ 个人生活中的偶然的意外事件似乎直接引起了自杀，表面上看这些偶然事件是自杀的决定性条件，实际上，在迪尔凯姆看来，个人之所以屈服这些微不足道的冲突而选择自杀，主要是因为社会所处的状态使他成为准备自杀的牺牲品，促使他直接选择自杀的偶然事件只不过是他自杀的催化剂。

"当一个人脱离社会时，他很容易自杀，而当他过分地与社会融为一体时，他也很容易自杀。"⑤ 脱离社会而导致的自杀是利己主义的自杀，而过分与社会融为一体而导致的自杀是利他主义的自杀。

对于利他主义的自杀，迪尔凯姆首先概括了原始社会中自杀的三个范畴："1. 开始衰老或得了病的男子的自杀。2. 妻子在他们丈夫去世

---

① ［法］埃米尔·迪尔凯姆：《自杀论》，冯韵文译，商务印书馆1996年版，第214页。
② ［法］埃米尔·迪尔凯姆：《自杀论》，冯韵文译，商务印书馆1996年版，第215页。
③ ［法］埃米尔·迪尔凯姆：《自杀论》，冯韵文译，商务印书馆1996年版，第215页。
④ ［法］埃米尔·迪尔凯姆：《自杀论》，冯韵文译，商务印书馆1996年版，第220页。
⑤ ［法］埃米尔·迪尔凯姆：《自杀论》，冯韵文译，商务印书馆1996年版，第225页。

时的自杀。3. 被保护者或仆人在他们的主子去世时的自杀。"① 在原始
社会的这三种情况下，人之所以自杀，是因为他有自杀的义务，而不是
因为他拥有自杀的个人权利。如果他在特定的情况下不履行这种自杀的
义务，就要受到社会的侮辱，而且往往要受到带有迷信性质的宗教的惩
罚。由此，我们看到这种类型的自杀跟我们刚才讨论过的利己主义的自
杀是不一样的，利己主义的自杀是因为社会的一体化程度被削弱而自杀
者的个性得以彰显；而这类自杀恰恰相反，是因为社会要求的力量太强
大而自杀者的个性太弱，社会过分要求个人要从属于社会。这样，迪尔
凯姆就给出了他关于自杀的另一种社会类型——利他主义自杀的定义：
"既然我们把按个人的生活而生活并且只服从自己的自我感觉状态称之
为利己自杀，那么利他主义这个词恰好表示相反的状态：自我不属于自
己，或者和自身以外的其他人融合在一起，或者他的行为的集中点在他
自身之外，即在他是其组成部分的一个群体中。因此我们把某种极端利
他主义所导致的自杀称之为利他主义的自杀。但是，既然这种自杀还表
现出作为一种义务来完成的特点，那么所采用的术语就应该表现这种特
点。因此，我们就把这种类型的自杀称之为义务性利他主义的自杀。"②
除义务性利他主义自杀外，还有非强制性利他主义自杀和强烈的利他主
义自杀。

非强制性利他主义自杀与义务性利他主义自杀是很难区分开的，因
为自杀者把自杀作为了一种美德，而这与把自杀作为一种义务在性质上
是相同的，"因为不留恋生命是一种美德，甚至是一种杰出的美德，所
以人们赞扬稍微受到一点环境的刺激或者甚至仅仅由于假充好汉而放弃
生命的人。"在强烈的利他主义自杀中，"我们确实看到，个人渴望摆
脱他个人的生命，以便进入他看作他的真正本质的东西中。他把这种东

① ［法］埃米尔·迪尔凯姆：《自杀论》，冯韵文译，商务印书馆1996年版，第228页。
② ［法］埃米尔·迪尔凯姆：《自杀论》，冯韵文译，商务印书馆1996年版，第230—
   231页。

西叫作什么无关紧要；他相信他存在于这种东西中，而且只存在于这种东西中，而正是为了存在于这种东西中，他才如此使劲地和这种东西融合在一起。因此他自以为没有自身的生命。在这里，无个性达到了最大限度；利他主义处于极端状态。"① 利他主义自杀者之所以选择了自杀，是因为他们为了实现一种他们认为比他们生命更高的价值，"他们之所以舍弃生命，是因为他们更爱某种东西而不爱自己。"② 他们更爱的这种东西就是他们认为的社会对他们的要求，为追求这种东西而放弃生命就是他们在社会中的义务和责任。

　　除了利己主义的自杀和利他主义的自杀，第三种自杀的社会类型是反常的自杀。迪尔凯姆认为，第三种自杀产生于人的活动失常并因此受到损害。"工业危机或金融危机之所以使自杀人数增加，并非由于这些危机使人贫困，因为繁荣的机遇也产生同样的结果；而是由于这些危机打乱了集体秩序。对平衡的任何破坏，哪怕由此而导致更大的富裕和生活的普遍提高，也会引起自杀。每当社会机体发生重大的调整时，不管是由于迅速的发展还是由于意外的灾难，人都容易自杀。"③ 在经济危机时期自杀人数的增加，并不是因为人们的破产，而是因为在这样的社会动荡时期，社会不能够合理地调节和控制个人的情欲，也就是说，反常的自杀其原因不在于自杀者个人的生活状况，而在于社会没能对他们发挥积极的影响作用，这种自杀种类与利己主义的自杀有一定的相似之处，"两者都起因于社会没有充分起作用。但是在这两种情况下，社会不起作用的领域不尽相同。对利己主义的自杀来说，社会缺乏真正的集体活动，使活动没有目的和意义。对异常的自杀来说，社会不能影响真正的个人情欲，使情欲得不到调节和控制。"④

---

① ［法］埃米尔·迪尔凯姆：《自杀论》，冯韵文译，商务印书馆 1996 年版，第 235 页。
② ［法］埃米尔·迪尔凯姆：《自杀论》，冯韵文译，商务印书馆 1996 年版，第 239 页。
③ ［法］埃米尔·迪尔凯姆：《自杀论》，冯韵文译，商务印书馆 1996 年版，第 261 页。
④ ［法］埃米尔·迪尔凯姆：《自杀论》，冯韵文译，商务印书馆 1996 年版，第 276 — 277 页。

迪尔凯姆还用很少的篇幅在尾注中讨论了第四种自杀的类型：命中注定的自杀。这种自杀产生于过分的限制，这种自杀者的前途被无情地断送，他们的情欲受到压制性戒律的粗暴抑制。所有归因于肉体上或精神上的虐待的自杀都是这类自杀。对于这类自杀，迪尔凯姆列举了三种情况：过于年轻的丈夫的自杀、没有孩子的妻子的自杀、奴隶的自杀。

迪尔凯姆对于自杀的社会类型和社会因素的研究对于我们研究价值哲学视阈中的自杀与自爱有着重要的启示。

三、以物的依赖性为基础的社会中人生价值的"物化"与利己主义的自杀

衡量人生价值需要看一个人以自己的人生为价值客体、通过自己的实践活动对于价值主体所作出的贡献的大小。在"以物的依赖性为基础的人的独立性"为特征的社会形态中，人的劳动并没有成为生活的第一需要，还只是谋生的手段。对于这种作为谋生的手段的劳动，弗洛姆指出："金钱、声望和权力是劳动的唯一刺激。"① 劳动本身不是人的需要，通过劳动获得的东西才是人的需要。一个人通过自己的劳动为他人和社会作出的贡献大，则他获得他人和社会认可的程度就高，同时他所获得的社会回报也就大。而社会回报的形式从外在的物质表现看，就是社会职位的升迁和金钱利益的获取。简要地说，社会能够提供给作为价值客体的人的回报的物质形式就是金钱和权力。因此，一个人对他人和社会所作的贡献大，则他所获得的金钱就多、职位就高；相应地，一个人对他人和社会所作的贡献小或没有贡献，则他获得的金钱就少、职位不高或没有职位。本来衡量一个人"人生"价值的标准是一个人对于价值主体所作的贡献的大小，但逐渐地，衡量一个人的人生价值的标准就成为一个人所获得的金钱的多少和职位的高低。而在从"人的依

---

① ［美］弗洛姆：《健全的社会》，欧阳谦译，中国文联出版公司1988年版，第303页。

赖关系"的社会形态到"以物的依赖性为基础的人的独立性"为特征的社会形态转型过程中，并不是每一个人获得的金钱和权力上的利益都与他所作出的贡献成正比，确实不可否认存在着在自己的人生过程中没有作出相应的贡献而获得较大的金钱和权力利益，而作出了较大贡献的人却不一定获得了相应的利益的状况，这就说明人们所获得的金钱和权力上的利益不一定与他的人生价值成正比，而金钱和权力依然是衡量一个人是否成功的重要标志，也依然是判断人生价值的标准。当一个人的人生价值由金钱和权力来衡量时，人生价值就被"物化"了。

当脱离人所实际作出的贡献而以金钱和权力衡量一个人的人生价值时，被评价的主体也逐渐地把自己的注意力放到了金钱和权力上。在应然上，一个人应该通过其本质力量的对象化而实现其人生价值，在通过自己的实践活动为价值主体作贡献的过程中体验自我价值感。但当人的价值被"物化"为金钱和权力的时候，一个人就通过其攫取的金钱和权力的程度来体验自我价值感。我们曾说过，这种在自我价值感基础上生长的自爱情感是异化了的自爱。但在从"人的依赖关系"向"以物的依赖性为基础的人的独立性"的社会转型过程中，这种异化了的自爱不可避免地出现了。"爱之欲其善"在异化的自爱这里也就成了爱自己就让自己尽可能多地获取金钱和权力，而一经在金钱和权力方面受挫，则主体就可能产生恨自己"无能"的自我无价值感，而这就成为许多人自杀的原因。因为自己的"无能"而否定自己的生命的自杀者，实际上在思考着弗洛姆提到的现代人思想中的"生命是否值得"的问题。提出这样的问题，实际是将自己的生命当成了一种事业，就像事业有成功的或失败的一样，相应地就有"成功的"生命或"失败的"生命，"成功的"生命被认为是值得活下去的生命，而"失败的"生命则会被认为没有必要存在下去。弗洛姆认为这样的观点实在是荒唐，我们可以说活得幸福不幸福，我们也可以说我们在自己的生活中达到或者没有达到一些目的，但没有任何一个合理的天平能够衡量生命是否值得，

"生命是独一无二的赠予和挑战，它不能用任何别的东西来衡量，对于是否'值得'活下去的问题不可能有合理的答案，因为这个问题本身就没有什么意义。"①

但对于"生命是否值得"这个在弗洛姆认为没有意义的问题，还是有许多人把它作为了一个问题。上海海事大学的研究生杨元元在遗书中留下"知识不能改变命运"的慨叹后用两条毛巾结束了自己的生命，北京邮电大学的博士生吴某纵身从楼上跳下前在遗书中控诉道："现在知识太没用了。有用的只是金钱和权势，有用的只是关系和背景。"显然，他们在遗书中对"知识没有用""知识不能改变命运"的抱怨实际上指的是，自己已经拥有的知识不能给自己带来在金钱和权力上预期的收获，因此他们认为自己的人生是"无价值"的，自己在学业上的努力也是"无意义"的，而他们还要为这种"无意义"的学业继续付出努力。正如迪尔凯姆所指出的："在作出的努力变得更加毫无结果的时候，却要作出更大的努力。在这种情况下，活下去的愿望怎么会不减弱呢？"② 他们认为作为事业来经营的生命没有取得成功，于是对于"生命是否值得"的问题他们给出了否定的答案。曾经，接受高等教育而拥有高学历给他们带来的自豪感逐渐地变成了自我无价值感。这种由自我无价值感而导致的自杀实际上符合迪尔凯姆所研究的利己主义自杀的特征。

爱自己就让自己尽可能多地攫取金钱和权力是一种异化了的自爱观，以金钱和权力为唯一追求目标的人就是异化自爱的主体。异化自爱的主体以金钱和权力为自己人生意义的归依，他的需要层次中的最高层次不再是自我实现而是获取金钱和权力，或者说他的"自我实现"就是不断地追求金钱和权力。"自我实现"永无止境，对金钱和权力的追求也永无止境。异化自爱的主体追求的金钱和权力显然是为自己的，如

① ［美］弗洛姆：《健全的社会》，欧阳谦译，中国文联出版公司1988年版，第151页。
② ［法］埃米尔·迪尔凯姆：《自杀论》，冯韵文译，商务印书馆1996年版，第271页。

果是为了他人和社会而追求金钱和权力就具有我们在第二章论述过的自我实现的崇高性。但异化自爱的主体已经脱离了自己的社会责任和社会地位，他的自我意识已经被"物化"，"物"既然已经成为他人生价值的衡量标准，让自己拥有越来越多的"物"就是他人生的追求目标。但根本上，他想拥有的"物"需要社会为他提供，如果他本身拥有的获取"物"的能力不被社会认可，那么他就会认为自己是一个没有价值的存在者。"他的自我价值取决于他自身以外的各种因素，取决于市场变幻莫测的估价，市场就像决定商品的价值一样决定着他的价值。同所有的商品一样，如果他不能在市场上高价出卖自己，即使他的使用价值还存在，他的交换价值也就等于零。"[①] 弗洛姆把人和自己之间的异化关系描述成"市场倾向"的关系，"在市场倾向中，人觉得自己是一种具有市场使用价值的物品。他没有感到自己是一种积极的因素，也没有感到自己是人类力量的承担者。他与人类的这些力量相异化。他的目标是在市场上成功地出卖自己。他的自我感觉不是来自一个有着爱和思想的个人的行动，而是来自他的社会经济作用。……他不再感到自己是一个有着爱、恐惧、信念和怀疑的人，而是成了一种在社会制度中有一定职能的抽象物，这一抽象物与他真实的本性相异化。他的价值取决于他的成功：在于他能否高价出售自己、他是否能够使自己获得更多的财富、他是否是一个成功者。"[②] 异化的主体将自己作为市场上待价而沽的商品，也就是把自己的生命作为事业来经营，那么他就会越来越关注于作为"物"的生命究竟能获得多大利益而逐渐抛弃了自己行为的社会意义。

异化自爱的主体在为自身追求"物"的过程中越来越封闭，因为他只以自己的利益为目标，他的意识中只有关于他自己怎样获取"物"、是否已经获取了"物"、如何获得更多的"物"的思维活动。

①　[美] 弗洛姆：《健全的社会》，欧阳谦译，中国文联出版公司1988年版，第144页。
②　[美] 弗洛姆：《健全的社会》，欧阳谦译，中国文联出版公司1988年版，第143页。

异化自爱的主体由于用异化了的需要掩盖了自己真实的需要，因此把自己的人生价值也异化到对异化需要的满足上，而如果对金钱和权力这种异化了的需要满足过程中屡屡受挫，就会使异化自爱的主体不断地强化自己的无价值感，最终导致他们作出自杀的极端行为。这种自杀的根源就在于自杀者不能够正确地寻找到自己存在的社会意义，而把自己的人生价值封闭在个人利益的圈子之内，逐渐地拉大了自己与社会的距离，最终在自己身外找不到使自己继续存在下去的理由，而就自己本身的利益追求来说又屡屡受挫，因此自杀似乎就成为一种结束自己这种无价值存在的最佳方式。正如迪尔凯姆在谈利己主义自杀的人时说："事业、公职、有益的劳动甚至家务只能引起自杀者的冷漠与厌恶。他不愿意摆脱个人的圈子。相反，思考和内心生活成了他的全部活动。由于避开了周围的一切，所以他只意识到他自身，把自身当作他固有的和唯一的思考对象，把自我观察和自我分析当作他的主要任务。但是这种专注扩大了他和外界之间的鸿沟。一个人一旦自爱到这种程度，他就只能进一步脱离不属于他的一切，并且进一步把他的孤独视为神圣不可侵犯。只关心自己就找不到理由去关心自身以外的一切。"① 通常，我们首先会把自杀者自杀的原因归结为他的心理不健康，是因为他把自己封闭在自己内心的忧伤中走不出来，他不断地体会着自己内心的空虚和悲哀而不能得到开导，因此我们对于高校大学生和研究生自杀的预防措施很重要的一条就是心理咨询或疏导。但最根本的是要唤醒每一个主体内心的自我价值感，把人的价值从被"物"的遮蔽下解脱出来，重新发现自我。因为被"物化"了的自我意识的主体已经丧失了真正的自我意识，意识不到真实的自我，"他感觉不到自己是一个独特的、统一的实体。自我意识来源于作为主体的自我体验，自我体验包括我的经验、我的思想、我的感情、我的决定、我的判断和我的行为。自我意识存在的先决

---

① ［法］埃米尔·迪尔凯姆：《自杀论》，冯韵文译，商务印书馆 1996 年版，第 301 页。

条件是，我的体验必须是我自己的而不是一种异化的体验。物没有自我，变成了物的人也不可能有自我。"① 在他的自我意识中见"物"不见"我"。"我"作为一个独特的生命存在，本身就具有绝对的价值，因此"生命是否值得"是一个伪命题，而"物"是否值得却是一个需要解答的问题。当生命被"物化"后，"生命是否值得"这个伪命题却要被当作真实的问题来回答，当这个问题被提出来的时候，"物"就已经掩盖了"我"。而对"物"是否有价值的评价总是存在着否定的答案，无意义、无聊、空虚、单调等都是对作为"物"的生命作出的否定性评价，"异化生活方式所产生的无聊和单调的生活是自杀的原因之一。"② 弗洛姆在引用了迪尔凯姆对自杀动机的解释后说："有许多自杀事件的起因，就是因为感到'生命已经失败'，感到'再不值得活下去了'；一个人自杀就像一个商人宣告自己破产的情形一样，这个商人做了赔本买卖而再没有挽回损失的希望。"③ 异化自爱的主体因为自我无价值感而选择自杀，就是把自己的生命当作事业来经营，而这个事业经营失败了。就像事业经营不下去要通过宣告破产而不复存在一样，生命这种事业经营不下去破产的方式就是通过自杀使自己的生命不复存在。

这种类型的自杀在向"以物的依赖性为基础的人的独立性"为特征的社会转型过程中出现得越来越多，因为在社会转型期，随着人们生产方式和生活方式的巨大变化，人们的价值观也处于多变的状态，旧有的价值观念随着社会的转型而被动摇，新的价值观念也因为社会转型没有完成而没能确立起来，因此在这种状况中就出现了迪尔凯姆论述的人与社会之间的纽带的断裂，因为社会的一体化程度在社会转型期被削弱，个人从社会中寻找自己行为的社会意义的努力变得困难，因此人就

---

① ［美］弗洛姆：《健全的社会》，欧阳谦译，中国文联出版公司1988年版，第144页。
② ［美］弗洛姆：《健全的社会》，欧阳谦译，中国文联出版公司1988年版，第152—153页。
③ ［美］弗洛姆：《健全的社会》，欧阳谦译，中国文联出版公司1988年版，第153页。

转向自己身内寻找自己行为的意义，为自己攫取越来越多的"物"就成了自己最突出的目的，因为在"以物的依赖性为基础的人的独立性"为特征的社会中对"物"的推崇，逐渐地使主体越来越封闭于只关注自己的"物"而对社会变得冷漠。对于这种利己主义自杀的现象，迪尔凯姆指出："实际上，最普遍、最使每年总数增加的自杀类型是利己主义的自杀。这种自杀的特点是产生于一种夸大了的个性的抑郁和冷漠状态。一个人不想活下去，因为他不再依恋唯一使他和现实联系在一起的中介，我所说的中介就是社会。由于对自己和自身的价值有着强烈的感情，所以他愿意成为自身的目的，而由于这种目的不能使他得到满足，所以他就无精打采和烦恼地过一种对他来说毫无意义的生活。"①因为生活对他来说已经毫无意义，因此生活中的任何一个偶然的事件都可能成为他自杀的直接原因，这些偶然事件包括家人争吵、财产损失、爱情失意、考试受挫、疾病折磨等，这些生活中偶然的挫折之所以能成为自杀的直接原因就是因为自杀者已经处于自杀的准备状态，他随时准备着结束自己毫无意义的生活。对于这种生活中缺少有意义的追求目标的无价值感而导致的利己主义自杀，迪尔凯姆说道："最微不足道的气馁也会产生绝望的解决办法。如果生命不值得延续下去，那么一切都可以成为摆脱生命的借口。"② 从根本上说，利己主义自杀的根源在于自杀者的自我无价值感，这与良好的自我价值感基础上的自爱情感正好相反，因此，我们可以说利己主义的自杀是对自爱的否定。

四、献身的自杀与利他主义的自杀

在我们为无价值感的利己主义自杀而哀其不幸的时候，另一种自杀却使我们以一种更复杂的心情感叹不已，那就是具有献身精神的自杀。"献身"指的是献出自己的全部精力和生命，献身精神尤其强调的是勇

---

① ［法］埃米尔·迪尔凯姆：《自杀论》，冯韵文译，商务印书馆1996年版，第389页。
② ［美］弗洛姆：《健全的社会》，欧阳谦译，中国文联出版公司1988年版，第220页。

于献出自己的生命。为突出我们在这里讨论的主题，需要特别指出的是，我们在这里所讨论的"献身"主要是指献出自己的生命。"一不怕苦、二不怕死"的精神就是一种勇于献身的精神。在中国的思想传统中，献身总是被理解为一种具有崇高意义的行为。孔子提倡的"志士仁人，无求生以害仁，有杀身以成仁。"（《论语·卫灵公》）鼓舞着无数中国人为实现他们追求的崇高价值目标而杀身成仁、舍生取义。我们甚至不需要翻开书本就能够列出一串长长的名字，他们在感动着许许多多了解他们事迹的人们，其中的有些人，还被人们世世代代铭记在心。《中国小学教学百科全书·品德卷》对"献身"的解释是："贡献出自己的全部精力和生命。在调解个人与个人、个人与社会之间的利益关系中，道德调节的突出特点是要求个人作出必要的节制和牺牲，也就是说，道德是以个人或多或少的自我牺牲为前提的。从这个意义上说，没有献身精神，就没有道德可言。献身的具体表现是：履行道德要求不考虑极端不利的社会条件或个人生活境遇，不考虑敌对的周围环境和外来压力，而坚持忍受困难，作自我牺牲。"① 献身是一种行为，但献身的主体作出献身的行为必须具有献身精神，献身行为是献身精神的对象化和具体展开，没有献身精神就谈不上献身的行为，因此对"献身"的理解离不开对献身精神的理解。《中国伦理学百科全书·德育伦理学卷》对献身精神的解释是："一种美德。指为着某种美好的理想、崇高的目的或正义的事业而不顾个人的安危，不怕艰难困苦，不考虑个人的利害得失，自觉地奉献自己的才智、年华乃至生命的思想行为。"② 这种解释本来已经说出了献身精神的内涵，但把献身精神理解为一种"自觉地奉献自己的才智、年华乃至生命的思想行为"使得这种解释多少具有不严密性，因为精神毕竟不同于行为，相比较而言，李淮春主编

---

① 李春秋主编：《中国小学教学百科全书·品德卷》，沈阳出版社1993年版，第65页。
② 甘葆露主编：《中国伦理学百科全书·德育伦理学卷》，吉林人民出版社1993年版，第64页。

的《马克思主义哲学全书》对献身精神的解释就更为明确："一种为了理想或某种事业而不顾个人得失，甘心忍受艰难困苦的自我牺牲精神。献身精神是革命者在困难面前，在艰苦的条件下不考虑个人利益，不考虑外来压力，追求真理，追求革命事业的胜利，而表现出来的崇高精神境界。它与历史上的'江湖义气'、'为朋友两肋插刀'的精神是有本质区别的。"① 我们是在美德意义上谈论献身和献身精神的，因此献身不同于自杀式的恐怖主义活动。尽管从事自杀式恐怖活动的人也是以自己的生命为手段追求他们认为的最高价值目标，但他们通过自杀给社会带来了巨大的损害，这是一种罪恶而不能被称之为美德，只能被冠以"自杀式袭击"的称号而不能称之为"献身"，将自杀式恐怖活动称为"献身"是对献身精神的亵渎。我们如果将充当人体炸弹的恐怖袭击者同贞德、布鲁诺等具有献身精神的人并列在一起，那将是对人类精神财富的莫大玷污。我们谈论的献身精神是符合人类社会发展规律、为了人类进步事业和大多数人的幸福而作出自我牺牲的精神。有了这种献身精神，就有了一种"献身"的勇气，这种勇气就是我们在前文已经论述过的为追求自我实现而勇于作出自我牺牲的勇气。

我们把献身理解为自杀的一种类型，因为献身的行为也符合我们在前文中对自杀定义的四点理解。第一，献身的主体很清楚自己的选择意味着什么，因为他们已经做好了杀身成仁的准备。第二，献身的主体是为了自己信仰的价值目标而置自己于危险的境地，因此动机是明确的。第三，献身当然是自己献出自己的生命，因此也是行为人自己行为的结果，尽管有时是自己行为的间接结果，但也是自己选择的行为所导致的结果。第四，献身的主体选择了献身的行为后，不一定真的导致了自己死亡的结果，比如被自己的战友救了出来，比如献身者慷慨赴死的决心震撼了自己的对手而使他们不忍心下手等，但这丝毫也不影响献身者所

---

① 李淮春主编：《马克思主义哲学全书》，中国人民大学出版社 1996 年版，第 747 页。

具有的献身精神的意义，就像自杀者服毒后被抢救过来后不能否认他自杀的事实一样，献身者因为各种原因而没有导致自己死亡的结果也同样没有否认其献身的行为。由于"献身"具有我们对自杀的含义所作的四点理解，因此我们有理由认为献身也是自杀的一种社会类型；但这种自杀不同于自我无价值感的自杀，这是一种为追求崇高价值目标的自杀，因此具有迪尔凯姆论述的利他主义自杀的诸多特征。

迪尔凯姆指出："利己主义的自杀产生于那些人再也看不到活下去的理由；利他主义的自杀则产生于这些人认为这种理由超出了生命本身。"① 被利他主义自杀者认为超出生命本身的理由就是献身者认为的值得他付出生命的代价去追求的东西，在献身者看来，通过献身行为追求的价值目标能够赋予他的有限的生命以永恒的意义，使他摆脱"有的人活着，他已经死了"的生活状态而走向一种"有的人死了，他还活着"的永恒境界。此"永恒"境界就是中国传统儒家追求的"不朽"。

"二十四年春，穆叔如晋。范宣子逆之，问焉，曰：'古人有言曰，死而不朽，何谓也？'穆叔未对。宣子曰：'昔匄之祖，自虞以上，为陶唐氏，在夏为御龙氏，在商为豕韦氏，在周为唐杜氏，晋主夏盟为范氏，其是之谓乎？'穆叔曰：'以豹所闻，此之谓世禄，非不朽也。鲁有先大夫曰臧文仲，既没，其言立。其是之谓乎！豹闻之，太上有立德，其次有立功，其次有立言，虽久不废，此之谓不朽。若夫保姓受氏，以守宗祊，世不绝祀，无国无之，禄之大者，不可谓不朽。'"（《左传·襄公二十四年》）为了追求"立德、立功、立言"的"三不朽"境界，一个人需要付出自己终生的努力，如果个体的生命与"三不朽"发生冲突，那么孔子倡导的"杀身成仁"与孟子倡导的"舍生取义"就为道德主体的抉择提供了明确的价值等级次序，那就是要牺

---

① ［法］埃米尔·迪尔凯姆：《自杀论》，冯韵文译，商务印书馆 1996 年版，第 276 页。

牲自己有限的肉体生命以追求"无限"的"不朽"境界。伯夷、叔齐因为不食周粟而饿死于首阳山，他们"不降其志、不辱其身"的节操被孔子多加赞誉；对于为保自己气节而集体自杀的田横五百士，司马迁感慨地写道："田横之高节，宾客幕义而从横死，岂非至贤！"（《史记·田儋列传》）为追求"仁、义"等"不朽"而选择自杀的人，我们不能说他们不爱惜自己的生命，而是因为他们的生命与他们认为比生命还高尚的价值目标发生了冲突，他们如果保全了自己的生命，那么就要牺牲他们认为高于自己生命的"仁、义"，而为了能够"不朽"于世，他们"宁可站着死，不愿跪着亡"，活着就要活出气节，活着就要活出意义，与其屈辱地活着，不如悲壮地去死。"生当作人杰，死亦为鬼雄"，如果自杀符合社会主流的价值观念，就能够为自己的人生意义抹上重重的一笔色彩，那么主动地选择死亡也是值得的，因为自杀可以让自己的人生终点体现出崇高的美，使自己的人生以一种有意义的方式终结。正如弗洛姆所说："献身可以为人在世界中的生存及其地位提供一种意义。"① 献身的自杀是以牺牲自己生命的方式换取了或保护了更崇高的价值目标，这种得到保护的价值目标体现着献身者的人生意义。

献身者具有一种我们在第三章中论述过的自爱的勇气，即为了自我实现而勇于作出自我牺牲的勇气，这种勇气在孟子那里就是"志士不忘在沟壑，勇士不忘丧其元"（《孟子·滕文公下》）的大丈夫气概，有了这种大丈夫气概，就能够在追求自我实现的过程中做到"富贵不能淫，贫贱不能移，威武不能屈"，这种大丈夫气概能够为道德主体在作出自我牺牲时提供强大的内在力量，这是根源于对自己追求的崇高价值目标的强烈感情而激发出来的力量，就像文天祥在面临生死抉择时表现出来的那种浩然正气。浩然正气来源于自己献身所具有的社会意义，正因为自己的献身行为与社会意义之间的紧密联系，才使献身的主体感受

---

① ［美］弗洛姆：《健全的社会》，欧阳谦译，中国文联出版公司1988年版，第64页。

到了一种崇高感，因为他不是为自己的利益而去死，他是为了社会意义而慷慨赴死，献身者是利他而非利己的。因此根本不同于利己主义自杀者的心理特征，"利他主义自杀的心理特征和利己主义自杀的心理特征相反，就像利他主义本身和利己主义相反一样。利己主义自杀的心理特征是一般的消沉，表现为伤感的忧郁或伊壁鸠鲁式的冷漠。相反，利他主义自杀的根源是一种强烈的感情，所以不能不表现出某种力量。"[1]

献身精神总是和信仰联系在一起，只有当自己追求的价值目标已经达到信仰的高度，才会被主体认为是高于自己生命的价值目标。信仰确立的过程总要经历以理性为基础的可信到以非理性为基础的确信，当以非理性为特征的信仰确立起来后，这种信仰就成为主体行为的力量源泉和价值旨归，为自己的信仰而献身是有信仰者在信仰确立之初就已经做好的准备。信仰总是和超越于个体之外的价值目标联系在一起，因此总是利他而非利己的，"当利他主义处于强烈的状态时，自杀就更是从激情出发而不假思索的行动，促使人去死的是一种信仰和热情的冲动。"[2]为信仰而献身是有信仰者认为最值得的结束生命的方式，如司马迁所言："人固有一死，或重于泰山，或轻于鸿毛。"[3] 在献身者的内心中，为信仰而献身的死就是重于泰山的死，而苟且偷生只能让自己的生命没有分量，"好死不如赖活着"对他们来说是一种莫大的耻辱。

在不同的价值体系中，主体信仰的价值目标不同，所以被主体认为值得他付出生命的代价去保护和实现的价值目标也是不同的。但无论如何，真正能够作为信仰的价值目标总是超越了个体的利益而具有神圣性与崇高性。不断地趋向这种神圣与崇高的价值目标是个体人生价值的最终根据，自我实现也就是为了实现这种价值目标而终生奋斗，为了这种价值目标，个体付出的努力越大、牺牲越多，自我价值感就越强烈。而

① ［法］埃米尔·迪尔凯姆：《自杀论》，冯韵文译，商务印书馆1996年版，第306页。
② ［法］埃米尔·迪尔凯姆：《自杀论》，冯韵文译，商务印书馆1996年版，第306页。
③ 转引自《毛泽东选集》第四卷，人民出版社1991年版，第1004页。

个体为了这种价值目标能够作出的最大牺牲就是献出自己的生命。因此，献身的主体也就是希望自我价值最大化的社会个体，他们希望通过他们为信仰而献身使自己的人生具有最充实的社会意义和最崇高的价值。"爱之欲其善"在献身者这里成了：爱自己就让自己为信仰去死。

除了无价值感的自杀和献身的自杀外，还有一种自杀的类型，我们很难把它归于迪尔凯姆论述的利己主义自杀或利他主义自杀，这就是有尊严地去死的自杀。为维护尊严而自杀的主体面临着价值抉择的困境，他们为了维护在他们看来比生命还重要的价值而选择了自杀的行为。比如"饿死事小失节事大""士可杀而不可辱"等讲的就是这种情况。如果自杀者通过自杀所维护的尊严仅仅是个人的尊严，那么这种自杀就属于利己主义的类型；如果自杀者维护的是其所属群体的尊严，那么他的自杀就带有明显的利他主义的性质了。

第二节　自杀的自爱悖论

"悖论"是指一种逻辑矛盾，即由对一个命题的肯定而推出对这个命题的否定，而对这个命题的否定又能够推出对这个命题的肯定。用公式表示就是：$P \rightarrow \neg P$ 或 $\neg P \rightarrow P$。"自杀是自爱的一种方式"这个命题就是一个悖论。自爱基于自我价值感，因为"我"有价值而爱"我"，爱"我"又包含着消除"不好"的"我"和期待"好"的"我"。而自我无价值感导致的自杀是因为仅仅意识到了"我"的生命的无价值和无意义，而采取了结束无价值的"我"的存在的方式来体现"我"的价值，"我"的生命既然已经被结束，那么又何谈"我"的价值呢？为维护个体的人格尊严而自杀，是以自杀的方式消除了被羞辱的客体，但同时也消除了人格尊严的主体。通过自杀的方式结束了自己作为价值客体的存在，也就彻底消除了能够作为自爱的主体。无论是自我价值感还是自爱的情感，都随着自杀者的自杀而化作浮云。

一、无价值感自杀的自爱悖论

无价值感的自杀往往跟人生价值的异化联系在一起。人生价值指人的一生的活动对价值主体需要满足的状况。无价值感的主体感到自己的人生是没有价值的，因此，无聊感与空虚感大大地加强了人不想活下去的决心。

在以前的计划经济体制下，全民所有制和集体所有制企业中的工人尽管劳动收入少，但是能够感觉到自己的劳动不分种类，都是为社会主义大厦添砖加瓦；职业不分高低，都是为人民服务。可如今在私营企业中，工人已经难以感受到自己的工作对于社会主义大厦的意义，而直接感受到的是自己的劳动只是符合"资本的逻辑"，自己的收入随资本获得的利润的提高而增加并且不成比例，自己的劳动的社会意义被"物"的形式所掩盖，除了获得维持自己生存的资料外，工人难以寻找到自己的劳动的社会意义，因此处于"异化劳动"中的工人就获得了迪尔凯姆所论述的利己主义自杀的社会因素。

2010年1月到8月间，发生于富士康科技集团的被诸多媒体称作"连环跳"的17起自杀事件，引起全社会的广泛关注。富士康作为世界最大的电子产业专业制造商，早已成为我国出口导向型经济企业的榜样，其作为劳动密集型产业，为解决我国日益严重的就业问题作出了巨大的贡献。但随着媒体不断曝光的"十七连跳"，富士康却以另一种面目展现在公众面前，那就是一些媒体指出的"军事化""非人性化""铁血管理""血汗工厂"等，我们就通过搜狐网曾公布的一份调查报告对这起个案作些分析。

这份调查报告中将富士康的劳动体制的特征归纳为四个部分：第

一，就它的生产过程来看，采用的是泰勒制的科学管理和福特制的流水线管理办法，尽可能地提高工人的劳动熟练程度和增大工人的劳动强度，以提高劳动生产率。在调查组的调查过程中，在工人的口中反复使用着"我们就是一部机器""我们比机器还快""工作枯燥、单调、无聊"等描述他们工作状态的语言。"在'产能至上'的口号下，工人的价值和尊严被忽视了，他们的全部身心被迫以生产为中心运转，但是这种生产过程并不能赋予工人劳动的意义和满足。"① 第二，富士康的工人尽管每天都在创造巨大的财富，但他们却不能分享企业的利润，他们的工资只能维持比较低的生活水平。第三，富士康有一整套完善的规训制度，公司造就符合要求的新型劳动者的主要方式是通过强制实现的：包括严格的门禁制度、车间纪律、安保制度等军事化管理措施，强迫工人适应富士康劳动体制的管理。工人不仅要受到线长、组长等科层制的层层管理，而且还要受"总裁语录"、《员工手册》等精神管理。第四，富士康无论在生产车间还是在宿舍安排上都采取随机的方式尽量弱化工人之间的社会关系网络，尽量把工人塑造成能够不断创造利润的"原子化"个体。"富士康还通过对流水线的严密规划，造成了工人间的碎片化状态。工人被随机分配到流水线上，每名工人都被严格地限定在生产位置上，不允许走动，工作期间工人之间也不允许交流。不同车间的工人也被严厉禁止相互走动。在天津富士康工厂的某车间，一条流水线上甚至不允许有两名以上的老乡。这些措施加深了工人的原子化程度，使得工人感觉自己是孤独的个体，容易产生无助感与孤独感；当遇到问题或者困难的时候，一些工人无处发泄甚至连倾诉的对象都没有。"② 调查报告对这套管理制度总结道："整套管理制度达到了财富创造的最

① "两岸三地"高校富士康调研组：《富士康调研总报告》，2010 年 9 月，见 http：//mfiles. sohu. com/it/foxconn. doc，第 32 页。

② "两岸三地"高校富士康调研组：《富士康调研总报告》，2010 年 9 月，见 http：//mfiles. sohu. com/it/foxconn. doc，第 24 页。

大化，但却是以牺牲工人的尊严为代价的，其本质是对工人的严重异化与剥削。"①

从调查报告对富士康劳动体制的归纳中，我们可以看到马克思所分析的异化劳动的诸多特征。我们曾在第三章中讨论过"以物的依赖性为基础的人的独立性"的社会形态中劳动的异化，实际上这样的社会形态所对应的是商品经济社会。在商品经济社会阶段，我们要充分尊重经济规律。中国自改革开放以来取得的重大成就也都和我们重视经济规律是分不开的。费孝通先生说："单为生存，人也许可以像低级动物一样，一切靠个体去经营。若这是可能的，人类的生活也一定简单得和动物差不多。可是我们尽管还不满意目前的享受，和低级的动物比一比，总可以踌躇满志了。什么使我们生活高出于其他动物这样远的呢？最直接的回答是人类大大地利用了分工合作的经济原则。换一句话说，人类组成社会，社会给了人类现有的生活程度。"② 我们想不断地提高我们的生活水平，就还需要进一步地利用"分工合作的经济原则"，但这种"分工合作"不可避免地使一部分人固定地从事特定的工作，而且商品经济越发达，专业化的分工也就越精细，从事不同专业领域工作的人们就越脱离全面的生产。因此，我们可以说，商品经济社会是我国脱离半自然经济而走向产品经济社会的必经阶段，而在这个阶段，异化劳动不可避免地出现了。在现阶段，私营经济是社会主义市场经济的重要组成部分，但这并没有改变私营经济的"私有"属性，我们不能否认也不能回避，马克思对于异化劳动和私有财产的论述也同样适用于这样的私营企业。"工人生产的财富越多，他的产品的力量和数量越大，他就越贫穷。工人创造的商品越多，他就越变成廉价的商品。物的世界的增值

---

① "两岸三地"高校富士康调研组：《富士康调研总报告》，2010 年 9 月，见 http：//mfiles.sohu. com/it/foxconn. doc，第 32 页。

② 费孝通：《乡土中国》，上海世纪出版集团 2007 年版，第 433 页。

同人的世界的贬值成正比。"① 尽管马克思是从资本主义的经济事实出
发进行分析的，但是从富士康这个具体的个案来看，马克思的分析依然
是适用的，工人劳动创造的财富越多，资本的力量就越强大，工人的社
会地位就越低，就像一位富士康的工人所说："（我们）就像一粒灰尘
一样，比如说一条产线上吧，线长经常说我们产线上多一个人少一个人
都无所谓，就这样，你走了还会有人来干啊，对于这个厂来说，我们普
通员工真的不算什么，就是一个劳动工具。"② 工人在巨大的就业压力
面前缺少选择的余地，对于富士康，"进去后悔，出来也后悔"很生动
地描述了工人的心理感受，我们有必要在这里重新引用一下马克思对于
异化劳动的论述："劳动对工人来说是外在的东西，也就是说，不属于
他的本质；因此，他在自己的劳动中不是肯定自己，而是否定自己，不
是感到幸福，而是感到不幸，不是自由地发挥自己的体力和智力，而是
使自己的肉体受折磨、精神遭摧残。因此，工人只有在劳动之外才感到
自在，而在劳动中则感到不自在，他在不劳动时觉得舒畅，而在劳动时
就觉得不舒畅。因此，他的劳动不是自愿的劳动，而是被迫的强制劳
动。因此，这种劳动不是满足一种需要，而只是满足劳动以外的那些需
要的一种手段。劳动的异己性完全表现在：只要肉体的强制或其他强制
一停止，人们会像逃避瘟疫那样逃避劳动。外在的劳动，人在其中使自
己外化的劳动，是一种自我牺牲、自我折磨的劳动。最后，对工人来
说，劳动的外在性表现在：这种劳动不是他自己的，而是别人的；劳动
不属于他；他在劳动中也不属于他自己，而是属于别人。"③ 必须有肉
体的强制或其他的强制工人才被迫劳动，这些强制包括公司的严格管理
制度和工人自身生存的压力，在这些压力之外，工人难以找到自己劳动

---

① ［德］马克思：《1844 年经济学哲学手稿》，人民出版社 2000 年版，第 52 页。
② "两岸三地"高校富士康调研组：《富士康调研总报告》，2010 年 9 月，见 http：//mfiles.
　 sohu. com/it/foxconn. doc，第 23 页。
③ 《马克思恩格斯选集》第 1 卷，人民出版社 2012 年版，第 53—54 页。

的动机，尤其是对于最基层的工人来说，为什么每天要重复做这些机械性的工作，对他们来说成为一个问题，他们对工作意义的迷失最终导致了对生命意义的迷失。"爱之欲其善"的自爱情感在这里就成了，爱自己就让自己摆脱生命的无意义状态。

最初走上跳楼道路的员工，我们能够把他自杀的动机归结为因为工作的压力和生活的压力下的自我无价值感，也就是说，我们能够说最初跳楼自杀的员工符合迪尔凯姆论述的因为找不到自己存在的社会意义的利己主义自杀的社会类型，但随着媒体的热烈讨论、社会关注度的提高，使得与已经自杀的员工处于相同处境的员工萌生了通过自杀而引起社会关注的心理，尽管我们没有确实的证据来支持这个观点，但我们从他们随后发生的"十七连跳"都选择了跳楼的方式而没有选择其他的自杀方式，似乎能够看出其中有通过相同的行为进一步引起社会关注的动机在其中。既然活着不能体现自己的价值，那么通过自己的死就能够引起社会对我们这个群体的广泛关注，也就是以自己的非存在来证明自己存在的价值。被称为美国自杀学之父的美国自杀学会的创立者、精神病医生施奈德曼从精神分析的角度指出："自杀来自一种后我（post-self，或 postego），是人们对自己的死后状态的看法。"① 我们可以用施奈德曼的分析来解释富士康员工的"连环跳"，即他们的自杀也来自于一种"后我"，他们希望他们自杀的事件能够引起社会对他们的注意，对此，施奈德曼指出："自杀者常常会犯一种逻辑错误。人们若是这么想'谁若自杀了，就会引起别人的注意；我$^{(主)}$去自杀，那么，我$^{(宾)}$就会引起别人的注意；所以我$^{(主)}$要自杀。'"②因为自杀的是"主我"，而希望被别人关注的是"宾我"，"主我"通过自杀已经不存在了，还如

① 吴飞：《浮生取义——对华北某县自杀现象的文化解读》，中国人民大学出版社 2009 年版，第 22 页。
② 吴飞：《浮生取义——对华北某县自杀现象的文化解读》，中国人民大学出版社 2009 年版，第 23 页。

何能够体验到别人对"宾我"的关注呢？活着不能够体验到自我价值感，通过自杀去体验自我价值感也只能是一种悖论。在异化劳动中感受到自己不过是一粒"灰尘"，通过自杀也确实引起了社会的广泛关注和热烈讨论，但自杀的主体已经不能体验到社会对他们的任何关注，我们可以修改一下施奈德曼医生的三段论："谁要是自杀了，就能通过引起社会的广泛关注而体现自己的价值。我去自杀，那么我就能引起社会的广泛关注而体现'我'的价值。"正如施奈德曼医生已经指出的那样，这里存在一种逻辑错误，因为"主我"已经不存在了，社会所关注的"宾我"也已经对"我"没有了任何意义。因此，通过自杀的方式实现自爱在这里就是一个悖论。"爱之欲其善"的自爱主体总是希望"我""好"，因此总是希望"我"能摆脱"不好"的状态，而他们选择的彻底摆脱"不好"的状态的方式就是自杀。若是爱自己就让自己通过自杀的方式彻底摆脱异化劳动的状态，但是通过自杀却使摆脱了异化劳动的主体从此不复存在于世。简单地梳理他们的逻辑，那就是"爱自己就让自己自杀"，而自杀是对自己绝对价值的彻底摧毁，因此自杀是最严重程度的不爱自己，因此通过自杀的方式体现"自爱"的他们就陷入了"爱自己却最不爱自己"的逻辑悖论。

我们需要指出的是，无价值感的主体并非真的没有价值，而是在其自我意识中产生了自我无价值感。从根本上说，感觉来源于存在，自我价值感当然来源于自己存在的价值。感觉作为一种主观的东西固然是对客观的东西的反映，但主观并非总能如实地反映客观存在。主体的无价值感就是一种对客观存在的歪曲反映。因为尽管在异化劳动中，就如富士康那名员工所言——是一粒"灰尘"，但在其父母的眼中，他就是整个世界。我们曾论述过，人的生命价值就是人的绝对价值，一个人只要存在着就有价值。"身体发肤，受之父母，不敢毁伤，孝之始也。"（《孝经·开宗明义》）只要人保持自己生命的存在，就起码有"孝"的价值。因为无价值感而自杀的主体，就是因为找不到自己存在的社会意义，所以有了对自己的人生无价值的感觉，而这种对人生无价值的感觉掩盖了自己作为"人"而存在的绝对价值。"爱之欲其善"的自爱既包含着主体希望自己"好"的存在，也包含着主体不断消除自己不"好"的存在。而对自己整个生命存在的无价值感，实际上也就否定了自己存在的整体的"好"，因此"爱之欲其善"的自爱情感也就表现为消除自己生命的存在。可对自己生命的消除，最终消除了自己作为"人"的存在，连一个人存在的最底线的价值——生命价值也消除了，而生命价值是我们一再强调的"人"存在的绝对价值，因此，通过自杀的方式实现自爱只能是一种最大的不自爱。

二、有尊严地去死的自爱悖论

人是社会性存在物，人总要过群体的生活。在个人身上总体现出他们所属群体的诸多属性，我们也很难明确地区分在个人身上表现出来的尊严感哪些是个人的，哪些是属于群体的，通常个体的尊严体现着群体的尊严，群体的尊严也就包含着个体的尊严。尽管我们也说依据个体的形象来判断群体具有片面性，但在外界眼中很自然地就把个体和他所属的群体联系在一起。每一个人不仅代表着自己的尊严，也代表着他的国家的尊严。尽管一个人并不能代表国家的形象，但在国际舞台上，人家就是把个体的行为和他所属的国家联系在一起。因此，在一个人身上体现出来的尊严感就是群体的尊严和个体的尊严的统一体。有尊严地去死的自杀方式维护的尊严有个人的尊严，也有所属群体的尊严。如果我们从维护群体尊严的角度去理解，那么这样的自杀就可以被理解为一种自爱的方式，因为通过自杀使主体的生命获得了永恒的意义。电视剧《京华烟云》中孙宁饰演的曼妮在日本人就要羞辱她时，她拿起了斧头砍向了自己的脖子。她用死来维护的不仅是自己的尊严，而且是一个中国女人在日本侵略者面前的尊严。看过此电视剧的观众无不为之赞叹，没有人质疑过她的死是否值得，因为她选择死在自己手里似乎是当时情境下她能够作出的最好的也是最有气节的选择。她在维护自己尊严的同时维护了所属群体的尊严，因此，我们说曼妮是真正自爱的人。

但如果从维护个体尊严的角度去理解，有尊严地去死的自杀就是一种自爱的悖论。

为自己的尊严而选择自杀的人实际上是以自己去死的方式维护自身中高于生命的价值。中国思想传统中向来就有"士可杀而不可辱"的观念，如果选择生命的存在就必须承受一种侮辱，那么选择"离开"就成为一种很体面的摆脱侮辱的方式。有时候人格尊严也被当作一种"面子"，而"面子"也被当作一种人格尊严。人格尊严是"表示道德人格的概念。也有法律含义。指作为权利、义务主体的个人地位或身份的独立而不容侵犯。是个人对自身社会价值和道德价值的自我意识"①。"面子"是中国人日常口语中很常用的词，却又很难给出一个确切的定义，林语堂先生说："'面子'的意义，不可翻译，亦无从予以定义。它好像是荣誉而不是荣誉，它不能用金钱购买却给予男男女女一种实质的光辉。它是空虚无实的，而却是男人家争夺的目标，又有许多妇女为它而死。它是不可目睹的，但是它却存在而展开于公众之前。它存在于太空之间，其声息似可得而闻；且其声崇高而充实；它不负公理上的责任，却服从社会底习俗，它耽搁诉讼，拆散家产，引起谋杀和自尽。但它也常使人经过同乡人辱骂之后，勉力自拔于流浪无赖的恶行；它的被珍视，高于尘世上一切所有。它比之命运、恩典，更有势力，而比之宪法更见重视。"② 在我们的日常生活中，"有失尊严"与"有失面子"经常是同一个意思，但"尊严"与"面子"相比，更偏向于是表达褒义的概念。与刘邦争霸失败而自刎于乌江岸边的项羽却引发了人们诸多的争论。"生当作人杰，死亦为鬼雄。至今思项羽，不肯过江东。"李清照的这首《夏日绝句》对于项羽的自杀是多加赞誉。而杜牧在他的

① 徐少锦等主编：《伦理百科辞典》，中国广播电视出版社1999年版，第29页。
② 林语堂：《吾国与吾民》，黄嘉德译，陕西师范大学出版社2003年版，第143页。

《题乌江亭》中写道："胜败兵家事不期，包羞忍辱是男儿。江东子弟多才俊，卷土重来未可知。"显然，在杜牧看来，项羽的死是不值得的，因为他的自杀彻底断送了自己卷土重来的机会。而针对杜牧的质疑，王安石也写了一首《叠题乌江亭》来回应："百战疲劳壮士哀，中原一败势难回。江东子弟今虽在，肯与君王卷土来？"既然经过连年战争后，失败已成定局，就算江东子弟也确实多才俊，但是否还愿意跟随霸王卷土重来呢？在王安石看来，项羽东山再起的可能性是很有疑问的。

我们不妨对比一下项羽的自杀与电视剧中曼妮的自杀。曼妮的自杀是为了维护一种尊严，甚至还带有一种民族气节在里面，而历史上项羽的自杀却更多地带有一种避免自己蒙受"羞辱"的成分。我们甚至可以说，曼妮的自杀是为了维护自己以及群体的尊严，而项羽的自杀则是为了顾及自己的"面子"。之所以会有这样的不同，是因为曼妮除了自杀似乎没有更好的选择，因为我们可以从电视剧的剧情中看到，如果曼妮不自杀，她就有可能被侵略者蹂躏致死，或被侵略者蹂躏后屈辱地活着，而选择自杀还是选择活着被侵略者蹂躏，就取决于曼妮是否能在侵略者面前表现出宁死不屈的民族气节。而项羽似乎存在着比自杀更好的选择，杜牧的诗就表达着项羽有比自杀更能表现"男儿"气概的选择，而这种更佳的选择被项羽抛弃了。在项羽之前，就存在着跟项羽一样在争霸中失败但却没有选择自杀而是选择了忍辱负重的越王勾践。勾践卧薪尝胆而终成霸业，留下了"苦心人，天不负，卧薪尝胆，三千越甲可吞吴"的历史佳话而被千古传诵。勾践在失败后忍辱负重，终究成就一番霸业而留名千古。

项羽失败后无颜面见江东父老，"无颜面见"就是失败了回来在江东父老面前丢了"面子"，项羽的自杀用自己最后一个勇敢的举动而为自己保住了"面子"，赢得了名誉。"面子"是生前的，而名誉是身后的。生前极力维护的"面子"就是为身后留下的名誉，"面子"和名誉都被当作比生命还要宝贵的东西，正如蔡元培先生说："名誉的可贵，就算把人人生前所享有的福利拿来比较，都不可能超过它，所以古往今来忠孝节义之人，常常有一死成名的，可见它的价值高到怎样的程度。"[1] "爱之欲其善"的自爱情感在有尊严地去死的自杀者那里，就成了爱自己就要以自己的生命为代价去维护自己的"尊严"。也不可否认，这种自杀的类型也确实为一部分自杀者留下了名誉，但就像我们在前文中已经讨论过的一样，选择自杀的是"主我"，而留下名誉被后人赞赏的是"宾我"，既然"主我"已经不存在了，那么被后人赞叹的"宾我"又怎么能被"主我"感受到呢？自爱是基于自我价值感而产生的爱自己的情感，而自我价值感又来源于自己存在的价值。有尊严地去死的自杀主体以自己的生命为代价体现了自己存在的价值，但随着自杀者的离去，自我价值感也只能是"皮之不存，毛将焉附"。

由此可见，有尊严地去死本身就是一个悖论，既然已经选择了死亡，那么"尊严"的主体是谁？主体在任何时候都只能是人，而不能是尸体或历史书中的名字。因此，选择有尊严地去死并不是一种明智的做法。我们不可否认，有尊严地去死的自杀者在作出选择时所面临的困境，比如老舍和傅雷。老舍和傅雷的自杀不仅使自己摆脱进一步受到侮辱的可能，而且他们也是通过自杀的方式对那个时代进行控诉。与其被那些狂热的革命小将们继续折磨摧残，不如自己有骨气地去死，以自己死的方式证明自己不同流于这个污浊的世界。老舍、傅雷夫妇等因为不能忍受人身的攻击和精神的侮辱而选择了"有尊严地去死"，他们的选择显然是历史的悲剧。"有尊严地去死"成为一些人自杀的理由，也被一些人理解为是自爱的表现，其实，这种方式正是自爱的悖论。自己的生命都已经不存在了，自爱的主体就被彻底摧毁了，也就谈不上自爱。

---

① 蔡元培：《中国人的修养》，中国工人出版社 2008 年版，第 149 页。

在与老舍和傅雷夫妇相同的年代里，另一些人虽遭受了极为不公正的待遇，但他们选择了坚强地活下去，就像谢晋导演的《芙蓉镇》中老右派秦叔田在被抓走的时候对胡玉音所说的："活下去，像牲口一样地活下去。"在受到那种对待的情况下，选择活着比选择死亡需要更大的勇气，在屈辱中求生存更能显现出人性的光辉，也为自己以后更好地满足自我的需要奠定了种种可能性。巴金、钱伟长等也在那个年代里受到了不公正的待遇，但他们坚强地度过了那个极度摧残他们身体和精神的年代，他们在那个年代结束后实现了自我的更高层次的价值，为民族和国家作出了巨大的贡献，这才是真正的自爱。

从价值论的角度去理解自爱，因为客体的"我"对主体的"我"的需要的满足而使主体的"我"对客体的"我"产生爱的情感。但如果客体的"我"不能满足主体"我"的需要，而且客体的"我"的存在还将使主体的"我"的名誉受到极大的损害，主体的"我"对客体的"我"采取了有尊严地去死的惩罚措施，这是一种自爱的表现吗？也就是说，以非存在的方式去维护自身的尊严是自爱的表现吗？司马迁惨遭宫刑，我们可以认为他在人格上受到了极大的侮辱，也许在许多人看来，司马迁应该选择有尊严地去死。但司马迁他有更重要的历史使命，也正是通过他的历史使命——撰写"史家之绝唱，无韵之离骚"的《史记》，从而成就了他伟大的人生价值。我们可以说，司马迁的做法才是真正的自爱。

为个体的尊严而自杀之所以是自爱的悖论，是因为存在着超越于个体之上的价值。司马迁在遭宫刑之大不幸后，他也感到一种巨大的耻辱，他在《报任安书》中写道："祸莫憯于欲利，悲莫痛于伤心，行莫丑于辱先，诟莫大于宫刑。"对于遭受宫刑之后的感受，他写道："居则忽忽若有所亡。出则不知其所往。每念斯耻，汗未尝不发背沾衣也。"尽管感受到了巨大的耻辱，但司马迁选择了活下去，因为他有比个人荣辱更重要的任务要去完成，"仆虽怯懦，欲苟活，亦颇识去就之分矣，何至自沉溺缧绁之辱哉？且夫臧获婢妾由能引决，况仆之不得已乎？所以隐忍苟活，幽于粪土之中而不辞者，恨私心有所不尽，鄙陋没世，而文采不表于后世也。"尽管活着要遭受非议和侮辱，但更重要的历史使命在激励着他忍辱负重，他认为这种使命足以补偿以前所遭受的侮辱。也就是说，在他内心的价值排序中，他应当创造的社会价值远远超过了他个人的尊严。"亦欲以究天人之际，通古今之变，成一家之言。草创未就，会遭此祸。惜其不成，是以就极刑而无愠色。仆诚以著此书，藏诸名山，传之其人，通邑大都，则仆偿前辱之责，虽万被戮，岂有悔哉？"司马迁舍弃了个体的尊严而创造了巨大的社会价值，他的事例就已经说明为个体尊严而自杀不能算是一种自爱的方式。

因此，我们需要再强调一遍：选择有尊严地去死并不是一种明智的做法！我们不是在这里倡导"好死不如赖活着"的陈腐观念，而是因为人的生命价值是人创造其他一切价值的前提，如果人在其一生中一受到侮辱就自杀，那么也就没有了卧薪尝胆的勾践、没有了忍受了胯下之辱后成名的韩信、没有了"史家之绝唱，无韵之离骚"的《史记》、没有了巴金的《随想录》……个体的尊严与他的社会地位和社会身份联系在一起，凡主体受到的待遇极大地低于自己的社会地位和社会身份时，就可以说受到了侮辱。越王勾践给吴王当马夫是一种侮辱、邓小平被迫由中央领导去江西当钳工是一种侮辱、乔布斯被自己创办的公司开除也是一种侮辱……受到侮辱诚然是可悲的，但忍辱负重而成大器更是难能可贵的。一个人在自己一生的低谷中需要有自己依然有价值而且能够创造更大的价值的信念，正如尼娜·拉里什-海德尔所说，"我知道，即使有人拒绝我，无情地对待我，甚至歧视我，依然没有人能否定我的这一价值：我是值得爱的。"① "我"之所以值得被爱，是因为"我"

---

① ［德］尼娜·拉里什-海德尔：《爱自己：爱是唯一的力量》，朱刘华译，北方妇女儿童出版社 2010 年版，第 21 页。

保留着创造价值的可能，"我"能够作为价值客体去满足价值主体的需要，就算时代暂时不认可"我"，但"我"依然要积极储备自己的能力以"蓄势而发"。不能忍受一时之辱而自杀，表面上维护了自己暂时的尊严不受侮辱，但彻底摧毁了自己创造一切价值的可能，"爱之欲其善"的自爱情感也从此戛然而止，自己的人生价值也被永远定格在感叹和争议之中。

第三节　献身：崇高的自爱

我们曾说过，自我实现永无止境，但这是就一个人的生命过程而言的。在一个人生命存在的时间限度内，自我实现是永无止境的。而一个人的生命的结束，也就意味着他的自我实现走到了尽头，我们就可以对他进行"盖棺论定"。献身的主体以自己的生命为代价，在生命结束的地方让自己的生命获得了永恒的意义，使自我实现达到了最高的也是最后的境界。献身者的献身精神更成为一笔宝贵的精神财富，激励着他之后无数的社会成员。

一、献身是自爱的一种方式

我们从价值哲学的视阈中理解自爱，有两方面的内容：一方面是对实然的"我"的爱，即因为"我"有价值而爱"我"；另一方面是对理想的"我"的期待，即爱"我"就让我更有价值。从第一方面的含义来说，献身者自己已经不能体会到献身给他们带来的价值感。献身的自杀者通过献身来体现自己生命的意义，尽管他们献身的行为可歌可泣，甚至是"惊天地、泣鬼神"的行为，但就他的人生价值而言，已经随着他的自杀而戛然而止，从此他不可能再创造任何的价值，从此不可能再感受任何的自我价值感，因此他永远也不可能体会到自爱的情感了。从另一方面的含义来看，献身者通过献身的行为使自己的生命获得了永恒的意义，是以生命为客体满足价值主体的需要，无论献身者的献身行为是否满足了主体的需要，他都创造了巨大的精神价值，而精神价值更具有永恒的意义。因此，献身者的献身行为符合"爱'我'就让'我'更有价值"的自爱含义。

我们暂时还没有发现，在哪一种价值体系中，献身不被看作是一种崇高的美德。人生的价值需要人在其一生的过程中尽其所能地满足价值主体的需要，但人若以自己的生命为满足主体需要的手段，则只能为价值主体作一次贡献，就这一次行为之后，作为价值客体的人就不复存在了，从此也就无身可献了。因此，以自杀的方式实现自己的人生价值确实如威廉·葛德文所说："更难评价"。我们在这里要对献身者的自杀作出评价，依据的是我们在前面的章节中论述过的，"我"满足他人和社会的需要与"我"的需要统一于自我实现这种高层次的需要，而满足个体自我实现的需要有时需要主体作出自我牺牲，最大的自我牺牲就是献出自己的生命。

个体在满足其"自我实现"的需要的过程中，实际上同时在满足两种主体的需要：其一是个体主体的需要层次中的最高层次的需要——自我实现的需要；其二是他人和社会主体的需要，自我实现需要在自己的社会实践中充分展现自己的能力，要把自己的全部本质力量对象化，也就是说要在以自己的全部力量为他人和社会作贡献的过程中体验自我的价值。正如休谟所说："当我们看来全心全意为人类谋划幸福时，我们只是寻求我们自己的满足。"① 满足个体自我实现的需要把个体的需要和社会的需要统一起来了。献身者的自杀作为一种最彻底的自我牺牲，是为了实现他人和社会的利益，而为他人和社会作贡献才体现出个体的崇高价值。体现个体的崇高价值，就是在自己的人生过程中让

---

① ［英］休谟：《道德原则研究》，曾晓平译，商务印书馆 2009 年版，第 14 页。

自己的人生尽可能地"最好"，这是符合"爱之欲其善"的自爱情感的。

二、献身是升华了的自爱

正因为从自爱的第一个层面的含义上看，献身不能被理解为是自爱的方式。而从第二个层面的含义上看，献身就是一种自爱的方式，因此，把献身理解为自爱的方式就不可避免地面临着矛盾。通常，自我实现是人通过自己本质力量的对象化不断地为社会作贡献，这个本质力量对象化的过程可以无限次地重复。而献身是以生命为代价，人的生命只有一次，因此以献身作为自我实现的方式具有不可重复性。这就要求献身者在献身之前尽可能实现自我意识的自觉，清楚地明白自己行为的意义和后果。只有除了自己的献身外，再也找不到能够满足主体需要的更好的方式的时候，献身才是可取的。献身是否是唯一的选择也就成为人们评价献身行为时不得不考虑到的一个因素。"还有另外一种更难评价的自杀情况。"① 这是英国政治哲学家威廉·葛德文在谈到莱咯古士的时候说的话，莱咯古士是希腊传说中的人物，他为了自己的国家而自愿牺牲了生命。他借莱咯古士之口说："一个有理性的人所具有的一切能力都能够用于行善的目的，而在他毕生为他的国家服务之后，如果可能的话，他是应该使自己的死为国家谋求更多的利益的。"② 葛德文很赞赏这种为国家而死的自杀动机，但他同样质疑的是，如果不选择自杀，或许能为国家作出更大的贡献。之所以对这种自杀的情况很纠结，是因为"难于决定的是：在任何情形下求助于自杀，能不能够胜过多活二十年所能作出来的贡献。"③。

---

① ［英］威廉·葛德文：《政治正义论》第 1 卷，何慕李译，商务印书馆 1997 年版，第 94 页。

② ［英］威廉·葛德文：《政治正义论》第 1 卷，何慕李译，商务印书馆 1997 年版，第 94 页。

③ ［英］威廉·葛德文：《政治正义论》第 1 卷，何慕李译，商务印书馆 1997 年版，第 94 页。

　　以他人和社会作为价值主体的话，献身者创造的价值是巨大的，不仅在物质价值的意义上，而且在精神价值的意义上对社会的影响更长远。一个社会的发展，无论以什么样的国家或民族的形式，总是需要其中的个体为群体的发展作出自己的牺牲，蔡元培先生说："集合众人而成为群体。群体，是用来谋求每个人都需要享有的公共利益的。但是，如果群体遇到危险，而群体中没有人出来把自己的生死置之度外，以保护群体，那么这个群体将会灭亡。于是迫不得已，我们就有了舍己为群的义务了。"① 在任何国家或民族长远发展的过程中，离不开有为群体利益而舍己为群的自我牺牲精神的个体。就个体而言，也需要在为群体作贡献的过程中寻求生命的意义。弗洛姆引用爱因斯坦的话说："当所有人都成为自身利己主义的无知囚徒之时，他们就会感到不安全、孤独，并失去了纯真的生活享受。所以，人在其短暂而又危险的一生中，必须通过为社会作贡献来寻求生命的意义。"② 为社会作贡献是为了寻找生命的意义，为社会作贡献是手段，寻找生命的意义是目的。但有时候为社会作贡献需要献出生命，也就是说需要牺牲生命以寻找生命的意义。只有在为社会作贡献的过程中才能寻找到生命的意义，而献身是为了作贡献，而如果不献身就能实现为社会作贡献的目的，那么献身就是不必要的，费希特说："在不必要的情况下切勿拿你的健康、拿你的躯体和生命去冒险。凡是在职责不要求这么做的地方，都没有必要去做。如果职责要求这么去做，我则绝对应该冒着一切风险去这么做，因为完成职责是我的绝对目的，而我自己的保存不过是实现这个目的的手段。"③ "我"是否应该献身，应当考虑威廉·葛德文的质疑："难于决定的是：在任何情形下求助于自杀，能不能够胜过多活二十年所能作出

---

① 蔡元培：《中国人的修养》，中国工人出版社 2008 年版，第 3 页。
② ［美］弗洛姆：《健全的社会》，欧阳谦译，中国文联出版公司 1988 年版，第 234 页。
③ ［德］费希特：《伦理学体系》，梁志学等译，商务印书馆 2007 年版，第 286 页。

来的贡献。"① 因为"我的生命是我实现道德规律的唯一条件"②。没有了生命，从此"我"就无法履行自己对社会的职责，因此在不必要的时候通过自杀献出"我"的生命不仅是不值得的，而且也是不道德的，因为这是对"我"今后的职责的逃避，正如费希特所言："我之所以想生活下去，仅仅是为了履行我的职责。因此，我不想再生活下去，就意味着我不想再履行我的职责。"③ 至于在什么时候献身才是必要的，威廉·葛德文已经告诉了我们："难于决定"。

在任何一个国家和民族发展的历程中，有着献身精神的人总是被人们推崇和赞扬。献身者为所属群体的利益而自杀总是带有一种崇高性和神圣性。正是因为对于献身者而言，他不再作为任何价值的主体，他通过献身获得的荣誉等带有个人色彩的东西他都无法作为价值主体而享受到，因此我们才看到了他身上体现出来的那种真正的崇高性。他的行为已经超越了对实然的"我"的爱，纯粹是对理想的"我"的爱，他并不是为了通过自己的行为去体验自我价值感，而是为了实现他体验不到的最理想的"我"。也许献身者的出发点上还带有为了自己的名誉、荣誉等个人色彩的动机，但实际上献身者自己也很清楚，所有带有个人色彩的东西都将是身后的，是自己无法感知的。献身者让自己的名誉或精神通过自己的事业而获得了永恒的意义，我们不得不从情感的深处说，他们才是真正爱自己的人。但我们似乎依然面临着逻辑上的矛盾：自爱是"主我"对"客我"的爱，而通过献身，"主我"已经自杀了，"客我"对于"主我"的价值也为"主我"所感受不到，因此献身者是不是就不能作为自爱的主体了呢？自爱不仅是"主我"对"客我"的爱，而且也包含着对"客我"越来越"好"的期待。献身者"客我"的价值并没有随着"主我"的自杀而消失，"客我"的价值将永恒存在。献

① ［英］威廉·葛德文：《政治正义论》第1卷，何慕李译，商务印书馆1997年版，第94页。
② ［德］费希特：《伦理学体系》，梁志学等译，商务印书馆2007年版，第287页。
③ ［德］费希特：《伦理学体系》，梁志学等译，商务印书馆2007年版，第288页。

身的主体虽然已经体验不到自己对"客我"的爱，但他实现了"客我"的"好"，而且是永恒的"好"。这是一种主体已经体验不到了的"我"的"好"，因此是一种升华了的自爱。任何对自爱的利己性和"自私性"的质疑都在献身者的献身精神面前黯然失色。

第六章　自爱精神的培育

习近平总书记在十九大报告中说："社会主义核心价值观是当代中国精神的集中体现，凝结着全体人民共同的价值追求。"[①] 自爱精神是中国精神力量的组成部分，凝结着与中国精神同样的价值追求。自爱观是人们对自爱的总的看法和根本观点，主要是关于什么是自爱、怎样实现自爱等问题的根本看法。正如社会主义核心价值观是中国精神的集中体现一样，自爱观也是自爱精神的集中体现。自爱精神是自爱的主体在中国精神的指引下懂得什么是真正的自爱，以及如何实现自爱并不断追求自爱的一种刚健不息的奋斗精神。

我们在前文论述过，基于自我绝对价值的自爱与基于自我最高价值的自爱是决然不同的。基于自我绝对价值而产生的自爱情感，是最低限度的自爱情感，是自爱的主体维护了自己的生命就可以体验到的自爱情感。基于自我最高价值而产生的自爱情感，是自爱的主体人生不断趋向的最高境界。维护了自己的生命存在就能体验到基于绝对价值的自爱，但基于最高价值的自爱却像是地平线，我们一直沿着它往前走，永无止境，激励着自爱的主体不断向前。基于绝对价值的自爱表征着自爱的实然状态，而基于最高价值的自爱表征着自爱的应然状态。这种自爱的应然状态就是自爱的主体在主流价值观的指引下不断地趋向于自我实现，

---

① 习近平：《决胜全面建成小康社会　夺取新时代中国特色社会主义伟大胜利——在中国共产党第十九次全国代表大会上的报告》，人民出版社 2017 年版，第 42 页。

我们所说的自爱精神当然就是这种不断趋向自我实现的刚健不息的奋斗精神。

在不同的价值系统中，自我实现具有不同的内涵。习近平总书记在纪念马克思诞辰 200 周年大会上的讲话中说："理论自觉、文化自信，是一个民族进步的力量；价值先进、思想解放，是一个社会活力的来源。"[1] 在中国特色社会主义进入新时代后，自我实现就是以社会主义核心价值观为指导，以社会主义建设者和接班人的使命担当，自觉地投身于实现中华民族伟大复兴中国梦的过程中去。一句话，为实现中华民族伟大复兴而做到人尽其才就是新时代中国特色社会主义的人们自我实现的应然状态。而实现中华民族的伟大复兴还不是我们的终极目标，在马克思主义的指导下，我们追求的理想社会是马克思和恩格斯在《共产党宣言》中描述的那种理想社会："代替那存在着阶级和阶级对立的资产阶级旧社会的，将是这样一个联合体，在那里，每个人的自由发展是一切人的自由发展的条件。"[2] 由此可见，在马克思主义指向的理想社会中，每个人的最高需要是"每个人的自由发展是一切人的自由发展的条件"，自我实现是人的最高层次的需要，因此，在我们所趋向的理想社会中，自我实现的应然状态就是为每一个人的自由发展而做到人尽其才，为此种理想状态而不断进取的自爱精神才是与中国精神相契合的自爱精神。

第一节　人民主体性视野中的自爱精神

每一个个体的自爱都基于他的自我价值感，而自我价值感来源于他

---

[1] 习近平：《在纪念马克思诞辰 200 周年大会上的讲话》，《新华每日电讯》2018 年 5 月 5 日。

[2] 《马克思恩格斯选集》第 4 卷，人民出版社 2012 年版，第 647 页。

存在和行为的价值。而什么是价值、如何才能创造和体验价值又跟每一个个体所处的时代背景和置身于其中的生产方式息息相关。马克思和恩格斯在《德意志意识形态》中说："共产主义者不向人们提出道德上的要求，例如你们应该彼此互爱呀，不要做利己主义者呀等等；相反，他们清楚地知道，无论利己主义还是自我牺牲，都是一定条件下个人自我实现的一种必要形式。"① 自我实现的一定条件就是人们无法选择的、不以人的意志为转移的物质资料的生产方式。"人们不能自由选择自己的生产力——这是他们的全部历史的基础，因为任何生产力都是一种既得的力量，是以往的活动的产物。可见，生产力是人们应用能力的结果，但是这种能力本身决定于人们所处的条件，决定于先前已经获得的生产力，决定于在他们以前已经存在、不是由他们创立而是由前一代人创立的社会形式。"② 立足于在新时代中国特色社会主义的现实，人们的自我实现就是与共同理想相对应的投身于中华民族伟大复兴的实践，以及与最高理想相对应的为每一个人的自由发展而做到人尽其才。

自爱的含义包含着因为"我"有价值而爱"我"和爱"我"就让"我"更有价值，因此自爱观最核心的问题就是把谁作为价值主体，满足了谁的需要才能说"我"有价值，不断地满足何种主体的需要才能说"我"更有价值。"坚持以人民为中心"的思想是十九大报告提出的新时代中国特色社会主义思想的"八个明确"和"十四个坚持"的重要内容，也是习近平关于人民主体性思想论述的具体体现。人民是中国特色社会主义的价值主体，因此满足人民中每一个个体的需要才是在创造价值。在论述人民主体性视野中的自爱精神前，我们有必要论述习近平关于人民主体性的思想在不同维度的体现。

---

① 《马克思恩格斯全集》第3卷，人民出版社2002年版，第293页。
② 《马克思恩格斯选集》第4卷，人民出版社1995年版，第532页。

一、习近平关于人民主体性的思想的三重维度

"主体性，实际是指人在自己对象性行为中的权利和责任特征。"[①]人民最根本的对象性活动就是实现中华民族伟大复兴中国梦的伟大历史过程，人民主体性就是指人民在中国特色社会主义建设实践中的权利和责任。在坚持习近平新时代中国特色社会主义思想中体现以人民为中心的思想，就是要求我们在新时代践行新思想的过程中，必须始终坚持人民在新时代新思想中的价值主体地位、认识主体的地位和实践主体的地位。

（一）人民主体性首先体现为人民是新时代中国特色社会主义思想的价值主体

价值作为哲学范畴，是在实践基础上标志客体属性和主体尺度之间统一的关系。"价值是对主客体相互关系的一种主体性描述，它代表着客体主体化过程中的性质和程度，即客体的存在、属性和合乎规律的变化与主体尺度相一致、相符合或相接近的性质和程度。"[②] 习近平新时代中国特色社会主义思想相对于物质形态的客体来说，是一种思想意识形态的客体，这种理论性的客体的存在、属性和合乎规律的变化是与人民这种价值主体的尺度相一致的。党的十九大凝练性地总结并积极倡导习近平新时代中国特色社会主义思想的根本目的是为了更好地满足人民这种价值主体对美好生活的需要。

1. 习近平新时代中国特色社会主义思想以人民美好生活需要为出发点和归宿。

其一，从出发点上看，任何思想或观念的上层建筑，都是为了满足

---

① 李德顺：《价值论》，中国人民大学出版社 2017 年版，第 38 页。
② 李德顺：《价值论》，中国人民大学出版社 2017 年版，第 53 页。

一定阶级的需要和利益而产生的。"'思想'一旦离开'利益',就一定会使自己出丑。"① 当前,我们党凝练和倡导习近平新时代中国特色社会主义思想,是为了以这种思想上层建筑指导中国特色社会主义建设事业的伟大实践,在这个意义上来说,习近平新时代中国特色社会主义思想与马克思主义和毛泽东思想是一脉相承的,属于中国特色社会主义理论体系不可分割的重要组成部分。马克思主义理论的创始人曾用如下的语言表述了无产阶级运动的价值主体:"过去的一切运动都是少数人的或者为少数人谋利益的运动。无产阶级的运动是绝大多数人的、为绝大多数人谋利益的独立的运动。"② 在习近平新时代中国特色社会主义思想指导下的中国特色社会主义的伟大实践,是"为绝大多数人谋利益的独立的运动",习近平新时代中国特色社会主义思想以及整个中国特色社会主义理论体系,就是以当前社会中"绝大多数人"对美好生活的需要作为自己的出发点,正如习近平总书记在 2018 年新年贺词中所说的:"我们伟大的发展成就由人民创造,应该由人民共享。"

其二,从理论的归宿来看。"中国共产党一经成立,就把实现共产主义作为党的最高理想和最终目标,义无反顾肩负起实现中华民族伟大复兴的历史使命。"③ 习近平新时代中国特色社会主义思想追求的理想社会的价值目标与马克思主义创始人所设想的理想社会是一脉相承的,决不是为了少数特权者或少数既得利益集团服务的。马克思主义的创始人严厉地批评了少数人剥削多数人的旧制度,把对未来能够满足大多数人需要的新社会的追求,建立在对旧制度的批判的基础之上。"在批判旧社会中发现新社会。"恩格斯在论述社会主义制度的价值目标时写道:"我们的目的是要建立社会主义制度,这种制度将给所有的人提供

---

① 《马克思恩格斯文集》第 1 卷,人民出版社 2009 年版,第 286 页。
② 《马克思恩格斯选集》第 1 卷,人民出版社 1995 年版,第 283 页。
③ 习近平:《决胜全面建成小康社会 夺取新时代中国特色社会主义伟大胜利——在中国共产党第十九次全国代表大会上的报告》,人民出版社 2017 年版,第 13 页。

健康而有益的工作，给所有的人提供充裕的物质生活和闲暇时间，给所有的人提供真正的充分的自由。"① 我们从这样的论述中可以看到，马克思主义的创始人在理论创立之初，就把人民的需要和利益作为奋斗的目标，这也为以后马克思主义理论的不断完善和发展指明了价值目标。

其三，从对无产阶级政党的要求来看。习近平新时代中国特色社会主义思想是执政党提出并大力倡导的，属于"批判的武器"，而"批判的武器"需要通过无产阶级政党的组织才能进行"武器的批判"。对于组织无产阶级政党的必要性，恩格斯指出：要使无产阶级取得社会主义革命的胜利，就必须组成一个与其他所有政党不同尤其是与资产阶级政党相对立的特殊政党。② 无产阶级政党作为先锋队的组织，除了追求人民群众的利益外没有自己特殊的团体利益，而且以实现群众的利益为自己唯一的历史使命，"中国共产党人的初心和使命，就是为中国人民谋幸福，为中华民族谋复兴。……永远把人民对美好生活的向往作为奋斗目标"③。对于任何一名加入由马克思主义理论武装起来的无产阶级政党的成员，都要求其一切言论和行动，必须以合乎党的初心和使命，即以广大人民群众的美好生活需要为自己追求的价值目标，以自己的言论和行为获得最广大人民群众的拥护为最终标准。

2. 习近平新时代中国特色社会主义思想以"现实的个人"的利益为其归宿。

马克思主义经典作家热情洋溢地描绘了未来理想社会的价值目标是"以每个人的全面而自由的发展为基本原则的社会形式"④。这样的社会形式是以整体人民为价值目标，是为实现好维护好人民利益服务的。这里的"人民"首先被理解为抽象概念，是指人民的整体。但"人民"

---

① 《马克思恩格斯全集》第 21 卷，人民出版社 1965 年版，第 570 页。
② 参见《马克思恩格斯选集》第 4 卷，人民出版社 1995 年版，第 685 页。
③ 习近平：《决胜全面建成小康社会　夺取新时代中国特色社会主义伟大胜利——在中国共产党第十九次全国代表大会上的报告》，人民出版社 2017 年版，第 1 页。
④ 《马克思恩格斯选集》第 2 卷，人民出版社 1995 年版，第 239 页。

不能仅被理解为一个抽象的概念，而应当把"人民"概念放在特定的具体的社会历史条件下去理解。由此，需要首先把"人民"理解为现实社会中的、活生生的一个又一个的"现实的个人"。马克思和恩格斯在《共产党宣言》第二部分的结尾意味深长地这样写道："代替那存在着阶级和阶级对立的资产阶级旧社会的，将是这样一个联合体，在那里，每个人的自由发展是一切人的自由发展的条件。"① 马克思和恩格斯在这段话里所谈到的"联合体"是指人民的整体，但这个整体是由"每个人"所构成的，离开了作为个体的"每个人的自由发展"，也就谈不上作为整体的"一切人的自由发展"。换句话说，离开了对每一个"现实的个人"的利益的关注，也就谈不上是为了人民的整体利益。

不可否认，在共和国的历史上，曾经有过"整体主义"的时代，在"集体的事再小也是大事，个人的事再大也是小事"的宣传口号下，个体利益被埋没于对整体利益的追求中。在整体主义思维盛行的年代，很容易出现高喊"为人民服务"的口号，而漠视甚至扼杀个体利益的现象。这种以"为人民"为借口而抹杀个体利益的做法，是严重背离党的初心和使命的。因此仅仅抽象地谈人民利益很容易流于空谈，而只有把人民利益具体化和历史化，新时代新思想才算立实了根基。马克思主义经典作家并没有把共同利益和个人利益对立起来，"'共同利益'在历史上任何时候都是由作为'私人'的个人造成的。"② 这就说明共同利益在任何历史时期都是离不开每一个个体利益的，离开了每一个"现实的个人"，整体的共同利益也是难以想象的。

习近平总书记在十九大报告中说："必须始终把人民利益摆在至高无上的地位，让改革发展成果更多更公平惠及全体人民，朝着实现全体

① 《马克思恩格斯选集》第4卷，人民出版社2012年版，第647页。
② 《马克思恩格斯全集》第3卷，人民出版社2002年版，第275—276页。

人民共同富裕不断迈进。"① 他在不同的场合一再地强调："全面建成小康社会，一个不能少；共同富裕路上，一个不能掉队。"总书记讲的"全体人民"既包含了人民整体，也包含了人民中的每一个"个体"，是一个辩证统一的概念，这样就把对人民利益的追求具体化为每一个"现实的个人"对美好生活的向往。习近平新时代中国特色社会主义思想明确了自己的价值目标，而要实现这样的价值目标，还要真正体现人民在习近平新时代中国特色社会主义思想中的认识主体地位和实践主体地位。

（二）习近平新时代中国特色社会主义思想须以人民为认识主体

无疑，习近平新时代中国特色社会主义思想的凝练和总结首先掌握在少数党的理论工作者手中，但习近平新时代中国特色社会主义思想要真正成为群众改造社会的思想武器，就必须由少数人掌握变成多数人掌握。社会群体中总存在首先掌握新时代新思想的理论精英，他们或者是新思想的凝练者，或者是新思想的理论宣传者，他们自然而然地负有用习近平新时代中国特色社会主义思想"化"大众的使命。让广大人民群众真正从内心认同习近平新时代中国特色社会主义思想，逐渐地把新时代新思想内化为民众的信仰，并自觉自愿地以新思想作为自己从事物质生产实践活动和社会历史活动的指南。

我们在前面论述过，习近平新时代中国特色社会主义思想以广大人民群众为价值主体，从根本上反映了人民主体对美好生活的向往。因此，从应然上讲，人民是需要这种新思想的，人民也是能够理解和接受这种新思想的。"认识活动是认知活动、评价活动和审美活动的有机统

---

① 习近平：《决胜全面建成小康社会　夺取新时代中国特色社会主义伟大胜利——在中国共产党第十九次全国代表大会上的报告》，人民出版社 2017 年版，第 45 页。

一。"① 广大人民主体对习近平新时代中国特色社会主义思想的理解、接受和认同的过程，就是对新思想的认知活动、对新思想的评价活动和对新思想的审美活动的统一的过程。

其一，从广大人民主体对习近平新时代中国特色社会主义思想的认知（这里的认知是狭义的认识活动）活动来看。要实现习近平新时代中国特色社会主义思想的大众化，就是要求把新时代的新思想由从少数人掌握变成多数人掌握。而让多数人掌握的前提是正确认识并深刻理解习近平新时代中国特色社会主义思想的科学含义。这就要求理论的传播者要通过恰当的方式让理论的受众清楚地明白理论本身的内容。这个过程需要把新时代新思想的凝练和宣传教育相结合；需要把新思想的凝练者所使用的语言通俗化；需要把新时代新思想宣传教育的政治影响力和理论研究上的学术影响力相结合；需要习近平新时代中国特色社会主义思想的凝练者与倡导者把对理论的灌输和人民群众的生活体验相结合。……

其二，从人民主体对习近平新时代中国特色社会主义思想与自身的价值关系的评价来看。广大人民主体对新时代新思想内容的了解并不等于认同，认同需要建立在评价的基础之上。"评价活动的实质是主体对客体属性是否满足主体需要的这种客观关系进行反映。"② 人民群众对于习近平新时代中国特色社会主义思想的评价，是以这种新思想是否以及多大程度上满足自身对美好生活的向往作为出发点的。人民群众对习近平新时代中国特色社会主义思想的评价活动具体化为，每一个"现实的个人"从自己意识到的自我需要和利益出发，以自己的理性思维能力对新时代新思想与自身美好生活需要之间的价值关系进行断定。"人们为之奋斗的一切，都同他们的利益有关"。③ 我们无须为人民对自

---

① 陈新汉：《评价论导论》，上海社会科学出版社 1995 年版，第 9 页。
② 陈新汉：《评价论导论》，上海社会科学出版社 1995 年版，第 6 页。
③ 《马克思恩格斯全集》第 1 卷，人民出版社 1995 年版，第 187 页。

己美好生活的追求打上任何伦理的色彩，诚如黑格尔所言："作为人来说，我本身是一个直接的个人。"① 对任何一个作为直接的个人来说，"任何人如果不同时为了自己的某种需要和为了这种需要的器官而做事，他就什么也不能做……"② 当然，每一个"现实的个人"对自己利益的追求并不是孤立的，因为个人总是离不开他们所生活的社会群体，个人利益总是和群体利益联系在一起的，尽管个人利益与群体利益的有机整合与协调统一需要经过诸多环节和复杂的过程，但在应然性上，二者是统一的。我们要防止以人民整体的利益为借口而抹杀"现实的个人"的利益。同样，我们也反对在追求个体利益的过程中抹杀人民整体的利益。因为个体总是群体中的个体，为此，马克思写道："对于各个个人来说，出发点总是他们自己，当然是在一定历史条件和关系中的个人，而不是思想家们所理解的'纯粹的'个人。"③ 这样，每一个"现实的个人"对习近平新时代中国特色社会主义思想进行评价活动时，其评价对象不仅包含了自我需要和利益与新时代新思想之间的价值关系，也包含了自我所属的整体人民的需要和利益与新时代新思想的价值关系。无数的个体评价活动汇聚成民众评价的潮流，从而形成一定的社会心理和社会思潮。习近平总书记在 2018 年新年贺词中说："各项民生事业加快发展，生态环境逐步改善，人民群众有了更多获得感、幸福感、安全感。"人民群众的获得感是人民作出肯定性评价的最坚实的心理基础。由于习近平新时代中国特色社会主义思想从根本上符合每一个"现实的个人"的利益，因此能得到人民群众广泛的肯定性评价，从而为新时代新思想的大众化打下坚实的社会心理基石。

在价值论研究的视野中，评价活动的对象是客体属性与价值主体需要之间相对应的价值关系。将习近平新时代中国特色社会主义思想作为

① ［德］黑格尔：《法哲学原理》，范扬等译，商务印书馆 1979 年版，第 55 页。
② 《马克思恩格斯全集》第 3 卷，人民出版社 2002 年版，第 286 页。
③ 《马克思恩格斯全集》第 3 卷，人民出版社 2002 年版，第 86 页。

价值评价的客体，当然具有满足人民主体需要的客体属性。但如果人民群众不能正确地认识自身需要，那么还是不能科学地评价新时代新思想与自身需要之间的价值关系。因此，离开了人民群众对自身需要的正确认识，还是不能对从根本上符合自身利益的新思想作出肯定性评价。对习近平新时代中国特色社会主义思想作出科学合理的评价的前提是，要让作为评价主体的人民群众正确认识到自身的长远需要和根本需要，深刻理解新思想和自身需要与利益在根本上的一致性，从而在内心深处认同执政党在当前提出和倡导的习近平新时代中国特色社会主义思想。人民群众对自身需要和利益的认识活动是一种认知活动，这种认知活动符合认识活动的一般规律，即来源于实践，并指导实践和在实践中发展。也就是说，要真正体现人民在新时代新思想方面的认识主体地位，就要让人民真正成为追求自身利益的物质生产活动和社会历史活动的实践主体。人民主体在追求自身利益的实践过程中，体验着新理论与自我利益的一致性，在潜移默化中逐步确立起他们内心深处对于习近平新时代中国特色社会主义思想的信仰。

其三，在兼容并包中彰显习近平新时代中国特色社会主义思想的"留白"之美。"知识是认知活动的成果，意义是评价活动的成果，美感是审美活动的成果。"① 一个完整的认识活动是认知活动、评价活动和审美活动的有机统一。这三种活动并不是前后相继的，而是同一个认识过程的不同方面。人民大众在对新时代新思想的认知过程中评价其对于自身美好生活需要的意义，而在认知和评价过程中接受着"美"的感染。

"留白"是中国画的艺术表现手法之一，"白，即是纸素之白，凡山石之阳面处，石坡之平面处，及画外之水天空阔处，云物空明处，山足之杳冥处，树头之虚灵处，以之作天，作水，作烟断，作云断，作道

---

① 陈新汉：《评价论导论》，上海社会科学出版社 1995 年版，第 8 页。

路，作日光，皆是此白。夫此白本笔墨所不及，能令为画中之白，并非纸素之白，乃为有情，否则画无生趣矣。……亦即画外之画也……"① 简单地说，就是在绘画时，不能让画面占满了整张纸的空间，而要留下足够的余白，通过余白处的"虚"，来衬托画面的"实"。"'留白'与'虚实'紧密相连，有虚有白，白而有物，白而有情，余味无穷。中国画'留白'与意境中国画在讲求虚实与'留白'的同时，追求一种水中看花、镜中取影、有迹无形、超乎象外的境界，较之直接地照相式地反映客观物象更为含蓄幽深，超旷和空灵。"② 通过"留白"，中国画给我们传达了无穷的意境之美。

习近平新时代中国特色社会主义思想的大众化首先要以这种新思想来"化"大众，这种"化"大众的过程和结果也要避免"思想一律"，而要给多元的社会心理和思想倾向留下广阔的余白空间。思想认识有先有后，民众的觉悟有高有低，一定程度上的"留白"不是放弃新思想的指导，而是避免在思想引导上采用强制的手段。这样的余白空间，不仅不会削弱新思想的社会影响力，相反，余白空间的"虚"更显著地衬托了新时代新思想的"实"，还当然会极大地增强新思想的社会凝聚力。因为习近平新时代中国特色社会主义思想从根本上是符合人民对美好生活需要的，因此能够占据整个思想理论画卷的核心位置。而又通过思想理论领域的"留白"，展示给民众一幅"虚"中有"实"、"虚""实"相映的思想画卷，让民众充分感受新时代新思想的美感。而如果单纯地强调思想理论体系上的"一元""一律"，则会造成思想本身的单调乏味，造成民众的审美疲劳和麻木，从而起到相反的社会效果。而对"一元""一律"的过分强调，也恰恰表现了对思想理论本身的不自信。而如果通过政治打压的手段强迫民众接受新思想，只会彻底摧毁思想画卷的美感，引起审美者心理上的反感和抵触。

① 潘运告：《清代画论》，湖南美术出版社 2003 年版，第 336—337 页。
② 宗炳：《画山水序》，人民美术出版社 1985 年版，第 11 页。

由此可见，习近平新时代中国特色社会主义思想大众化过程中对多元社会心理和思想倾向的兼容并包，正是思想理论画卷中"留白"之道的具体运用，展现出了无穷的意境之美。这样做不仅不会削弱新时代新思想的指导地位，其"虚"中衬"实"的意境之美只会进一步强化和彰显新思想在整个多元思想理论画卷中的核心地位，更加增强习近平新时代中国特色社会主义思想对所有社会群体成员的吸引力和凝聚力。

（三）习近平新时代中国特色社会主义思想的人民主体性根本上要体现人民的实践主体地位

自从党的十九大报告凝练并提出习近平新时代中国特色社会主义思想以来，当前社会的各种媒体就有关新时代新思想的论述已经汗牛充栋。只要人们还接触媒体，就或多或少地会了解习近平新时代中国特色社会主义思想的要求和内容，从而在耳濡目染的过程中逐步成为新时代新思想的认知主体。就认知主体而言，尽管还存在着一知半解者和深刻领悟者，但最根本的是如何使认知主体转化为实践主体。实践主体是对于新时代新思想做到了知行统一的主体，也就是说，习近平新时代中国特色社会主义思想的实践主体已经能够自觉自愿地践行新时代新思想。

从社会存在和社会意识的角度看，习近平新时代中国特色社会主义思想属于社会意识的范畴，"意识一开始就是社会的产物，而且只要人们存在着，它就仍然是这种产物。"① 因此，在唯物主义的历史观看来，习近平新时代中国特色社会主义思想在凝练出来之前，就已经存在着在行为上符合新时代新思想要求的人。从历史唯物主义的观点看，离开了行为上符合新时代新思想要求的行为主体的社会存在，那么被这种社会存在所决定的新时代新思想这样的社会意识就不可能被凝练出来。但是，在新时代新思想自觉之前，那些行为符合新思想要求的主体还不能

———————

① 《马克思恩格斯选集》第 1 卷，人民出版社 2012 年版，第 161 页。

说是自觉的实践主体，因为实践的特征包含着客观现实性、自觉能动性和社会历史性。自发或盲目地遵循新思想要求的主体并不能说是自觉的实践主体。

首先，从实践活动的自觉能动性看，"从前的一切唯物主义（包括费尔巴哈的唯物主义）的主要缺点是：对对象、现实、感性，只是从客体的或者直观的形式去理解，而不是把它们当作感性的人的活动，当作实践去理解，不是从主体方面去理解。"① 从马克思的深刻分析中，我们可以看出，实践活动作为"现实的""感性的"人的活动，离不开从实践主体方面去理解。作为实践的主体，所从事的活动必须是自由的有意识的活动。自觉的实践活动离不开主体对于实践活动的意识，盲目的或自发的活动不能叫作实践活动。因此，在具体行为上符合习近平新时代中国特色社会主义思想内容的要求，而思想意识层面缺乏对于新时代新思想深刻的理解和认同，依然不能叫作"从主体方面去理解"。也就是说，社会中存在的只知道抄写一些学习笔记，而不能深刻理解和高度认同理论的内容的主体，不能称之为习近平新时代中国特色社会主义思想的实践主体，因为这样的行为主体缺乏自觉的活动意识，而离开了自觉的活动意识，就无法"从主体方面去理解"，自发的、盲目的主体不能被理解为实践活动的主体。

其次，从客观现实性看，习近平新时代中国特色社会主义思想需要体现到主体的行为上。2016 年 4 月 26 日，习近平总书记在知识分子、劳动模范、青年代表座谈会上的讲话中告诫广大青年："所有知识要转化为能力，都必须躬身实践。要坚持知行合一，注重在实践中学真知、悟真谛、加强磨练、增长本领。"任何人无论在口头上把新时代新思想喊得多么响亮、使用多么华丽的语言来描绘自己对新时代新思想的信仰，但在其行为上不能体现出来，那么他也不能成为新思想的实践主

① 《马克思恩格斯选集》第 1 卷，人民出版社 1995 年版，第 54 页。

体。子曰："听其言而观其行"（《论语·公冶长》），我们对一个人是否成为习近平新时代中国特色社会主义思想的实践主体的判断是通过他的行为，而非其言谈。仅通过言谈而漠视其社会行为，就是漠视了实践活动的客观现实性。实践活动由主体、客体和中介组成，这些组成部分都是客观的、物质的，如果新时代新思想仅存在于主体的意识世界中，那么构成实践活动的三个组成部分就缺少了两个，显然这样的主体不能称之为实践主体。

最后，就实践活动社会历史性看，习近平新时代中国特色社会主义思想的实践主体不是存在于抽象的社会存在中，他们是处于中国特色社会主义社会中的实践主体。无论从何种意义上来说，实践主体在任何时候都是人，作为实践主体的人"不是处在某种虚幻的离群索居和固定不变状态中的人，而是处在现实的、可以通过经验观察到的、在一定条件下进行的发展过程中的人"①。实践主体所从事的实践活动离不开他置身于其中的社会。习近平新时代中国特色社会主义思想包含着人类对共同的价值目标的追求，体现着人类社会的共性，但更多的是体现中国特色社会主义社会初级阶段的个性。随着我国社会的发展进步，习近平新时代中国特色社会主义思想的内涵也必将随着社会存在的发展而发展。因此对新时代新思想的践行不是封闭的，而是随着中国特色社会主义社会的发展进程呈现为开放的、动态的状态。

"哲学家们只是用不同的方式解释世界，而问题在于改变世界。"②习近平新时代中国特色社会主义思想走向大众化的一个题中应有之义，就是让新思想走出理论精英的圈子，真正成为广大人民群众自己掌握的改造世界的思想武器。掌握新时代新思想的人民群众，需要成为自觉的实践主体。实践活动的种类和形式有多种样态，而其中最具有普遍性的实践活动是物质生产实践和社会活动实践。其实践的主体力量是人民群

① 《马克思恩格斯选集》第 1 卷，人民出版社 1995 年版，第 73 页。
② 《马克思恩格斯选集》第 1 卷，人民出版社 1995 年版，第 57 页。

众，人民史观也正是马克思主义唯物史观与唯心史观的一个根本分歧，"历史活动是群众的活动，随着历史活动的深入，必将是群众队伍的扩大。"① 物质生产活动的主体是人民，执政党对国家政权的领导要具体化为领导和组织人民群众顺利地进行物质资料的生产实践活动和社会历史活动。

其一，彰显人民在物质生产实践中的主体地位。人民在生产实践中的主体地位首先体现在对物质生产资料的所有权上。离开了对物质生产资料的所有权，也就丧失了在实践活动中对生产资料的支配权和对生产成果享受的权利，此时，人民不是作为物质生产实践活动的主体，而是被物质生产实践所奴役。"不是生产者支配生产资料，而是生产资料支配生产者。"② 因此，要彰显人民在物质生产实践中的主体地位，首先要让人民同生产资料相结合，成为生产资料的主人。这里所指的"人民"，同样要首先具体化为一个个"现实的个人"，离开每一个"现实的个人"的所有权而抽象地谈生产资料归全体人民所有，同样是"空洞的抽象"。诚如黑格尔所说，"因为我的意志作为人的意志，从而作为单个人的意志，在所有权中，对我说来是成为客观的了，所以所有权获得了私人所有权的性质；共同所有权由于它的本性可变为个别所有，也获得了一种自在地可分解的共同性的规定。"③ 黑格尔在这儿所说的"共同体"所有权，是个体的"共同体"及其所有权。因此，我们要把人民对物质资料的所有权具体化为每一个"现实的个人"对于物质资料的所有权。

社会主义的经济制度，保证了人民对物质生产资料的所有权，这就为保障人民在生产实践中的主体地位提供了前提条件，但对物质生产资料的所有权要通过对生产成果的使用和享受才能得到体现。如果在法律

① 《马克思恩格斯文集》第1卷，人民出版社2009年版，第287页。
② 《马克思恩格斯选集》第3卷，人民出版社1995年版，第641页。
③ ［德］黑格尔：《法哲学原理》，范扬等译，商务印书馆1979年版，第54页。

或体制上承认人民对生产资料的所有权，而在现实性上却让少数既得利益集团或少部分人享受物质生产的成果，那么，人民在物质生产实践中的主体地位也就成为"空洞的抽象"。正如黑格尔所说："谁使用耕地，谁就是整块地的所有人。如果就对象本身承认另一个所有权，这是空洞的抽象。"① 发展成果由人民共享是彰显人民实践主体地位的关键。如果生产资料归全体人民所有，而发展成果却由少数人享用，那么对于人民来说，生产资料中的主体地位也只能是"空洞的抽象"。

其二，保障人民在社会活动实践中的主体地位。这里的社会活动实践是指除物质资料的生产活动之外的社会管理、社会改革等政治经济活动。人民成为社会历史活动的主体，是唯物史观的基本观点，也是习近平新时代中国特色社会主义思想的基本观点，党的十九大报告明确提出："发展社会主义民主政治就是要体现人民意志、保障人民权益、激发人民创造活力，用制度体系保证人民当家作主。"② "现实的个人"们总要生活在群体中，总要组织成社会的形式。"个人"们也不能亲自进行所有的社会活动，总要通过社会组织的权威机构和组成权威机构的官员们来代表他们进行社会管理、社会改革等社会历史活动。因此，人民在社会历史活动中的主体地位就表现为权威机构及其官员的主体地位。但由于官员们是为了人民的利益并在人民中产生，所以在应然上，官员们的社会实践活动等同于人民主体的社会实践活动。但在实然上，由于部分官员们的"你是准备替党说话，还是准备替老百姓说话?"③ 的思维方式的存在，使得这些官员们的社会历史实践活动已经背离了习近平新时代中国特色社会主义思想的人民主体性。克服这种状况的一条重要途径就是畅通信息沟通渠道，把官员们的所有（除涉及国家秘密外的）

---

① [德] 黑格尔：《法哲学原理》，范扬等译，商务印书馆1979年版，第68页。
② 习近平：《决胜全面建成小康社会 夺取新时代中国特色社会主义伟大胜利——在中国共产党第十九次全国代表大会上的报告》，人民出版社2017年版，第36页。
③ 任磊萍等：《记者调查经适房土地建别墅遭官员质问：替谁说话》，2009年6月17日，见 http://news.163.com/09/0617/09/5C0HSV0S0001124J.html。

公务活动，置于全体人民的监督之下。创造充分的条件，让官员们代表人民主体所进行的社会实践活动，接受并经得起人民主体的检验。同时，通过畅通的信息渠道，不同社会群体的利益诉求也能畅通地表述和传达。官员们只有从人民利益出发，在充分听取人民意见、响应人民呼声的基础上所从事的社会活动实践，才能彰显人民的主体地位。如果人民不能对自己的社会事务和国家事务发表意见，不能顺畅地表达自己的利益诉求，那么人民在社会历史中的实践主体地位也只能流于空谈。

总之，要在以习近平新时代中国特色社会主义思想为指导的、为实现伟大梦想而进行的伟大事业中真正坚持以人民为中心的思想，就是要始终坚持人民在中国特色社会主义中的价值主体地位、认识主体地位和实践主体地位。而人民主体性在任何一重维度的缺失，都将使人民主体性陷于"空洞的抽象"。

二、人民主体性视野中的"爱之欲其善"

一个社会发展的根本动力在于生产与需要之间的矛盾，而生产为了满足何种主体的需要就决定了该社会生产的性质，即生产资料归谁所有，谁享有生产成果，谁支配整个生产过程等。在中国传统社会中，"君"是最高价值的主体，这就决定了社会生产资料归"君"所有，由"君"来控制社会生产的整个过程。而在新时代中国特色社会主义社会中，价值主体是人民，生产资料归人民所有，整个社会生产的过程都要体现人民的主体性地位。成为价值主体的人才感受到自己在社会中的主人翁地位而产生爱自己的情感，而"爱之欲其善"也就表现为爱自己就让自己成为价值主体。自爱与他爱的统一就表现为让自己成为价值主体，同时也让他人成为价值主体。"每个人的自由发展是一切人的自由发展的条件。"可以表述为："每个人成为价值主体是一切人成为价值主体的条件"，如果有人永远处于价值客体的地位而不能享受到生产成果对自己需要的满足，那就说明社会存在剥削和压迫；如果存在着有人永远处于价值主体的地位，只享受别人劳动的成果对自己需要的满足，那就说明存在着特权。正如马克思所说，在存在着剥削的阶级社会里，"一些人靠另一些人来满足自己的需要，因而一些人（少数）得到了发展的垄断权；而另一些（多数）经常地为满足最迫切的需要而进行斗争，因而暂时（即在新的革命的生产力产生以前）失去了任何发展的可能性。"① 而这些都是与社会主义核心价值观的要求相违背的。

正确的自爱观应该是对于每一个人来说都应当确立的自爱观，也就是说，应该是具有普遍意义的自爱观。正如康德所说："我会愿意把我的准则当成一个既对我自己普遍有效也对别人普遍有效的规律吗？"② 确立起正确自爱观的人不仅愿意而且也包含着希望别人能够确立起这样的自爱观，这样的自爱观才符合普遍的利益。否则，如果是为少数人所得而私的自爱观，就只是符合少数人的利益，显然背离了社会主义核心价值观的价值导向，比如攫取特权的自爱观。为每一个人的自由全面发展而做到"人尽其才"的自爱观是具有普遍意义的自爱观，因为这样的自爱观包含着不仅每一个个体希望自己做到"人尽其才"，而且也包含着希望别人能够为每一个人的自由全面发展而做到"人尽其才"。

马斯洛认为人的自我实现是"成为他所能够成为的一切"③，我们也可以把自我实现理解为"人尽其才"。"人尽其才"是尽可能最大程度地实现每一个人本质力量的对象化，在不同的价值体系中，每一个人实现本质力量的对象化所满足的主体需要是不同的。在中国传统社会中，"君、父、夫"的需要是最高需要，因此，在这样的价值体系中人的自我实现就是在"国"中尽己所能地满足"君"的需要、在"家"

---

① 《马克思恩格斯全集》第 3 卷，人民出版社 2002 年版，第 507 页。

② ［德］康德：《道德形而上学基础》，孙少伟译，中国社会科学出版社 2009 年版，第 16 页。

③ ［美］马斯洛：《人性能达到的境界》，马良诚译，陕西师范大学出版社 2010 年版，第 29 页。

中尽己所能地满足"父、夫"的需要，因为在"国"中，真正处于主体地位的是"君"，"君"是一切生产资料的所有者、生产成果的最大享有者和意识形态的掌控者，广大民众根本上服从和服务于"君"对整个社会生产和生活的控制。"父、夫"在"家"中的地位相当于"君"在国中的地位，但在整个社会中都要从属于"君"的利益。因此在以"三纲"为核心的价值系统中，自我实现就是指充分地发挥"君"的主体性地位，每一位社会民众要为充分体现"君"的主体性地位而做到"人尽其才"。

而新时代中国特色社会主义的价值主体是人民，"以人民为中心的发展思想"是新时代中国特色社会主义必须长期坚持的根本理念。人民不仅是新时代中国特色社会主义的价值主体，而且也是中国特色社会主义的认识主体和实践主体。在新时代中国特色社会主义社会中，人的自我实现就是指每一个人主体性的充分发挥，让每一个人民中的个体都充分体现他的主人翁的地位，成为自己命运的主宰。在未来的理想社会中，"每个人的自由发展是一切人的自由发展的条件。"[1] 每个人的自由发展就是每个人自己在社会进程中体现自己的主体性，每个人体现自己的主体性同时也是一切人体现自己主体性的条件。不断地趋向这一理想目标的过程，就是新时代中国特色社会主义社会中的人不断趋向自我实现的过程。我国学者武天林认为：马克思主义人学认为人的全面发展包括以下主要内容：第一，个人和社会的和谐发展。第二，每个社会成员的自由发展。第三，每个人在体力和脑力方面的一切潜能都得到充分发展。第四，每个人在生活需求方面得到健康发展。第五，每个人在生存条件和活动范围方面的共同发展。第六，每个人在社会关系方面得到普遍发展。[2] 在新时代中国特色社会主义社会中，自爱的情感也就源于人趋向于自由全面发展的状况，"爱之欲其善"的自爱情感也就是希望自

① 《马克思恩格斯选集》第 1 卷，人民出版社 1995 年版，第 294 页。
② 参见武天林：《实践生成论人学》，中国社会科学出版社 2005 年版，第 321—324 页。

己能够成为自由的全面发展的人。自我实现永无止境，因此人民的自由全面的发展也永无止境。

保障每一个人在新时代中国特色社会主义社会中做到"人尽其才"就是保障每一个主体实现了其最高价值，也就是满足了每一个个体的最高层次的需要。因此，在新时代中国特色社会主义社会中，每一个个体的正确的自爱观就是：处于主体地位的个人，通过其自觉的认识活动和实践活动，实现其自由的全面的发展，同时每个人的自由全面的发展成为一切人自由全面发展的条件。自爱是对"好"我的爱，同时也包含着对"好"我的期待。在社会主义核心价值观指导下，自爱就是每一个人因为自己的自由而全面的发展而爱自己；爱自己就是让自己自由全面的发展。同时，每一个人因为自己的自由全面的发展是一切人自由全面发展的条件而爱自己；爱自己就是让自己的自由全面发展成为一切人自由全面发展的条件。换句话说，爱自己就是希望自己做到"人尽其才"同时希望自己做到"人尽其才"是其他一切人做到"人尽其才"的条件。

第二节 立德树人过程中自爱精神的培育

习近平总书记在 2016 年的全国高校思想政治工作会议上指出："要坚持把立德树人作为中心环节，把思想政治工作贯穿教育教学全过程，实现全程育人、全方位育人，努力开创我国高等教育事业发展新局面。"[①] 立德树人是教育的根本任务和思想政治工作的中心环节，自爱精神的培育从属于立德树人这个根本任务和中心环节。"爱自己不是我们与生俱来的，但我们自己有能力经过较长时间的学习在自己身上培养

---

① 《习近平总书记在全国高校思想政治工作会议上重要讲话引起热烈反响》，2016 年 12 月 10 日，见 http://tv.cctv.com/2016/12/10/VIDEzdJDCMjlSxWZ8j3b5Gaj161210.shtml。

这种能力。"① 爱自己的能力与自觉的自爱精神都不是与生俱来的，都需要有一个逐步培养的过程。每一个个体的符合社会主义核心价值观的正确自爱精神不会自动生成，总是需要在社会主义核心价值观的引导和社会有组织的教育下逐步确立。许慎在其所著《说文解字》中说："教，上所施，下所效也。""育，养子使作善也。"一个人自爱精神的生成也需要有"上施下效"的教育，教育是"教育者按照一定的社会要求，向受教育者的身心施加有目的、有计划、有组织的影响，以使受教育者发生预期变化的活动"②。自爱精神需要通过教育来培养，立德树人是教育的根本任务，将自爱精神的培养融入立德树人全过程。

一、立德树人是中国特色社会主义思想政治教育的价值指向

习近平总书记在全国高校思想政治工作会议上强调，要坚持把立德树人作为中心环节，把思想政治工作贯穿教育教学全过程，实现全程育人、全方位育人，努力开创我国高等教育事业发展新局面。早在2012年，"把立德树人作为教育的根本任务"的提法就出现在党的十八大报告中。"思想政治教育是指社会或社会群体用一定的思想观念、政治观点、道德规范对其成员施加有目的、有计划、有组织的影响，使他们形成符合一定社会、一定阶级所需要的思想品德的社会实践活动中。"③从思想政治教育的概念分析，思想政治教育的主体是社会或社会群体，而社会群体的有机组织是政党和国家。因此，在当前我国的思想政治教育就具体化为执政党把自己信奉和掌握的思想观念、政治观点和道德规范通过一定的宣传教育机构和宣传教育方式，使之贯彻到全体社会成员的实践活动中。

---

① ［德］尼娜·拉里什-海德尔：《爱自己：爱是唯一的力量》，朱刘华译，北方妇女儿童出版社2010年版，第24页。
② 南京师范大学教育系：《教育学》，人民出版社1997年版，第19页。
③ 邱伟光等：《思想政治教育学原理》，高等教育出版社2008年版，第4页。

价值是标志主体需要与客体属性之间关系的哲学范畴，具体到思想政治教育活动，其价值的主体就是政党和国家，价值客体是思想政治教育工作。思想政治教育的价值目标就是贯彻"立德树人"这种教育的根本任务，培养符合国家需要的德智体美劳全面发展的人才，根据思想政治教育在整个教育中的性质和任务，我们可以将思想政治的价值取向概括为"立德树人"。

（一）立德树人：关乎培养什么样的人以及为谁培养人的根本问题

习近平总书记在全国高校思想政治工作会议上强调，高校立身之本在于立德树人。只有培养出一流人才的高校，才能够成为世界一流大学。办好我国高校，办出世界一流大学，必须牢牢抓住全面提高人才培养能力这个核心点，并以此来带动高校其他工作。

"立德"最早出自于《左传·襄公二十四年》所讲的"三不朽"："立德、立功和立言。"对于"立德"的含义，孔颖达注疏道："立德，谓创制垂法，博施济众，圣德立于上代，惠泽被于无穷。"关于"三不朽"，国学大师钱穆先生阐释道："人生一切皆空，唯有立德不空。立功立言如画龙点睛，还须归宿到立德。德是人生唯一可能的有所得，既是得之己，还能德于人。"[1]我们今天谈到的"德"主要是指人们的思想观念、政治观点和道德品质的综合体。"德"，我们从古谈到今，随着经济关系和阶级关系的变化，"德"的内涵和外延也在不断地变化着。"道德是在一定社会经济基础之上……反映着社会和人类发展的要求，反映着特定阶级的利益。道德的内容、特征、发展和演变都是受经济关系制约的。"[2]当前，我国社会处在全面深化改革的关键时期，人们的经济关系和利益关系发生着前所未有的巨大变化，多种社会思潮竞

---

① 钱穆：《中国思想通俗讲话》，求精印务公司1962年版，第40页。
② 罗国杰：《伦理学》，人民出版社2003年版，第50页。

相流行，人们的思想政治状况陷于复杂和迷茫，思想政治教育面临的挑战空前严峻。因此，用马克思主义和中国特色社会主义理论体系等马克思主义中国化的理论成果教育广大人民群众，引导人们形成与中国特色社会主义市场经济相适应的思想状况和道德品质显得尤为紧迫。

思想政治教育在立德树人方面的地位和作用无可取代，高校思想政治教育是我国思想政治工作的重要环节，大学一年级学生必修的"思想道德修养与法律基础"课程在绪论中对大学生提出了"以德为先，德才兼备"①的要求，要求大学生能够做到用"德"来统率"才"，并以"才"支撑"德"，摆正"德""才"关系，加强思想道德修养，促进自身全面发展。尤其是其中统率"才"的"德"，关系着培养什么样的人和为谁培养人的根本问题，"根本一坏，纵然使你有一些学问和本领，也无甚用处。否则，没有道德的人，学问和本领愈大，就能为非作恶愈大"②。唐君毅先生在谈到道德哲学的目的的时候说："求了解吾人于实在世界之责任义务，了解吾人对实在世界应有何种人生理想人生目的，及吾人应如何行为，以求实现之。"③高校思想政治教育的目的就是要让大学生了解自己对于中国特色社会主义伟大事业的历史责任和义务，以及自己作为社会个体和人生价值的主体，在实现中华民族伟大复兴中国梦的过程中应该树立什么样的人生理想，应该以何种信念支撑理想目标的实现。"以德为先"的要求规定了思想政治教育在整个教育过程中的优先地位。

司马光说："才者，德之资也；德者，才之帅也。"（《资治通鉴·周纪一·威烈王二十三年》）王国维先生谈到知识与道德的关系时说："有知识而无道德，则无以得一生之福祉，而保社会之安宁，未得为完

---

① 《思想道德修养与法律基础》编写组编著：《思想道德修养与法律基础》，高等教育出版社2013年版，第7页。
② 陶行知：《陶行知全集》第四卷，四川教育出版社1991年版，第523页。
③ 唐君毅：《文化意识与道德理性》，中国社会科学出版社2005年版，第212页。

全之人物也。"① "德"与"才"的关系可以理解为体用关系或本末关系。只有立德，才能树人。

（二）立德树人：意识形态安全的重要屏障

习近平总书记说："意识形态工作是党的一项极端重要的工作。"② "德"属于上层建筑的范畴，是思想的上层建筑，是构成意识形态的重要内容。思想观念、政治观点和道德品质等作为思想的上层建筑，总是决定于一定社会的经济基础，并随着社会经济基础的变化发展而随之改变。"思想、观念、意识的生产最初是直接与人们的物质活动，与人们的物质交往，与现实生活的语言交织在一起的……表现在某一民族的政治、法律、道德、宗教、形而上学等的语言中的精神生产也是这样。"③ 自从 20 世纪 50 年代社会主义三大改造基本完成之后，我国建立了以公有制为基础的社会主义制度，从理论上讲，广大人民成为生产资料和国家的主人，也就成为"思想"的主人。从而也就成为社会主义意识形态的主体。

"统治阶级的思想在每一时代都是占统治地位的思想。这就是说，一个阶级是社会上占统治地位的物质力量，同时也是社会上占统治地位的精神力量。支配着物质生产资料的阶级，同时也支配着精神生产资料"④。思想观念、政治观点和道德品质这些思想的上层建筑既是对广大人民社会物质生活实践的反映，也是广大人民用以改变社会和改善自身生活状况的思想武器。中国共产党是植根于人民、孕育于人民的先锋队组织，是与人民休戚与共的先进政党，而不是独立于人民的特殊利益群体。习近平同志在 2016 年的七一讲话中谈道："坚持不忘初心、继续

---

① 田正平等：《中国教育经典解读》，上海教育出版社 2005 年版，第 467 页。
② 《习近平谈治国理政》，外文出版社 2014 年版，第 153 页。
③ 《马克思恩格斯选集》第 1 卷，人民出版社 1995 年版，第 72 页。
④ 《马克思恩格斯选集》第 1 卷，人民出版社 1995 年版，第 98 页。

前进，就要坚信党的根基在人民、党的力量在人民……不断把为人民造福事业推向前进。"① 从党和人民休戚与共的关系看，广大人民的思想观念、政治观点和道德品质也就和党的意识形态主张高度一致。在当前，最根本的就是要坚持马克思主义的指导思想，用马克思主义中国化的最新理论成果武装自己的思想。高校思想政治教育是对大学生做好马克思主义理论教育的主阵地，是将马克思主义理论从书本和教材搬进课堂并进入学生头脑的重要环节，因此，高校思想政治教育也就成为立德树人的重要环节。马克思主义理论能否进入学生头脑，也就决定了各种非马克思主义社会思潮的影响程度。马克思主义是中国共产党立党立国的根本指导思想，决不能背离或放弃马克思主义，否则中国特色社会主义事业会迷失方向。习近平总书记强调，在坚持马克思主义指导地位这一根本问题上，我们必须坚定不移，任何时候任何情况下都不能有丝毫动摇。大学生这块田地，不是禾苗茂盛生长，就是杂草丛生。在这场无硝烟的战场中，各种非马克思主义思潮的杂草与马克思主义的禾苗在思想领域激烈地争夺着自己的受众。高校思想政治教育的一项主要任务就是在大学生的头脑中除草护苗，通过马克思主义理论的宣传教育，维护马克思主义在意识形态的领导地位。

无疑，一种以"普遍性"自居的价值观念正在悄然影响着广大青年学生的思想观念。这种观点认为思想观念、道德品质等意识形态是中立的，是凌驾于任何阶级立场之上的。历史唯物主义认为，任何意识形态都是有阶级性的，那种普遍的、一般的意识形态只是统治者粉饰自己思想的一种方式，"统治阶级为了反对被压迫阶级的个人，把它们（指法律、道德等）提出来作为生活准则，一则是作为对自己统治的粉饰或意识，一则是作为这种统治的道德手段。"② 认为思想的意识形态具

---

① 习近平：《在庆祝中国共产党成立 95 周年大会上的讲话》，人民出版社 2016 年版，第18 页。

② 《马克思恩格斯全集》第 3 卷，人民出版社 2002 年版，第 492 页。

有普遍性的观点是历史唯心主义历史观的表现，对此，马克思恩格斯曾以科学的历史唯物主义的态度予以严厉的批判。思想观念、道德品质等思想的上层建筑离不开决定它的经济基础，也离不开它所代表的社会阶级的利益。

社会主义意识形态的本质体现的是核心价值体系，社会主义价值观是在社会主义核心价值观基础上的高度凝练。"核心价值观是文化软实力的灵魂、文化软实力建设的重点。"[①] 高等学校对于国家文化软实力的建设至关重要，高校思想政治教育关乎国家文化软实力发展的性质和方向。高等学校的思想政治教育工作是引导大学生树立社会主义核心价值观的有效途径，高等教育的教育对象对社会主义核心价值观的态度决定着核心价值观的生命力、凝聚力和感召力。"青年的价值取向决定了未来整个社会的价值取向，而青年又处在价值观形成和确立的时期，抓好这一时期的价值观养成十分重要。"[②] 也可以说，对青年学生的社会主义核心价值观教育是整个社会主义核心价值观大众化的中心环节，这也就凸显了高校思想政治教育在培育和践行社会主义核心价值观过程中的重要地位。"一定的意识形式的解体足以使整个时代覆灭。"[③] 马克思的话并非危言耸听，正如习近平同志所说："培育和弘扬核心价值观，有效整合社会意识，是社会系统得以正常运转、社会秩序得以有效维护的重要途径，也是国家治理体系和治理能力的重要方面。"[④] 旗帜鲜明地维护中国特色社会主义的意识形态安全，巩固以马克思主义为指导的思想上层建筑的地位，也就是维护社会的和谐稳定和国家的长治久安，对此，我们已经形成共识。高等学校的思想政治教育工作在传播马克思主义理论、培育社会主义核心价值观的过程中立德树人，为维护中国特

---

① 《习近平谈治国理政》，外文出版社 2014 年版，第 163 页。
② 《习近平谈治国理政》，外文出版社 2014 年版，第 172 页。
③ 《马克思恩格斯全集》第 30 卷，人民出版社 1995 年版，第 539 页。
④ 《习近平谈治国理政》，外文出版社 2014 年版，第 163 页。

色社会主义的意识形态安全树立起了一道坚固的屏障。

（三）立德树人：高校发展方向与我国发展目标的结合点

习近平总书记在全国高校思想政治工作会议上强调："我国高等教育发展方向要同我国发展的现实目标和未来方向紧密联系在一起，为人民服务，为中国共产党治国理政服务，为巩固和发展中国特色社会主义制度服务，为改革开放和社会主义现代化建设服务。"① 毋庸置疑，高校存在的根本价值就在于培养人，即为中国特色社会主义事业培养德才兼备、全面发展的社会主义新人。立德树人是高校的立校之本，高校要紧紧围绕立德树人的根本任务，将马克思主义和中国特色社会主义理论体系从书本和教材输入学生的头脑。将立德树人融入高等教育的全过程，立中国特色社会主义之德，树中国特色社会主义伟大事业之人。

习近平总书记在2014年5月同北京大学师生座谈时说："大学是一个研究学问、探索真理的地方。"② 高校研究学问、探索真理的根本目的是为了立德树人，因此，在研究学问、探索真理的过程中要避免空洞的说教，避免将思想政治教育流于形式。而要为学生的健康发展提供良好的成长环境，"所谓良好的环境，从促进自我实现或者促进健康的角度来看应该是这样的：提供所有必需的原料，然后放开手脚，让机体自己表达自己的愿望、要求、自己进行选择（切莫忘记，有机体经常选择自我克制和延误，以有利于他人等等；而他人也有要求和愿望）。"③ 当然，马斯洛所说的"机体自己表达自己的愿望"，我们可以理解为让学生自己表达自己的愿望、要求、自己进行选择。但在学生对各种社会思潮的接受方面不能放任自流，让学生自由地表达和选择是为了更好地

---

① 《习近平谈治国理政》第二卷，外文出版社2017年版，第376—377页。
② 《习近平谈治国理政》，外文出版社2014年版，第167页。
③ ［美］马斯洛：《动机与人格》，马良诚等译，陕西师范大学出版社2010年版，第206页。

掌握学生的思想状况，是为了让学生的思想倾向更清晰地表露在教育者的面前，从而实现教育对象的主体化。"思想政治教育对象主体化是指教育对象的因素转化为思想政治教育者的思维要素的过程。教育对象的思想品德实际及其变化发展现象被思想政治教育者所认识和掌握，就会改变或者丰富思想政治教育者自己的认识与观念。"① 思想政治教育的主体应当根据教育对象的思想状况，有针对性地在马克思主义理论的指导下，分析各种社会思潮的思想实质，在比较鉴别的基础上增强对马克思主义的信心，正如习近平总书记所说："要抓好理论学习，通过坚持不懈学习，学会运用马克思主义立场、观点、方法观察和解决问题，坚定理想信念。"②

以德树人最现实的意义就在于为中国特色社会主义伟大事业培养越来越多的全面发展的人才。以德树人的重心在德上，习近平总书记说："精神的力量是无穷的，道德的力量也是无穷的。"③ "德"首先是一种精神的力量，但"理论一经掌握群众，也会变成物质力量"④。"事物的价值最终是满足人的欲望的东西，是作为实现人的某些目的之手段而有用、有意义的东西。与此不同，伦理价值同人格及其行为、人际关系、集团、社会的事件相联系。而且，伦理价值构成了人的生活的基本目的（不是别的什么目的的手段）。伦理价值构成人的生活的规范和理想，并表现为义务（'应该实现'）和命令（'使其实现'）"。⑤ 思想政治教育的成果不在于培养学生的职业技能和科学知识的积累，它独特的价值就在于以其独特的精神魅力掌握尽可能多的受众，使精神的力量转化为物质力量。这种价值虽不同于具体事物的价值和科学知识的价值，但

---

① 邱伟光等：《思想政治教育学原理》，高等教育出版社 2008 年版，第 169 页。
② 《习近平谈治国理政》，外文出版社 2014 年版，第 154 页。
③ 《习近平谈治国理政》，外文出版社 2014 年版，第 158 页。
④ 《马克思恩格斯选集》第 1 卷，人民出版社 1995 年版，第 9 页。
⑤ ［日］岩崎等主编：《人的尊严、价值及自我实现》，刘奔译，当代中国出版社 1993 年版，第 73 页。

这种伦理的或精神的价值对于客观世界的改造不仅是必不可少的，而且是能量巨大的。"伦理本质上是与价值相联系的。伦理指明人间的个人和共同生活中什么是所希望的、什么是值得实现的。但是，有诸多的价值。价值大概可以大致地区别为事物的价值、社会—政治的价值、精神的价值。"① 历史唯物主义的观点认为，意识形态构成的思想上层建筑是由经济基础决定的，同时对于决定它的经济基础又有巨大的反作用。对于否认意识形态反作用的观点，恩格斯在致弗·梅林的信中写道："与此有关的还有思想家们的一个愚蠢观念。这就是：因为我们否认在历史中起作用的各种意识形态领域有独立的历史发展，所以我们也否认它们对历史有任何影响。这是由于通常把原因和结果非辩证地看作僵硬对立的两极，完全忘记了相互作用。这些先生常常几乎是故意地忘记，一种历史因素一旦被其他的、归根到底是经济的原因造成了，它也就起作用，就能够对它的环境，甚至对产生它的原因发生反作用。"② 意识形态"对产生它的原因发生反作用"，就对决定其性质与特点的经济基础起反作用。中国特色社会主义的意识形态当然由中国特色社会主义的经济基础所决定，但其自身也有相对独立的形式和发展规律，思想政治教育工作在立德树人的过程中维护意识形态的安全，也就是为了保证中国特色社会主义的意识形态对中国特色社会主义伟大事业的促进作用，而在此过程中，要始终防止其他社会思潮对中国特色社会主义事业的负面干扰，保证教育事业的发展和人才培养工作与国家的发展方向和发展需要相一致。

二、执政党是自爱精神培育的先行者

十九大报告强调的"十四个坚持"中的第一个坚持是："坚持党对

---

① ［日］岩崎等主编：《人的尊严、价值及自我实现》，刘奔译，当代中国出版社 1993 年版，第 73 页。

② 《马克思恩格斯选集》第 4 卷，人民出版社 1995 年版，第 728 页。

一切工作的领导。党政军民学，东西南北中，党是领导一切的。"① 立德树人这个根本任务和中心环节需要在党的领导下完成，融会于立德树人全过程的自爱精神的培育，当然也得在党的领导下才能顺利推进。习近平总书记在党的十九大报告中谈到培育和践行社会主义核心价值观时指出："坚持全民行动、干部带头，从家庭做起，从娃娃抓起。"② 总书记所强调的"干部带头"首先是党员干部带头。中国共产党不仅是工人阶级的先锋队，而且也是中华民族和中国人民的先锋队。从应然上讲，先锋队的性质决定了党的成员是首先掌握社会主义核心价值观的群体，也是首先确立起全心全意为人民服务的宗旨的群体，因此也是首先确立了为每个人的自由全面发展而做到"人尽其才"的正确自爱观的群体。由此可见，首先在应然上讲，中国共产党的成员是立德树人的主体，同时也是全社会自爱精神培育的主体。

除此之外，还有些并非党的成员，但也通过自身的修养而确立起正确自爱观的社会先进分子，他们也是正确自爱观的教育主体。但毫无疑问，中国共产党及其成员是进行正确自爱观教育的主要主体或核心主体。"身教重于言教"，作为教育主体，执政党成员的以身作则对于正确自爱观的教育效果有着至关重要的影响，为此，需要消除一切有悖于以身作则的行为和现象。在应然上，共产党员以为人民服务为宗旨，因此共产党员没有自己的私利，他们以人民的利益为自己的利益。但在实然上，有些执政党的成员不仅没有把人民的利益作为自己的利益，还把自己的利益凌驾于人民利益之上，这就是我们当前社会中存在的特权现象。特权不具有正确自爱观的那种普遍性，特权者不希望与他拥有同样特权的人越来越多，因为所有的人都享有特权实际上是没有特权，特权

---

① 习近平：《决胜全面建成小康社会　夺取新时代中国特色社会主义伟大胜利——在中国共产党第十九次全国代表大会上的报告》，人民出版社 2017 年版，第 20 页。

② 习近平：《决胜全面建成小康社会　夺取新时代中国特色社会主义伟大胜利——在中国共产党第十九次全国代表大会上的报告》，人民出版社 2017 年版，第 42 页。

的拥有者千方百计地保护或扩大自己的特权，因此成为正确自爱观生成的巨大障碍。特权现象的存在严重损害了教育主体在被教育者心目中的形象，造成了"上梁不正下梁歪"的现象，实际上也使教育主体丧失了在正确自爱观教育活动中的主体资格。为了重塑教育主体的地位，避免特权现象对执政党先进性形象的损毁，我们有必要深刻分析当前执政党中存在的特权现象对正确自爱观教育的负面影响。

特权现象是让人深恶痛绝的一个社会顽疾，因为特权者所享有的特权是建立在对普通人权利的侵犯基础之上的。什么是特权呢？特权是："（1）指剥削阶级国家法律上允许统治者个人、等级或社会集团，在经济、政治和其他方面享有的特殊权利。是阶级不平等在法律上的表现。随着氏族公社的解体，私有制、阶级和国家的产生开始形成。它的经济基础是对生产资料的占有和支配。……（2）指社会主义国家实际生活中存在的特权现象。在中国，由于几千年来封建社会的影响，以及我国社会主义国家制度中存在的某些不够完善的地方，特权思想和特权现象还仍然存在。但任何超越或凌驾于法律之上的特权，都是同社会主义民主制不相容的。社会主义制度通过自身的不断改革和完善，必将彻底铲除任何形式的特权现象。"[1] 多种辞书上的意思大都和这个解释差不多。从辞书上的解释我们可以得知，特权主要存在于有剥削阶级存在的社会，与社会主义是不相容的，与社会主义核心价值观的要求是相悖的。但在社会主义国家实际上确实还存在着特权现象，它是传统的剥削阶级思想的遗留和现阶段国家制度不完善的表现。社会主义社会存在的特权现象又不同于剥削阶级社会中的特权现象，因为剥削阶级社会的生产资料私有制保证了它的特权在法律上的合法性，但社会主义公有制已经消除了特权现象存在的经济基础，因此社会主义社会中存在的特权现象不仅没有经济基础，而且也缺乏法律保证，是一种不合理也不合法的现

---

① 金炳华主编：《马克思主义哲学大辞典》，上海辞书出版社 2003 年版，第 343 页。

象。《特权论》的作者对特权作了如下界说："特权是指个人或集团凭借经济势力、政治地位、身份等而在经济、政治、文化等领域所享有的特殊权利或权力。这些权利或权力有的为法律所规定，有的在法律规定之外，并且都是建立在对这些权利或权力的分配的不公平的基础之上的；在阶级对立社会则是建立在人对人的剥削与压迫的基础之上的，并且归根结蒂是由生产资料私有制所决定的。"① 需要指出的是，法律规定之内的特权存在于剥削阶级的社会，在我国的社会主义社会，《宪法》中"中华人民共和国的一切权力属于人民"的规定和"法律面前人人平等"的原则已经把特权排斥在合法性之外。

洛克曾经肯定过为公众谋福利的特权，"这种权力，当它为社会的福利并符合政府所受的委托和它的目的而被运用时，便是真正的特权，绝对不会受到质难。"② 但如果特权不是为了公众的利益而是为了私人的目的，就应当被限制，"为他们私人的目的而不是为公共福利而利用这种权力的时候，人民就不得不以明文的法律就他们认为不利于他们的各个方面对特权加以规定。"③ 在我国当前社会，人们所诟病的不是为公众利益而享有的"特权"，比如校车优先通行的"特权"就获得社会的普遍认可，这种"特权"也一般不被理解为特权。人们深恶痛绝并认为有必要加以限制的是凭借个人的政治地位而在经济、政治、文化领域享有优先为自己谋取利益的特权现象。这种特权现象对于正确自爱观的负面影响主要有以下几点。

第一，特权现象严重损害了正确自爱观教育的主体在被教育者心目中的形象。我们已经说过，中国共产党的先锋队性质决定了党的成员是首先掌握符合社会主义核心价值观要求的正确自爱观的主体，因此也就成为正确自爱观的教育和灌输的主体。中国共产党作为执政党，代表人

---

① 李守庸等：《特权论》，湖北人民出版社 2003 年版，第 28 页。
② ［英］洛克：《政府论》下篇，瞿菊农译，商务印书馆 2011 年版，第 103 页。
③ ［英］洛克：《政府论》下篇，瞿菊农译，商务印书馆 2011 年版，第 103 页。

民组织和管理国家政权，尽管各级国家机关中掌握权力的人也包括民主党派和无党派人士以及群众，但是在人民群众的心目中，掌握国家权力的人通常被认为是执政党的成员。因此，特权现象不仅使享有特权的个人在人民群众心目中的形象受损，而且也将影响整个执政党在人民群众心目中的先进性形象。"身教重于言教"的老话告诉我们，教育者能否做到以身作则，将在很大程度上影响教育的效果。在社会主义核心价值观条件下，执政党及其成员是正确自爱观的教育主体，因此执政党及其成员能否在人民群众面前做到以身作则就决定着正确自爱观能否生成的教育效果。特权者显然不是正确自爱观的践行者，但在人民群众的心目中，他们依然是正确自爱观的教育主体，正如许慎在其所著的《说文解字》中说："教，上所施，下所效也。"特权者在现实生活中背离社会主义核心价值观要求的正确自爱观的表现，也就成为被教育者效仿的对象，而这样所导致的结果就是正确自爱观的教育流于空谈。当然，并不是教育主体中的每一个成员都是特权者，但由于教育主体中存在着部分特权者就会影响整个教育主体的形象。因此，如果特权现象不能消除，那么我们所期待的大多数人生成符合社会主义核心价值观要求的正确自爱观就难以成为现实。

第二，特权现象使被教育者的生活体验严重背离社会主义核心价值观的要求。符合社会主义核心价值观要求的正确自爱观是：要求正确自爱观的主体为每一个人的自由全面发展而做到"人尽其才"。但特权者显然不是为了他人的利益，因为特权的实质是利用公权力为个人谋取私利，根本上属于一种腐败现象。在法国大革命中为抨击教士、贵族这两个特权等级而写了《论特权·第三等级是什么?》的西耶斯写道："当君主赋予一个公民以特权者的特征，从这时起，他便把这个公民的心灵引向一种个人利益，并且或多或少地使它对公共利益不再关心。"[①] 在

---

① ［法］西耶斯：《论特权·第三等级是什么?》，冯棠译，商务印书馆1997年版，第6页。

他看来，特权本身就是公共利益的对立面。"特权等级的成员占有名利双收的那些职位。"① "他们的目的不是保卫普遍利益，而是保卫特殊利益，所以他们的原则和目的和国民是格格不入的。"② 总之，"所有特权都是不公正的，令人憎恶的，与整个政治社会的最高目的背道而驰。"③ 在我国当前表现出来的特权现象中，特权者不是利用他手中的公权力为每一个人的自由全面发展谋福利，也不是在践行全心全意为人民服务的宗旨，而仅仅是为了他个人需要的满足，因此根本上不是自爱而是一种自私的行为。特权实际上是对普通人平等权利的剥夺，因此也就使得被剥夺平等权的普通人的内心感受到了一种愤怒。对于这种内心被特权现象激怒的人进行"为每一个人的自由全面发展而做到人尽其才"的正确自爱观的教育，就很容易引起他们内心对教育内容的质疑。无疑，存在着看到教育内容和现实之间的巨大反差而决心以自己所受的教育来改变社会现实的受教育者，但由于生活体验和教育内容的反差，而不能使教育内容在被教育者的内心产生共鸣，因此这样的教育效果也是难以保证的。

第三，特权者被作为模仿的榜样而加剧了被教育者自我意识的"物化"。林语堂先生曾将特权者享有的特权称为"面子"，"因为现在他有了面子，他站立于超越乎法律与宪法的地位，交通规则和博物院章程于他微不足道。"④ 普通人不能享有的权利特权者可以享有，普通人不能避免的惩罚特权者可以避免，特权者在社会生活中要足了面子，"例如首都官吏，可以用每小时六十里速率开汽车，而交通规则限定每小时只许三十五里为最高速率，这就是面子。倘若他的车子撞倒了人，当警察前来，他写写意意从小皮夹掏出一张名片，优雅地微笑一下，一

① ［法］西耶斯：《论特权·第三等级是什么?》，冯棠译，商务印书馆1997年版，第21页。
② ［法］西耶斯：《论特权·第三等级是什么?》，冯棠译，商务印书馆1997年版，第23页。
③ ［法］西耶斯：《论特权·第三等级是什么?》，冯棠译，商务印书馆1997年版，第3页。
④ 林语堂：《吾国与吾民》，黄嘉德译，陕西师范大学出版社2003年版，第142页。

声不发地拨开机轮，驶开去了，那他的面子才大得了不得。倘若这警察不愿给他面子，假装不认识他，这位官老爷乃开口打其官话，询问他可认识本人的老子否？说罢，歪歪嘴，吩咐车夫开车，那么他的面子更大了。再倘若这警察坚持须把这车夫带入局，于是这官员打个电话给警察局长，局长便将车夫开释，而下令把那小警察革职，因为他有眼竟不识泰山，于是而他的面子真是大得和'天官赐福'一样了。"① "面子"是给人看的，特权者所享有的特权也是要展示给人的，一部分特权者也需要在他人面前"炫耀"才能体会到特权给他带来的快乐。特权者所凭借的主要是自己在政治领域的地位，根本上依靠的是权力。在权力的拥有方面达到一定的程度后，就可以享有普通人所享受不到的特殊待遇，就可以避免普通人想免除而避免不了的处罚或难堪。"一种牺牲公共幸福而有利于特权阶级的个人幸福已经形成，构成这种个人幸福的是一种优越地位的诱人魅力，享有这种优越地位的人为数极少，向往它的人为数众多。"② 特权者所拥有的特权虽为普通人所诟病，但无疑也在无形中为普通人树立了榜样。要想像特权者一样可以享受特权，那就需要想方设法地加入特权者的行列。而成为特权者需要具备的条件也就成为他们的直接追求目标。因此，受教育者中想成为特权者的人实际上也就把权力尤其是能够享有特权的权力作为自己最直接的价值目标。而此价值目标逐渐地成了个体需要的核心并呈现为个体自我意识中最优势的需要，于是人的需要在其自我意识的自觉中就被"物化"为对权力的需要。"为每一个人的自由全面发展而做到人尽其才"的自我实现的需要被"物化"的需要所遮蔽。因此，以特权者为榜样的受教育者是不可能确立起符合社会主义核心价值观要求的正确自爱观的。

适合特权思想和特权现象存在的价值体系已经成为过去，执政党是中国优秀传统文化的继承者，但特权思想是中国传统思想中不能被冠以

① 林语堂：《吾国与吾民》，黄嘉德译，陕西师范大学出版社 2003 年版，第 142—143 页。
② ［法］西耶斯：《论特权·第三等级是什么？》，冯棠译，商务印书馆 1997 年版，第 8 页。

"优秀"称号的传统，因此也不是执政党应该继承的思想传统。当前存在的特权思想实际上是受到传统没落的价值体系影响的人表现出来的。存在于执政党中的这部分人要是不能改变自己不符合社会主义核心价值观要求的价值观念，就需要被清理出先锋队的队伍，以保持党的纯洁性。而随着有特权思想的人对自己价值观的改造或被清除，正确自爱观的教育将能够获得我们所期待的成功。

三、发挥灌输在自爱精神培育中的积极作用

自爱观从属于价值观，离不开社会核心价值体系的引导。而社会主义核心价值观不是在人们的头脑中自发产生的，它需要通过教育或引导从外面灌输到人们的头脑中，从而成为人们行动的指南。正如列宁所说："工人本来也不可能有社会民主主义的意识。这种意识只能从外面灌输进去，各国的历史都证明：工人阶级单靠自己本身的力量，只能形成工联主义的意识"[①]。社会主义的意识不能靠工人自己自发地在头脑中产生，在今天，社会主义核心价值观也不能自发地在每一个社会个体的头脑中自发地产生。从社会主义核心价值观的提出过程来看，首先是党的理论工作者掌握，而对于广大人民群众来说，则需要将社会主义核心价值观的内容灌输给他们。

（一）对灌输的理解

灌输是进行思想政治教育的重要原则，思想政治教育学术界对于灌输也有着非常丰富的研究成果。从目前的研究成果来看，都强调了灌输的作用，但对于如何增强灌输的有效性却众说纷纭。特别是，有些学者为了说明灌输方式的重要性，把本不属于灌输的特征的主体间性、启发式教育等也说成是灌输本身所具备的。为了有效地利用灌输的方式进行

---

① 《列宁全集》第 6 卷，人民出版社 2013 年版，第 29 页。

思想政治教育，我们有必要对灌输作如下理解。

第一，灌输的过程就是客体主体化的过程。客体主体化指"主体依据自己的主体尺度，从物质和观念上去接触、影响、改造客体，在客体身上显现和直观自己的本质或'本质力量'，从而实现自己的发展。在这个过程中，客体愈来愈带上主体所赋予的特征，就是我们所说的'客体主体化'"①。灌输是灌输者把自己所掌握的思想理论输送到被灌输者那里，也就是让被灌输者拥有灌输者已经掌握了的思想理论，让被灌输者用灌输者的理论思考和行动。因此，这实际上就是给灌输的客体打上主体的烙印，使客体的思想、行为符合灌输的主体的要求。显然，这是一个客体主体化的过程，而且是单向的客体主体化的过程。在灌输中，灌输的主体和客体的地位不可以颠倒。因为灌输是把主体的思想输送到客体那里，而不是把客体思想输送到主体那里，因此不能互为主体，主体间性的理论在这里是不合适的。当然，往人的头脑中输送思想理论并不等同于往口袋里灌东西。口袋是不动的、不会思维的，因此也不能对灌给它的东西进行选择。而人是有主动性的，人会对输送给他的思想理论进行选择性接受。但人对灌输给他的思想的选择性并不能影响灌输的单向客体主体化属性，因为灌输的客体无论选择接受与否都不能改变灌输的内容，只会影响灌输者所采用的方式和手段。灌输的客体如果顺利接受灌输的内容，则客体主体化顺利实现；如果灌输的客体没有接受灌输的内容，则灌输的主体需要重新考虑实施灌输的方式、手段而不会改变灌输的内容，更不会转而接受客体对主体的"反灌输"。比如在中国传统社会中，统治者一定要把"三纲五常"的价值体系灌输给社会的每一个个体，但如果存在没有顺利接受的个体，统治者中的灌输者一定不会改变"三纲五常"的价值体系的内容，即不可能把"君为臣纲"的内容调整为"臣为君纲"，而是想方设法地让客体接受他们灌

---

① 李德顺：《价值论》，中国人民大学出版社 2017 年版，第 62 页。

输的内容，比如通过一定的强制措施、比如经济上的或社会声誉上的引诱等。如果灌输的主体不能顺利实现客体主体化而被灌输的客体进行了"反灌输"，比如在以"三纲"为核心的价值体系中，给已经接受了"自由、平等、博爱"思想的人灌输"君为臣纲"的思想，灌输者不仅没有取得成功，而且可能在灌输的过程中接受了被灌输者的"反灌输"，即灌输"君为臣纲"思想的灌输者成了"自由、平等、博爱"思想的被灌输者。那么就说明符合该社会核心价值体系的思想政治教育的失败。在灌输的内容上，主体和客体不能互相学习，只能是主体要求客体向主体学习。因此，灌输只能是单向的客体主体化的过程，而不能包括主体客体化的过程。

第二，灌输能否顺利进行需要被灌输者的配合。我们不妨把灌输比喻成往口袋里装东西。要顺利地把东西装进口袋，首先需要口袋的口要张开，不管口袋的口是自己张的还是在外力的帮助下张开的。其次口袋需是空的或者已经装了东西但与将要再装进去的东西不相排斥。思想理论的灌输是往人的头脑中"装"东西，这同样需要人的头脑对被灌输的东西"张开"，如果被灌输者对于灌输的内容有求知的欲望则是主动的"张开"，如果被灌输者对于灌输内容没有感觉则需要灌输者的引导。引导既包括晓之以理、动之以情，也包括物质利益的刺激和精神鼓励。如果被灌输者头脑中的认识与灌输的内容一致，则能够产生共鸣而使灌输顺利进行。如果灌输者的头脑中的认识与灌输的内容相抵触，那么就会使灌输变得非常困难。

第三，灌输是否能够成功的关键在于灌输的主体。抛开启发式或疏导式教育的方式，仅就灌输来说，被灌输者是被动的，而灌输内容也是固定的，因此，在灌输中最具有积极主动性的因素就是作为灌输主体的灌输者。"身教胜于言教"的道理要求灌输者本人一定要是他所灌输的理论的忠实践行者。如果灌输的主体"说一套、做一套"，只会引起被灌输者对灌输内容的质疑甚至是反感。马克思说："个人发展取决于和他直接或间接交往的其他一切人的发展。"① 被灌输者对灌输内容的接受不仅受到他的同伴的影响，最根本的是取决于灌输者对他的影响。也就是说，被灌输者对灌输内容的接受取决于灌输者对灌输内容的接受，灌输者对灌输内容的真正接受需要在实践活动中体现出来，因此被灌输者判断灌输者是否已经真正接受了灌输内容，不仅要通过"听其言"，更要通过"观其行"。

第四，灌输的效果还与被灌输者的生活体验密切相关。灌输者的生活实践是他的直接认识的来源。而被灌输的内容是被灌输者获得间接认识的途径，当间接认识与直接认识一致的时候，被灌输者就会对灌输的内容产生内心的共鸣，这样的灌输就容易取得成功。而当间接认识与直接认识不一致甚至正好相悖的时候，被灌输者就会感到迷茫，他或者会质疑被灌输的内容，或者会质疑他原先的认识是否正确，而接下来的生活体验就成了他检验究竟是直接认识正确还是间接认识正确的途径，因为"实践是检验真理的唯一标准"②，他需要通过他的生活实践去检验他原有的认识和他被灌输的内容究竟何者正确。比如在以"三纲五常"为核心内容的价值体系中，大多数个体都忠君孝父、夫唱妇随，而向其中的部分个体灌输"自由、平等、博爱"的思想，被灌输者就会通过自己的生活体验认为这样的思想是"异端邪说"，这样的灌输显然不能起到灌输者期待的效果。

（二）灌输在正确自爱观教育中的作用

在任何一个社会的价值体系中，社会成员都必须接受该社会的核心价值体系对他们的教育，而灌输是必不可少的环节。"统治阶级的思想在每一时代都是占统治地位的思想。这就是说，一个阶级是社会上占统治地位的物质力量，同时也是社会上占统治地位的精神力量。支配着物

---

① 《马克思恩格斯全集》第3卷，人民出版社2002年版，第515页。
② 《邓小平文选》第三卷，人民出版社1993年版，第28页。

质生产资料的阶级，同时也支配着精神生产资料，因此，那些没有精神生产资料的人的思想，一般地是隶属于这个阶级的。"① 核心价值体系是一个社会意识形态的本质体现，因此也是该社会的统治阶级支配的精神生产资料的核心。在社会主义社会中，国家的一切权力属于人民，因此人民就是我们国家的"统治阶级"，人民的思想就是我们社会占统治地位的思想。同时，我们也需要知道，人民的思想不能离开自觉的指导而自发地符合社会主义意识形态的要求，这就需要人民中的先进分子，即首先掌握先进理论的党的理论工作者们从"外面"把社会主义意识形态的内容灌输给人民。

毛泽东在《论持久战》中谈到抗日的政治动员时说："什么是政治动员呢？首先是把战争的政治目的告诉军队和人民。必须使每个士兵每个人都明白为什么要打仗，打仗和他们有什么关系。……必须把这个目的告诉一切军民人等，方能造成抗日的热潮，使几万万人齐心一致，贡献一切给战争。"② 在社会主义核心价值观实现大众化的过程中，需要把社会主义核心价值观要实现的价值目标、社会主义核心价值观与人民利益之间的关系告诉广大人民群众，只有让人民群众深刻理解并认同核心价值体系的要求与他们的利益诉求相一致，才能使他们齐心一致，为践行社会主义核心价值观而贡献力量。

从整体上灌输社会主义核心价值观的内容和要求，就为被灌输者生成正确的自爱观创造了价值观的条件。但是这还不够，还需要把什么是自爱、什么是社会主义核心价值观要求的正确的自爱观灌输给被灌输者。起初，一个人对自己的爱的情感是自发的，他会因为自己吃得饱、穿得暖等多种原因而爱自己，也会为自己确定诸如此类不同的价值目标并以实现这些价值目标为快乐。而为每一个人的自由全面的发展而做到"人尽其才"的自爱观必须通过灌输才能被个体所掌握，因为这是在理

---

① 《马克思恩格斯选集》第 1 卷，人民出版社 1995 年版，第 98 页。
② 《毛泽东选集》第二卷，人民出版社 1991 年版，第 481 页。

性思维的基础上才能产生的科学的价值观。并不是每一个人的理论思维水平都一样，总有人首先确立正确的自爱观而有更多的人的自爱观还处于自发的状态。首先确立正确的自爱观的人是对社会发展规律有了深刻的把握、对于社会主义核心价值观有了透彻的理解，这些人当然是我们社会中的先进分子，他们包括党的理论工作者和承担着党的思想理论宣传教育任务的思想政治教育工作者。这些首先确立了正确自爱观的人就成了自爱观教育中灌输的主体，而其他人则成了被灌输的客体。成功的灌输是被灌输者认同并接受灌输者输送给他们的思想理论，并自觉地把这些思想理论作为自己行动的指南，"一切教育所关心的都是改造人，即改变人的素质，教育就是要强化或形成人的某些冲动，同时削弱或消除另外一些冲动。就是说，教育是企图使人的某些观念具有更大的快乐色调，相反，对于另一些观念则尽可能地使之减少快乐色调，甚至使它们成为非常令人不快的。"① 正确自爱观的灌输就是要强化个体对于自我实现的快乐、以自己为每一个人的自由全面发展而做到"人尽其才"而感到快乐；同时逐渐地减少个体只关注于自身短期利益而产生的快乐。这是成功的灌输所产生的效果。我们不可否认，灌输并不一定总能成功，不成功的灌输并不能使被灌输者确立起正确的自爱观。不成功的灌输主要是由于被灌输者对于灌输内容的误解、抵触、反感或被灌输者对于灌输者的不认可等造成的。因此，灌输是我们在进行思想政治教育中必须坚持的原则，但灌输并不是唯一的选择，我们依然需要启发和疏导等多种教育方式，我们也需要创造良好的能够提高教育有效性的教育环境。

（三）正确自爱观的灌输能否成功的关键在于执政党

正如我们在前面已经说过的，灌输能否成功的关键在于灌输的主

---

① ［德］石里克：《伦理学问题》，张国珍等译，商务印书馆 1997 年版，第 112 页。

体，因此，在社会主义核心价值观条件下，正确自爱观能否灌输成功，就取决于中国共产党及其成员是否能做到以身作则，不仅在社会实践中成为社会主义核心价值观的践行主体，而且也成为正确自爱观的践行主体。这就要求用社会主义核心价值观武装全党，及时把不符合先锋队性质而"混入"先锋队中的不合格成员清除出去，坚决摒弃周久耕式的戴着名表、抽着名烟而打着党的旗号在人民群众面前进行自爱观灌输的主体，党要采取果断措施保持自己的纯洁性，否则就丧失了在被灌输者眼中的先进性，使得被灌输者头脑的"口袋"在接受灌输时自动地"闭合"。灌输的效果还与被灌输者的生活体验密切相关，这就要求作为社会的组织者和管理者的执政党要努力创造使每一个社会成员都能够做到"人尽其才"的社会环境，下大决心改革不利于"人尽其才"的机制和体制，打破用人制度中"任人唯亲""任人唯钱"的不正当现象，使每一个人都能找到适合展现自己才能的岗位，坚决杜绝不符合岗位要求的"关系户"占据待遇好而又社会关注度高的社会管理岗位，否则，将会使被灌输者的生活体验与社会主义核心价值观的要求不相一致，导致灌输的困难和整个思想政治教育的失败。

正确自爱观的确立需要灌输，但灌输不是教育的全部，对社会主义核心价值观和正确自爱观的灌输仅仅是自爱教育的一部分。灌输是否成功影响着自爱教育能否顺利取得成功，但教育是一个系统工程，对自爱教育效果的影响有多种因素，任何一个环节的滞后都可能影响被教育者正确自爱观的生成。灌输的效果主要是解决了被灌输者"知"的问题，即让他们知道选择什么是对的，而选择什么是错的。从"知"到"行"要经历"情、意、信"等诸多环节，也就是说从被教育者知道什么是正确的自爱观，到在他们在实践生活中去体验自爱的情感需要经历一个复杂的过程，在任何一个环节上受阻，都将使正确自爱观的教育流于空谈。

四、创造能够让每一个人做到人尽其才的"良好社会"

马克思在《关于费尔巴哈的提纲》中写道:"有一种唯物主义学说,认为人是环境和教育的产物,因而认为改变了的人是另一种环境和改变了的教育的产物,——这种学说忘记了:环境正是由人来改变的,而教育者本人一定是受教育的。"① 这段话常常被引用来批评环境决定论。但马克思并没有否认环境与人的改变之间的辩证关系,他说:"环境的改变和人的活动的一致,只能被看作是并合理地理解为变革的实践。"② 环境是人通过实践活动改变的,因此环境也是人实践活动的对象。但人的实践活动总是在一定的环境中进行的,总要受到环境的影响,因此,环境的改变和人的改变是一种相互依存又相互否定的辩证关系。"蓬生麻中,不扶而直,白沙在涅,与之俱黑。"(《荀子·劝学》)以及俗语所言的"近朱者赤,近墨者黑",还有脍炙人口的孟母三迁的故事,都在强调环境对于人的改变作用。诚然,环境对人的改变作用并不是决定性的,而且环境也是人的实践活动的产物,因此人也可以改变不利于自身的环境。但人所处的环境毕竟是一个客观的对象性存在,尽管人的主观性活动可以改变的客观对象,依然不能改变其存在的客观性。因此,尽管人可以在自己价值观的指导下去改变自己所处的环境,但这毕竟是少数先进分子才能做到的,比如身处帝制环境中的孙中山、比如身处半殖民地半封建社会中的中国共产党人。但对于大多数人来说,环境对于他们的价值观的形成所具有的影响依然是巨大的。

对于环境的作用,弗洛姆论述道:"一个人是否在精神上健康,这并不是个人的问题,而是取决于个人所处的社会结构。一个健全的社会使人能够爱他人,进行创造性的劳动,开拓自己的理性和客观认识,在体验到自己的生产性力量的基础上建立一种自我意识。一个不健全的社

---

① 《马克思恩格斯选集》第1卷,人民出版社1995年版,第59页。
② 《马克思恩格斯选集》第1卷,人民出版社1995年版,第59页。

会使人相互憎恨和不信任，使人变成为人所用和为我所用的工具，使人变成他人的附庸或机械人而剥夺了人的自我意识。"① 迪尔凯姆认为，离开自杀产生的社会根源而企图通过教育来消除自杀产生的原因，是在赋予教育一种它所没有的能力，"教育只是社会的映像和反映。教育模拟社会并以缩小的形式复制社会，而不是创造社会。当民族本身是健康的，教育就健康；但是教育和民族一起变质，它自身是不会自行改变的。如果道德环境是污浊的，由于老师们自己生活在其中，所以他们不可能不被感染，那么他们如何使他们所培养的学生接受不同于他们已经接受的指导呢？"② "当然，我们愿意相信，一种有说服力的呼声能够像魔法似的改变社会的本质；但是，在这里和在其他地方一样，无中不能生有。"③ "因此，只有在社会本身得到改造的时候，教育才能得到改造。为此，必须消除社会产生弊端的原因。"④

自爱的教育离不开社会环境。社会要提供个人自我实现的条件。教育不等同于宣传，教育是塑造人、培养人的。北京邮电大学的博士生自杀前在他的遗书中说现在的社会中靠的是金钱和权势，靠的是关系和背景，知识和能力没有用。上海海事大学的杨元元自杀前也感慨知识无用。其实质就是找不到自我实现的途径而产生的自身无意义感，这种对自身的恨的根源其实在于我们的社会不能够为每一个个体提供人尽其才的土壤。因此，离开社会环境的改变，教育的作用是非常有限的。"既然是一个以一定数量的个人以一定的方式构成的民族，就会产生一系列集体的思想和习惯，只要决定这些思想和习惯的条件不变，这些思想和习惯就保持不变。事实上，集体存在的性质必然根据其组成部分的多少和按哪一方式组成而变化，它的思想和行为的方式也随之而变化；但是

---

① ［美］弗洛姆：《健全的社会》，欧阳谦译，中国文联出版公司1988年版，第70页。
② ［法］埃米尔·迪尔凯姆：《自杀论》，冯韵文译，商务印书馆1996年版，第408页。
③ ［法］埃米尔·迪尔凯姆：《自杀论》，冯韵文译，商务印书馆1996年版，第408页。
④ ［法］埃米尔·迪尔凯姆：《自杀论》，冯韵文译，商务印书馆1996年版，第409页。

我们只能改变集体存在本身才能改变其思想和行为的方式，我们不能改变集体存在而不改变其组织结构。"① 这就是说，要改变个体的无价值感，就需要改变产生无价值感的社会条件。

在社会主义核心价值观条件下，正确的自爱观是把"为每一个人的自由全面发展而做到人尽其才"作为自己的自我实现的需要。而自我实现的需要是自我需要层次中最高层次的需要，高层次需要一般依赖于低层次需要的满足。因此，要想激发出每一个自爱主体的高层次需要，就要创造满足他们不同层次需要的社会环境，执政党作为社会管理的主体和正确自爱观教育的主体，要切实解决好与每一个人息息相关的民生问题与体制改革问题。在当前，执政党应当着力解决当前社会中突出存在的分配不公、任人唯亲等阻碍人民满足自身多层次需要的社会问题，为人民群众的自爱提供良好的社会环境，使全体人民的需要满足的程度和社会发展的速度与程度相联系，而要避免只让一部分并非通过自己诚实劳动和合法经营富裕起来的既得利益者不断地满足他们自私自利的需要，因为那样只会使贫富悬殊持续拉大，把需要得到了不同程度满足的人们置于利益对立的状态。要使全体人民在他们的生活实践中切实体验到核心价值体系与他们的利益息息相关。比如作为核心价值体系主体构成部分的中国特色社会主义共同理想要在每一个主体内心产生共鸣，就要让全体人民感受到共同理想的实现并不只是 GDP 和平均收入的增长、是和自己无关的优先掌握了社会优势资源的既得利益者财富的增长，要消除人们"自己只不过是被平均增长"的体验，要让人民切实体验到自己的需要和利益的满足与共同理想的实现不可分割。"好社会的含义就是美德能得到流行的社会。……不好的社会条件或环境条件是使我们的个人利益相互敌对或相互排斥而使我们彼此拆台的条件，或使个人满足（缺失性需要）供应短缺以致不是所有人都能满足需要，

---

① ［法］埃米尔·迪尔凯姆：《自杀论》，冯韵文译，商务印书馆 1996 年版，第 425 页。

除非以危害他人为代价。"① "'良好社会'所蕴含的另一个含义是它能够满足所有社会成员的不同要求，提供自我实现和人性完成的可能性到怎样的程度。"② 这种良好社会的形成依赖于执政党合理有序的社会管理，离开社会环境的改善而期待着良好的道德教育的效果，就像迪尔凯姆在论述如何制止自杀时所说的："就像原始人相信咒语能够把一个人变成另一个人那样，我们也默认用某些适当的话就可以改变一个人的理解力和性格，而没有意识到这种想法的肤浅。"③ 离开良好的社会条件和环境条件，每一个道德主体的自我需要就难以顺利满足，自爱的教育就只能陷于空谈。此时，期待着能够把社会主义核心价值观内化为国民信仰，就是在期待着原始人所相信的那个"咒语"。

五、自爱精神的培育要选择恰当的德育起点

"合抱之木，生于毫末；九层之台，起于累土；千里之行，始于足下。"（《老子》）正确自爱观的教育是要将"为每一个人的自由全面发展做到人尽其才"作为被教育者自我实现的需要，而自我实现这种最高层次需要是建立在低层次需要满足的基础之上的"九层之台"。教育应该遵循循序渐进的原则，因此，我们首先应该寻找到建立自我实现这种"九层之台"的"累土"，然后从低层次需要这种"毫末"开始循循善诱、逐层递进到自我实现这种"合抱之木"。

中国清代以前的传统社会的超稳定结构与每一个个体符合当时社会核心价值体系的自爱观是分不开的。自爱观从属于价值观，因此也就从属于社会的核心价值体系，只有把社会核心价值体系内化为信仰，才能自觉地确立起符合核心价值体系要求的正确自爱观，因此进行正确自爱观的教育依赖于能否成功地把社会核心价值体系内化为被教育者的信

---

① ［美］马斯洛：《动机与人格》，马良诚等译，陕西师范大学出版社 2010 年版，第 117 页。
② ［美］马斯洛：《动机与人格》，马良诚等译，陕西师范大学出版社 2010 年版，第 117 页。
③ ［法］埃米尔·迪尔凯姆：《自杀论》，冯韵文译，商务印书馆 1996 年版，第 425 页。

仰。我们今天进行正确自爱观的教育，可以借鉴传统社会的成功经验。我们可以通过最简单的对人的各领域行为提出规范的《弟子规》来作些分析。

《弟子规》对求学之人所提出的道德规范的要求，其实相当于我们今天的小学生行为规范。其中心思想围绕着孔子所说的"弟子，入则孝，出则悌，谨而信，泛爱众，而亲仁，行有余力，则以学文"（《论语·学而》）进行阐发。《弟子规》虽然最终成书在清代，但它实际上是对整个传统社会道德规范的总结。《弟子规》在总序中讲："首孝悌，次谨信，泛爱众，而亲仁，有余力，则学文"。其中"首""次"显然是描述顺序的概念。《弟子规》这样的德育顺序，在将以"三纲五常"为主要内容的核心价值体系内化为当时民众信仰的过程中起到了强大作用。

《弟子规》作为对求学之人进行德育灌输的文本，首先明确地要求道德主体做到"首孝悌"，以"百善孝为先"的情感教育作为整个德育灌输的出发点。孝的对象是父母，悌的对象是兄长，这就将道德灌输放在了家庭成员之间的情感基础上，是立足于家庭情感的亲情伦理。这实际上做到了以每个人的利益为出发点，因为人人都是子女，任何人也都需要子女的孝敬，这样的灌输很容易就能够在德育对象的内心产生共鸣，容易使道德主体把这种外在的要求内化为自己的品质。传统中国是家国同构的社会，"有父子然后有君臣"（《易经·系辞上》），父是家中的君主，君主是天下的父亲，因此，对父亲的孝和对君主的忠就内在地联系在一起。这样，《弟子规》在要求对父母的孝的同时，就内在地要求了道德行为主体对君主的忠。"君"是当时社会最高的价值主体，为满足"君"的需要就是每一个个体的最高层次的需要，为君主尽忠就是每一个人的自我实现，也是最高的"仁"。但传统社会并没有把为君主尽忠作为德育的出发点。

最高的道德规范不一定是道德教育的起点，而从满足道德主体切身利益的较低层次的道德规范开始，循序渐进地到达最高层次的道德，才容易在道德主体的内心产生共鸣，并经可信、确信到信仰。弗洛姆说："非合理的信仰其根子在于服从一种被看作是全知、全权的巨大势力，以及贬低自己的力量和能力，而合理的信仰是以相反的体验为基础的。我们相信一种思想，因为这种思想是我们自己的观察和思考的产物。"①中国传统社会的民众对以"三纲五常"为核心的价值体系的信仰确立过程，是以民众对自身切身利益的体验为基础的。因此，依据弗洛姆的观点，这样的信仰的确立，在以"三纲五常"为本质体现的意识形态占统治地位的社会形态中是合理的。

社会主义核心价值观要内化为国民信仰，也需要一个德育的过程，而德育的一个重要方式就是灌输。灌输的出发点也必须符合每一个道德主体的利益。只有符合人们利益的东西，才容易在内心产生共鸣，才能从内心深处获得认同。《弟子规》给我们的启示就是：我们不一定要把价值体系本身作为道德灌输的出发点，我们可以选择能够反映核心价值体系本质要求的、与人民群众切身利益密切相关的道德规范作为我们德育灌输的起点，然后就像《弟子规》的德育顺序一样，我们也要将社会主义的道德规范逐步地、分层次地排出顺序，我们正是要去研究通过什么样的顺序才能够循序渐进地把社会主义核心价值观内化为国民的信仰，而确定德育的出发点是我们的首要课题。

当前，我国社会还处于社会主义初级阶段，劳动尚未成为人的第一需要而只是一种谋生的手段，因此劳动的意义不在于劳动本身而在于劳动的手段性。在社会主义市场经济中，各种经济成分都是社会主义市场经济的重要组成部分，因此异化劳动也不可避免。但尽管异化劳动本身不是生活的第一需要，但我们一定要挖掘这种劳动对于人的生存和劳动者家庭的意义。我们不首先强调个体的劳动对于社会主义大厦或为人民

---

① ［美］弗洛姆：《爱的艺术》，李建鸣译，上海译文出版社 2008 年版，第 115 页。

服务的意义，而是首先强调个体的劳动对于提高或改善劳动者本人及其家庭生活的意义。这样容易使处于异化劳动中的个体不至于迷失自己的劳动所具有的价值，即明白自己的劳动不仅在于为公司创造利润，而且在为本人和家庭生活水平的提高尽一份责任。家庭归属感为从事异化劳动的个体提供了自我价值感，因此家庭责任就可以成为我们进行自爱教育的出发点。以家庭责任作为德育的出发点不同于传统社会的以"孝"为出发点，因为"孝"是单向的，依据"父为子纲"的价值观念，强调的是子女对父母的责任。而我们今天的家庭伦理已经发生了根本的变化，家庭成员的地位是平等的，因此家庭责任也不再是单向的而是双向的，即包括子女对父母的"孝"，也包括父母对子女的"养"与"教"。

"集体主义""为人民服务"等都是与"为每一个人的自由全面发展而做到人尽其才"的意思相近的表述，都是用不同的语言表述人应该满足自己的自我实现这种最高层次的需要。但教育人要满足自己的最高层次的需要不一定要从最高层次的需要本身入手，而是要选择能够将最高需要和人能切实感受到的低级需要结合起来之最佳契合点作为教育的出发点。我们可以借用费孝通先生关于各种文明之间的关系所说的"各美其美，美人之美，美美与共，天下大同"来描述自爱观教育的过程。我们发现，家庭责任感可以作为进行自爱教育的出发点，因为每个人都是家庭中的成员（暂时单身的人也是从家庭中走出来并希望自己组建家庭，孤儿以整个社会为家庭）。我们首先教育个体应该为改善家庭的生活水平和提高家庭的社会地位而做到"人尽其才"，这就是"各美其美"；然后在此基础上循循善诱地教育"老吾老以及人之老，幼吾幼以及人之幼"的推己及人的思想观念，逐渐引导被教育者不仅要满足自己及家庭的需要，而且要知道别人也都要满足自己及家庭的需要，推己及人、设身处地地为别人考虑，这就是"美人之美"；最终确立"为每一个人的自由全面发展而做到人尽其才"的自爱观，这就是"美美与共"。在这个过程中，首先在为家庭作贡献的过程中体验着自我价值感，也就在体验着自爱的情感；同时"爱之欲其善"意味着爱自己就让自己为家庭多作贡献。自爱的主体逐渐地被引导为在为每一个家庭作贡献的过程中体验自爱的情感；"爱之欲其善"也就成了爱自己就让自己为更多的家庭作贡献。最终，在为每一个人及其家庭作贡献的过程中体验自爱的情感，而"爱之欲其善"的自爱情感也就成了爱自己就让自己为每一个人的自由全面的发展而做到"人尽其才"。

六、自爱精神培育中赏罚的引导功能

"美德即知识"是广为传诵的苏格拉底的箴言。纯真的苏格拉底坚信只要人们知道什么行为是善的，他就会主动地行善，而人们的作恶乃是由于他的"无知"，苏格拉底甚至为他的"无人有意作恶"付出了生命的代价。那么美德究竟能不能等同于知识呢？我们从各种媒体已经曝光的不文明行为中可以看到，那些作"恶"的主体为自己的行为百般辩解、千方掩饰，他之所以会辩解和掩饰，就是因为他很清楚地知道他的行为会使他的名誉受到损害。他清楚地知道他的行为是不对的，但他还是做了。因此在正确自爱观的教育过程中，仅仅让被教育者知道什么是正确的自爱观是远远不够的，还必须通过适当的教育措施，尤其是运用赏善罚恶的方式，引导被教育者对教育内容的情感体验，激励他们择善弃恶。

在小悦悦事件之后，对于是否需要通过立法来惩处见死不救曾有过热烈的讨论。诚然，当前通过立法对道德冷漠进行惩罚难以成为现实，但我们依然看到人们对于"惩罚"在改善道德状况中的作用寄予了深厚的希望。无疑，奖赏使人快乐，而惩罚使人痛苦。斯宾诺莎说："凡我们想象着足以增进快乐的东西，我们将努力实现它，反之凡我们想象着违反快乐或者足以引起痛苦的东西，我们将努力祛除或者消灭它。"[①]

---

① ［荷兰］斯宾诺莎：《伦理学》，贺麟译，商务印书馆 2010 年版，第 120 页。

对于主体符合正确自爱观的行为，我们予以奖赏和赞许，使之得到快乐；对于主体违背正确自爱观的行为，我们要予以谴责和惩罚，使之感受到痛苦和难过，"人生来是一个希望自己幸福的道德无知者。他不得不和同样天性的伙伴相处，为了能和他们一起生活就必须服从某些规则。附属于这些规则的痛苦和快乐指示他生活的道路，快乐和痛苦是道德的伟大教师。"① 通过对相应行为的赏罚，可以引导被教育者尽力去实现教育内容的要求，而放弃与教育内容不相一致的行为和观念。

我们曾说过，作"恶"的主体通过损害他人和社会的利益而使自己的需要得到满足，因此作"恶"的主体没有创造社会价值而不能成为自爱的主体。但我们依然可以通过教育的方式促使作"恶"的主体进行转变，而对"恶"的行为的惩罚就是其中非常重要的教育措施。康德曾经举过这样一个例子："假定有人为自己的淫欲的爱好找借口说，如果所爱的对象和这方面的机会都出现在他面前，这种爱好就将是他完全不能抗拒的：那么，如果在他碰到这种机会的那座房子跟前树立一个绞架，以便把他在享受过淫乐之后马上吊在那上面，这时他是否还会不克制自己的爱好呢？我们可以很快猜出他将怎样回答。"② 对作"恶"主体的惩罚所造成的"痛苦"，不仅可以纠正他现时的行为，而且可以给其以后的行为形成威慑和警示，可以将正确自爱观的要求深刻地烙印到他的记忆深处。"为了让某些东西留在记忆中，人们烙印他；只有不断引起疼痛的东西，才能留在记忆中——这是地球上心理学的一条古老（可惜也是最长久）的定律。"③ 在尼采看来，惩罚所引起的痛苦是引导被教育者强化对教育内容的记忆的最有效的方式，"每当人们认为有必要记住某些东西的时候，流血、刑罚、牺牲（供奉初生子就

---

① ［美］弗兰克·梯利：《伦理学导论》，何意译，广西师范大学出版社 2002 年版，第 36 页。

② ［德］康德：《纯粹理性批判》，邓晓芒译，人民出版社 2004 年版，第 39 页。

③ ［德］尼采：《论道德的谱系·善恶之彼岸》，谢地坤等译，漓江出版社 2007 年版，第 37 页。

是这类），最可恨的黥刑（比如阉割），一切宗教祭奠中的最残酷的礼仪（所有宗教从其根本上说都是残酷的体系）——所有这一切都起源于那种本能，而这样的起源却在痛苦中表明了什么是记忆法的最有效的辅助手段。"①

诚然，通过惩罚的方式而使被教育者表现出来的行为只能是"合乎道德"的，而不能说是"出于道德"的，因为行为的动机是外在的而不是内在的。"有道德信念的人不可能想到用强制手段，即用悬赏和惩罚，使人们拥有德行……用这类手段策动起来的一切行为都绝对没有任何道德性。"② 尽管有外在的"合乎道德"的表现，但这种"合乎道德"的表现仅仅是对惩罚的恐惧所表现出来的。"总的说来，惩罚对人和动物所起的作用就是扩大恐惧，促进智慧和抑制欲望。因此，惩罚使人顺从，但却不会使人变得'善良'"。③ 但一种行为如果被不断地重复，那么就会逐渐地积淀为主体的行为习惯，行为习惯是"合乎道德"转化为"出于道德"的关键因素。

《天津日报》的"百科之窗"栏目曾经有一篇感悟文章，其所提到的案例对我们多有启发：数年前，美国丹佛动物园遇到了一个棘手的问题。动物园来了一头美丽、健壮的北极熊，但这里没有适于北极熊生活的居所。只好将它安置在一个狭小的笼子里，北极熊的活动受到了严重的限制，以致它无论往哪个方向行走，每走三步，就不得不转弯或者回头。三年后，丹佛动物园的改造最终完成。改造后的丹佛动物园，最引人注目的便是北极熊的新家：豪华宽敞，有瀑布，有洞穴，专家们认定这是最适于北极熊居住的场所。北极熊离开了狭窄的笼子，住进了美丽的新家。此后，来丹佛动物园参观的人们都发现这头北极熊有个奇特的

---

① ［德］尼采：《论道德的谱系·善恶之彼岸》，谢地坤等译，漓江出版社2007年版，第38页。

② ［德］费希特：《伦理学体系》，梁志学等译，商务印书馆2007年版，第343页。

③ ［德］尼采：《论道德的谱系·善恶之彼岸》，谢地坤等译，漓江出版社2007年版，第54页。

习性：它总是走三步，四下望望，转弯，再走三步，四下望望，转弯……该文对这段材料的感悟是：生活中，每个人都会受到外界各式各样的制约和禁锢，这并不可怕，真正可怕的是我们的内心适应了这种禁锢，从而心甘情愿地拘泥于这种禁锢。这则材料首先让我们感觉到的就是对北极熊悲惨的命运感到悲哀，为习惯思维模式的难以突破而深感遗憾。但我们不妨从正面的意义上对这则材料进行感悟，我们可以把行为主体首先当作尚没有居所的北极熊，把对行为主体表现出来的符合或不符合正确自爱观的行为所进行的奖赏或惩罚当作关北极熊的笼子。而走出笼子后的北极熊我们用来比喻经过我们赏罚引导后的行为主体。此时的行为主体已经不再需要赏罚的引导或约束了，他已经能够自觉地使自己的行为符合正确自爱观的要求，教育内容的要求已经内化为他的内在品质。

第三节　从自爱精神到自我实现

自爱精神是自爱的主体在中国精神的指引下懂得什么是真正的自爱，以及如何实现自爱并不断追求自爱的一种刚健不息的奋斗精神。习近平总书记在十九大报告中说："要以培养担当民族复兴大任的时代新人为着眼点，强化教育引导、实践养成、制度保障，发挥社会主义核心价值观对国民教育、精神文明创建、精神文化产品创作生产传播的引领作用，把社会主义核心价值观融入社会发展各方面，转化为人们的情感认同和行为习惯。"① 自爱是一种美德，自爱精神是中国精神的组成部分，当然需要在"教育引导、实践养成、制度保障"等的作用下"转化为人们的情感认同和行为习惯"。从思想政治教育的规律看，品德的形成需要"教育引导和制度保障"，但根本上是主体自身"实践养成"

---

① 习近平：《决胜全面建成小康社会　夺取新时代中国特色社会主义伟大胜利——在中国共产党第十九次全国代表大会上的报告》，人民出版社 2017 年版，第 42 页。

的过程。品德的形成要经历从外化到内化的过程，需要由行为的多次重复逐渐积淀为品质。

一、正确自爱观确立过程中的自觉自愿

自爱观是一种观念，是对于什么是自爱、怎样实现自爱等问题的总的看法和根本观点。而自爱是一种以自我价值感为根据的情感。确立正确的自爱观就是要让主体把对自己的爱建立在自己人生价值的基础之上，而不是建立在对金钱和权力等物的追求上。让自爱的情感来源于人生价值并不断转化为创造更大人生价值的行动。因此，正确自爱观最终要转化为不断创造更大人生价值的行动。创造更大的人生价值就是更大程度地满足价值主体的需要，价值主体包含了以"我"为主体以及以他人和社会为主体。我们已经论述过，"我"满足"我"的需要和满足他人与社会的需要统一于自我实现这种高层次的自我需要。自我实现表现在外在行为上就是不断地进行自我本质力量对象化的实践活动。自我实现不是为了获取报酬、不是为了留名千古，而是因为内在的为每一个人的自由全面发展而做到"人尽其才"的观念的外化，我们才能说这样的自我实现是真正的正确自爱观的外化。如果自我实现不是为了名、为了利，而是为了每一个人的自由全面发展而做到"人尽其才"，那么这样的自我实现不仅是合乎道德的行为，而且是真正道德的行为。也就是说，真正道德的行为需要具有道德的动机，这样的行为需出自主体自觉自愿的选择。"真正自由的道德行为就是出于自觉自愿，具有自觉原则与自愿原则统一、意志和理智统一的特征。一方面，道德行为符合规范是根据理性认识来的，是自觉的；另一方面，道德行为合乎规范要出于意志的自由选择，是自愿的。只有自愿地选择和自觉地遵循道德规范，才是道德上真正自由的行为。"[1] 自觉自愿的自我实现是相应的自

---

① 冯契：《人的自由与真善美·冯契文集》第三卷，华东师范大学出版社1996年版，第220页。

爱观的对象化，自爱观需要在教育和环境的影响下由主体自觉自愿地确立。

有什么样的自爱观就有什么样的爱自己的行为，我们倡导的最高境界的自爱方式就是自我实现。以自我实现为自爱方式的自爱观不能由外在的力量强迫、利诱等让主体去确立，我们只能通过教育活动的影响和环境的塑造，引导个体自己逐步确立起正确的自爱观。如果被教育者依然处于离开教育者设定的教育措施就不能自愿遵循教育内容的境地，那么就算是他选择了为每一个人的自由全面发展而做到"人尽其才"，也不能说他具有了自爱的美德。因为他的行为选择是出于外在的因素，是教育者的引导或相应的可能对自己不利的惩罚措施，所以他的行为选择是出于对自己利益的"算计"而不是出于道德的意义。"因为使一个人幸福与使一个人善是完全不同的事，为他自己的利益而使他谨慎和有远见与是他自己有德行是完全不相干的事。而是因为这个原则用以支撑道德的动机反而破坏了道德，并完全摧毁了道德的崇高，因为它把为善的动机和为恶的动机混为一谈，只是教我们更要精于算计，而完全抹杀为善与为恶之间的具体差别。"① 具有道德意义的行为不仅是"合乎道德"的，而且也是"出于道德"的，"合乎道德"的行为也许值得我们称赞和鼓励，但只有"出于道德"的行为才具有高尚的道德意义。"对于要在道德上成为善的事情来说，仅仅符合道德规律还不够充分；它还必须是为了道德规律的缘故而做出的。如若不然，那种符合就仅仅是偶然的，而且很不可靠。"② 这就要求行为选择的动机不是外在的，而是内在的，是主体自觉自愿作出的选择，是主体由自己的道德品质自然而然地流露出来的行为。"德性只能源于个体意志的自愿选择，个体人格发展和完善只能是自择自成的结果。尤其是对于一个成年人而言，如果不

---

① ［德］康德：《道德形而上学基础》，孙少伟译，中国社会科学出版社2009年版，第81—82页。

② ［德］康德：《道德形而上学基础》，孙少伟译，中国社会科学出版社2009年版，第5页。

能消解'培养者'和'被培养者'的生活境遇，就不可能有真正的德性。"①

　　自愿的行为是在主体熟知自己行为的意义后作出的选择，否则就是盲目的而不是自愿的。"自愿行为的一个必要条件就是当事人知道自己正在做什么。""一个行为只有不是由于强迫或出于无知，才被视为自愿的行为。"② 自愿地确立正确的自爱观的必要条件就是主体清楚地知道什么是自爱、怎样做才是真正的自爱。"选择和慎思在自愿行为中起着关键作用。"③ 自愿的行为选择需要经过主体的自我意识的自觉。经过主体以理性认识为特征的反思后，明确地意识到意识是"我"的意识，行为是"我"的行为，价值是"我"的价值，自爱是"我"的自爱。"我"之所以有这样的行为不是因为外在的强迫或"我"的无知，而是出自"我"内心的呼声。正如冯友兰先生所说："人做某事，了解某事是怎样一回事，此是了解，此是解；他于做某事时，自觉其是做某事，此是自觉，此是觉。"④ 一个人选择了确立正确的自爱观，他不仅应该了解正确自爱观的内容是什么，而且应该了解是他自己要确立这种自爱观。这时，他的选择不仅是自愿的，而且是自觉的。一个人自觉自愿地选择确立正确自爱观，他就是主动的，"所谓主动就是当我们内部或外部有什么事情发生，其发生乃出于我们的本性，单是通过我们的本性，对这事便可得到清楚明晰的理解。"⑤ 而在教育措施的帮助下确立的自爱观是被动的，走出"教育者"和"被教育者"的生活境遇，由主体主动确立起的自爱观才是主体内在的德性品质。

---

① 崔宜明：《道德哲学引论》，上海人民出版社 2006 年版，第 268 页。
② ［美］麦金泰尔：《伦理学简史》，龚群译，商务印书馆 2004 年版，第 108 页。
③ ［美］麦金泰尔：《伦理学简史》，龚群译，商务印书馆 2004 年版，第 108 页。
④ 冯友兰：《贞元六书》下卷，华东师范大学出版社 1996 年版，第 526 页。
⑤ ［荷兰］斯宾诺莎：《伦理学》，贺麟译，商务印书馆 2010 年版，第 97 页。

二、自爱精神的培育遵循思想政治品德的形成规律

自爱观从属于价值观，受社会核心价值体系的指导，而社会核心价值体系是该社会的主流意识形态的本质体现，因此，一个人的自爱观属于他的思想政治品德的内容。"思想政治品德是指人们在一定社会一定阶级的思想体系指导下，按照一定的言行规范行动时，集中表现在个体身上的相对稳定的心理特点、思想倾向和行为习惯的总和。"[①] 自爱观既然属于思想政治品德的内容，那么自爱观的形成也要符合思想政治品德的形成规律。一般来说，思想政治品德的形成过程是知、情、意、信、行等诸要素均衡发展、辩证运动的过程，只有在一个人身上体现出这多种因素的统一，才能说他形成了一定的思想政治品德。如果说灌输解决的是"知"的问题，那么"情、意、信"则需要通过被教育者的生活体验来形成。而"行"是"知、情、意、信"等诸因素在被教育者身上的外在表现，也只有通过行为表现才能判断一个人是否形成了思想政治品德，而行为也只有建立在"知、情、意、信"的基础上才具有思想政治品德的意义。要求行为建立在"知、情、意、信"的基础上，就是要求行为人的行为选择是自觉自愿的。能够自觉自愿地表现出符合社会主义核心价值观要求的正确自爱的行为，就说明行为人的正确自爱观已经确立起来。正确自爱观的确立过程，同样要遵循思想政治品德形成发展的规律。

首先，"思想政治品德的形成与发展是在社会实践基础上主客观因素相互平衡、相互协调的结果。"[②] 被教育者是教育的客体，但却是思想政治品德的主体。因此，教育的功能就是要让被教育者真正成为主体，教育就是要把"客体"转变为"主体"，"教育的功能，教育的目的——人的目的，人本主义的目的，与人有关的目的，在根本上就是人

---

① 邱伟光等：《思想政治教育学原理》，高等教育出版社 2008 年版，第 92 页。
② 邱伟光等：《思想政治教育学原理》，高等教育出版社 2008 年版，第 98 页。

的'自我实现'——人形成丰满的人性，人种能够达到的或个人能够达到的最高度的境界。说得浅一些就是，帮助人达到他能够达到的最佳状态。"[①] 教育的根本目的是让被教育者成为"自我实现"的主体，这就意味着被教育者不能是被动的、消极的，而是需要在外界积极的教育因素的影响下调整自己的心理、思想和行为，"只有在主客体因素都与一定社会的思想政治品德要求相互一致、相互平衡、相互协调的条件下，才可能形成良好的思想政治品德。"[②] 因此，正确自爱观的形成不仅依赖于教育主体是否灌输了正确的教育内容、是否实施了正确的教育活动等外在因素，而且也依赖于被教育者在自己的社会实践中形成的社会认识、生活体验等内在因素，只有教育者施加的外在因素与被教育者的内在因素相一致的情况下，正确的自爱观才容易形成。显然，这个过程不是一蹴而就的，被教育者通过社会实践而形成的社会认识并不是一成不变的，他不仅在实践中形成认识，而且也在超越了他的实践水平的认识的指导下进行新的实践，而在新的实践的基础上又形成新的认识。同样，社会主义核心价值观的要求也不是静态的，而是动态的、不断变化发展的，马克思主义是开放的、不断与时俱进的理论体系。以马克思主义为灵魂的社会主义核心价值观当然也是开放的、与时俱进的。因此，教育者施加的外在因素与被教育者的内在因素要在动态中实现平衡与协调，不断地实现螺旋式上升，最终促使被教育者形成正确的自爱观。马斯洛说："如果我们认为教育的首要目的是实现和唤醒存在价值，我们将会有一种新型的巨大发展。人会变得更坚强、更健康，并在很大程度上掌握他们自己的命运。对自己的生活承担更大的责任，有一套合理的价值指导自己的选择，人会主动地改造他们在其中生活的社

---

① ［美］马斯洛：《动机与人格》，马良诚等译，陕西师范大学出版社 2010 年版，第 260—261 页。

② 邱伟光等：《思想政治教育学原理》，高等教育出版社 2008 年版，第 99 页。

会。趋向心理健康的运动也是趋向精神安宁和社会和谐的运动。"① 教育者虽然是教育活动的主体，但并不能单向决定被教育者的发展过程，必须通过与被教育者内在因素的相互协调才能最终发生作用，因此，教育者需要实现和唤醒被教育者身上的"存在价值"，促使被教育者自己实现内在思想认识的矛盾运动。

其次，"思想政治品德的形成与发展是主体内在思想矛盾运动转化的结果"。② 无论是关于社会主义核心价值观的灌输，还是家庭伦理的教育，这些都是外因，而外因是条件，内因是根据，外因需要通过内因起作用。因此，正确自爱观的教育要真正体现出效果，从根本上是被教育者个人在道德修养中确立了正确的自爱观。这个过程是被教育者从不正确的、不自觉的自爱观到确立了正确的、自觉的自爱观的转变过程，这个过程是被教育者自己内心思想矛盾转化的过程，"一方面，是在社会环境和思想政治教育的影响下，主体内在的知、情、意、信、行诸要素之间，在发展方向上由不一致到一致，在发展水平上由不平衡到平衡，由相互不适应到相互适应的矛盾运动。"③ 社会主义核心价值观是由执政党提出来的，是超越了当前社会存在的带有指导性和期待性的价值体系，之所以要用社会主义核心价值观来引领社会风尚，就是因为当前的社会风尚与社会主义核心价值观的要求还有距离。由此可见，从整体上看，被教育者本身固有的思想认识尚不能达到社会主义核心价值观要求的高度，而教育者教育的内容却是符合社会主义核心价值观要求的正确自爱观。因此，被教育者获得的"知"与其他诸要素之间就存在着不一致、不平衡的地方。正确自爱观的形成，根本上要靠被教育者在自觉教育活动的影响下，使自己的诸种心理要素从不平衡走向平衡，最终实现由"知"经过"情、意、信"到"行"的统一。"另一方面，

---

① 〔美〕马斯洛：《动机与人格》，马良诚等译，陕西师范大学出版社 2010 年版，第 260 页。
② 邱伟光等：《思想政治教育学原理》，高等教育出版社 2008 年版，第 99 页。
③ 邱伟光等：《思想政治教育学原理》，高等教育出版社 2008 年版，第 99 页。

是主体当前对一定的社会思想政治品德要求的反映，同主体原有的思想政治品德状况之间的矛盾斗争和转化运动。"① 被教育者原有的自爱观与反映符合社会主义核心价值观要求的正确自爱观的认识之间矛盾运动，成为被教育者正确自爱观形成的动力。外在教育的影响正是要通过被教育者内心的这种矛盾运动而实现矛盾双方的转化，没有这种矛盾运动，外在的教育就无法发生作用。被教育者原有的自爱观与对正确自爱观的认识之间的矛盾运动，最终因正确自爱观的"势力"在外在因素与被教育者内在因素相互平衡的过程中越来越"大"，而在与原有的自爱观的矛盾运动中处于上风，因此逐渐取代被教育者原有的自爱观而确立为新的自爱观，此时，被教育者符合社会主义核心价值观要求的新的自爱观通过内在的思想矛盾运动最终确立起来了。此时，我们就能够说，被教育者已经变"要我怎样"为"我要怎样"，被教育者对正确自爱观的确立已经达到了自觉自愿。这就可以说，被教育者正确的自爱观已经生成了。

三、"爱之欲其善"是奋斗出来的

"爱之欲其善"的自爱主体对自己的爱，就是让自己尽可能地成为有价值的人，并不断地让自己的价值最大化，即"止于至善"。让自己越来越有价值，就是要通过自己的实践活动尽可能高程度地满足价值主体的需要。因此，自爱的情感就需要具体化为不断增强自己的本质力量，不断通过自己本质力量的对象化为价值主体作出更多更好的贡献。自爱的主体不断作贡献的过程同时也是满足自我最高层次的需要，即自我实现的需要的过程，对此，马斯洛论述道："只有在健康人身上才会发现，只有这种人才既向往对自己有益的东西，又向往对其他人有益的东西，而且能全心全意地享受它，并且感到满意。从享受的意义上看，

---

① 邱伟光等：《思想政治教育学原理》，高等教育出版社 2008 年版，第 100 页。

这样的人的德行本身就是他自己的报偿，他们自发地倾向做公正的事，因为这些事是他们愿意做的、他们需要做的、他们赞成的，以及做这些事是他们的享受，并且愿意继续享受下去。"① 马斯洛论述的"健康人"与我们所说的具有自爱精神的人在内涵上是完全一致的，他们将自己担负的责任与自我价值感紧密联系在一起，他们在自己承担的责任中体验着快乐，这才是真正具有自爱精神的人，马斯洛也将他们称作"具有完美人性的人"："在具有完美人性的人身上，我们发现责任和愉快是一回事，同样，工作和娱乐、自私和利他、个人主义和忘我无私，也是一回事。"② "具有完美人性的人"就是自我实现的人，他们一方面在尽自己的努力创造着价值，另一方面在自己付出努力的同时享受着自我价值感给自己带来的快乐，"爱之欲其善"的自爱情感在自我实现过程中得以完美呈现。"在对自我实现的人进行直接考察时，我发现他们毫无疑问都是忠于自己事业的人，献身于某一'他们身外的'任务，某一事业或责任，或心爱的工作。这种献身精神非常突出，我们能用事业、使命等过时的词汇恰当地说明他们对'工作'的忘我而深厚的激情和热忱。"③ 自我实现不是封闭在自我的空间之内，而是献身于"身外"的事业和责任中，同样，自爱精神也不是封闭在自我的身体和精神之内，而是要体现在自我不断创造价值的过程中。

"哲学家们只是用不同的方式解释世界，而问题在于改变世界。"④ 自爱精神作为一种刚健不息的奋斗精神，根本上要体现为自爱主体的实践行动。习近平主席在2018年新年贺词中说："要把这个蓝图变为现实，必须不驰于空想、不骛于虚声，一步一个脚印，踏踏实实干好工作。"尽管自爱是一种情感，是一种主观的东西，但这种情感产生于

① ［美］马斯洛：《动机与人格》，马良诚等译，陕西师范大学出版社2010年版，第174页。
② ［美］马斯洛：《动机与人格》，马良诚等译，陕西师范大学出版社2010年版，第176—177页。
③ ［美］马斯洛：《动机与人格》，马良诚等译，陕西师范大学出版社2010年版，第271页。
④ 《马克思恩格斯选集》第1卷，人民出版社1995年版，第61页。

"我"的价值，尤其是自爱的情感包含着对理想的"我"的期待，而要实现理想的"我"，使"我"从理想中的越来越好转化为现实中的越来越好，就需要通过"我"的实践。"爱之欲其善"从根本上说是"干出来的"。在中国特色社会主义新时代，就需要自爱主体以崇高的使命感和责任感投身于中华民族伟大复兴的历史进程中去，在实现中国梦的过程中满足自己自我实现这种最高层次的需要。"达到自我实现的人有良好的心理健康状态，他的基本需要已经得到满足，那么，是什么动机驱使他变成如此忙碌而胜任的人呢？一个原因是，所有自我实现者都有一个他们信仰的事业，另外一个原因是他们为之献身的使命。当他们说'我的工作'时，指的就是他们生活中的使命。"① 将自爱的精神转化为奋斗的事业，在为事业而不断奋斗的过程中实践着"爱之欲其善"的自爱精神，正如习近平总书记在北京大学师生座谈会上的讲话中指出的那样："要努力成为有理想、有学问、有才干的实干家，在新时代干出一番事业。我在长期工作中最深切的体会就是：社会主义是干出来的。"

---

① ［美］马斯洛：《动机与人格》，马良诚等译，陕西师范大学出版社 2010 年版，第 257 页。

参考文献

一、学术著作类

《马克思恩格斯选集》第 1 卷，人民出版社 1995 年版。

《马克思恩格斯选集》第 2 卷，人民出版社 1995 年版。

《马克思恩格斯选集》第 3 卷，人民出版社 1995 年版。

《马克思恩格斯选集》第 4 卷，人民出版社 1995 年版。

《马克思恩格斯全集》第 1 卷，人民出版社 1956 年版。

《马克思恩格斯全集》第 2 卷，人民出版社 1957 年版。

《马克思恩格斯全集》第 3 卷，人民出版社 1960 年版。

《马克思恩格斯全集》第 3 卷，人民出版社 2002 年版。

《马克思恩格斯全集》第 19 卷，人民出版社 1963 年版。

《马克思恩格斯全集》第 21 卷，人民出版社 1965 年版。

《马克思恩格斯全集》第 23 卷，人民出版社 1972 年版。

《马克思恩格斯全集》第 30 卷，人民出版社 1995 年版。

《马克思恩格斯全集》第 42 卷，人民出版社 1979 年版。

《马克思恩格斯全集》第 46 卷，人民出版社 1979 年版。

〔德〕马克思：《剩余价值学说史》第 3 卷，人民出版社 1978 年版。

〔德〕马克思：《1844 年经济学哲学手稿》，人民出版社 2000 年版。

〔德〕马克思：《资本论》，人民出版社 1975 年版。

《列宁选集》第 1 卷，人民出版社 1995 年版。

［苏联］列宁：《哲学笔记》，人民出版社 1974 年版。

《毛泽东选集》第一卷，人民出版社 1991 年版。

《毛泽东选集》第二卷，人民出版社 1991 年版。

《毛泽东选集》第三卷，人民出版社 1991 年版。

《毛泽东选集》第四卷，人民出版社 1991 年版。

《邓小平文选》第一卷，人民出版社 1989 年版。

《邓小平文选》第三卷，人民出版社 1993 年版。

《习近平谈治国理政》，外文出版社 2014 年版。

《习近平谈治国理政》第二卷，外文出版社 2017 年版。

习近平：《决胜全面建成小康社会　夺取新时代中国特色社会主义伟大胜利——在中国共产党第十九次全国代表大会上的报告》，人民出版社 2017 年版。

段玉裁：《说文解字注》，上海古籍出版社 1981 年版。

任超奇主编：《新编古汉语常用字字典》，崇文书局 2006 年版。

魏励主编：《东方汉字辨析手册》，东方出版社 1997 年版。

金炳华主编：《马克思主义哲学大辞典》，上海辞书出版社 2003 年版。

石磊、崔晓天等主编：《哲学新概念词典》，黑龙江人民出版社 1988 年版。

宋希仁、陈劳志等主编：《伦理学大辞典》，吉林人民出版社 1989 年版。

甘葆露主编：《中国伦理学百科全书·德育伦理学卷》，吉林人民出版社 1993 年版。

李淮春主编：《马克思主义哲学全书》，中国人民大学出版社 1996 年版。

罗国杰主编：《中国伦理学百科全书·伦理学原理卷》，吉林人民出版社 1993 年版。

李春秋主编:《中国小学教学百科全书·品德卷》,沈阳出版社 1993 年版。

徐少锦、温克勤主编:《伦理百科辞典》,中国广播电视出版社 1999 年版。

裴娣娜、刘翔平主编:《中国女性百科全书·文化教育卷》,东北大学出版社 1995 年版。

陈会昌主编:《中国学前教育百科全书·心理发展卷》,沈阳出版社 1995 年版。

冯契主编:《哲学大辞典》,上海辞书出版社 2001 年版。

张品兴、乔继堂主编:《人生哲学宝库》,中国广播电视出版社 1996 年版。

杨伯峻:《孟子译注》(上、下),中华书局 1960 年版。

杨伯峻:《论语译注》,中华书局 1980 年版。

洪德裕、沈晓阳、孙云:《自爱论》,华夏出版社 1989 年版。

严群:《亚里士多德之伦理思想》,商务印书馆 2003 年版。

陈新汉:《自我评价论》,上海人民出版社 2011 年版。

陈新汉:《评价论导论》,上海社会科学出版社 1995 年版。

陈新汉:《权威评价论》,上海人民出版社 2006 年版。

陈新汉:《社会评价论》,上海社会科学出版社 1997 年版。

唐君毅:《哲学概论》(下册),中国社会科学出版社 2005 年版。

唐君毅:《人生三书》,中国社会科学出版社 2005 年版。

薛德震:《人的哲学论纲》,人民出版社 2005 年版。

张岱年:《中国哲学大纲》,江苏教育出版社 2005 年版。

袁贵仁:《对人的哲学理解》,河南人民出版社 1994 年版。

曹日昌:《普通心理学》(下册),人民教育出版社 1980 年版。

王玉樑:《价值哲学新探》,陕西人民出版社 1995 年版。

冯友兰：《贞元六书》（下卷），华东师范大学出版社 1996 年版。

李德顺：《价值论》（第二版），中国人民大学出版社 2007 年版。

高宣扬：《后现代论》，中国人民大学出版社 2005 年版。

陈志尚：《人学原理》，北京出版社 2005 年版。

李中华：《中国人学思想史》，北京出版社 2005 年版。

赵敦华：《西方人学观念史》，北京出版社 2005 年版。

郭沫若：《十批判书》，中国华侨出版社 2008 年版。

费孝通：《乡土中国》，上海世纪出版集团 2007 年版。

吴飞：《浮生取义——对华北某县自杀现象的文化解读》，中国人民大学出版社 2009 年版。

李泽厚：《中国思想史论》（上），安徽文艺出版社 1999 年版。

林语堂：《吾国与吾民》，黄嘉德译，陕西师范大学出版社 2003 年版。

蔡元培：《中国人的修养》，中国工人出版社 2008 年版。

陈新汉：《坚持核心价值体系的人民主体性》，东方出版中心 2011 年版。

武天林：《实践生成论人学》，中国社会科学出版社 2005 年版。

潘运告：《清代画论》，湖南美术出版社 2003 年版。

宗炳：《画山水序》，人民美术出版社 1985 年版。

南京师范大学教育系：《教育学》，人民出版社 1997 年版。

李守庸、彭敦文：《特权论》，湖北人民出版社 2003 年版。

冯契：《人的自由与真善美·冯契文集》（第三卷），华东师范大学出版社 1996 年版。

崔宜明：《道德哲学引论》，上海人民出版社 2006 年版。

邱伟光、张耀灿：《思想政治教育学原理》，高等教育出版社 2008 年版。

李济：《中国民族的形成》，江苏教育出版社 2005 年版。

杨国枢、陆洛：《中国人的自我》，重庆大学出版社 2009 年版。

王玉樑：《当代中国价值哲学》，人民出版社 2004 年版。

傅佩荣：《自我的意义》，北京理工大学出版社 2011 年版。

张岱年：《张岱年全集》（第七卷），河北人民出版社 1996 年版。

王岳川：《大学中庸讲演录》，广西师范大学出版社 2008 年版。

刘翔：《中国传统价值观诠释学》，上海三联书店 1996 年版。

王海明：《道德哲学原理十五讲》，北京大学出版社 2008 年版。

罗国杰：《罗国杰自选集》，中国人民大学出版社 2007 年版。

王海明：《伦理学原理》（第二版），北京大学出版社 2005 年版。

牟宗三：《中国哲学的特质》，上海世纪出版集团 2008 年版。

李从军：《价值体系的历史选择》，人民出版社 2008 年版。

徐天明、徐小妹：《富士康真相》，浙江大学出版社 2010 年版。

北京大学哲学系外国哲学史教研室编译：《西方哲学原著选读》（上卷），商务印书馆 2009 年版。

北京大学哲学系外国哲学史教研室编译：《十八世纪法国哲学》，商务印书馆 1963 年版。

北京大学哲学系外国哲学史教研室编译：《古希腊罗马哲学》，商务印书馆 1961 年版。

北京大学哲学系外国哲学史教研室编译：《西方哲学原著选读》（下卷），商务印书馆 2009 年版。

北京大学哲学教研室编译：《论人——十八世纪法国哲学》，商务印书馆 1986 年版。

周辅成编：《西方伦理学名著选辑》（上卷），商务印书馆 1987 年版。

周辅成编：《西方伦理学名著选辑》（下卷），商务印书馆 1987 年版。

包利民编选：《西方哲学基础文献选读》，浙江大学出版社 2007 年版。

［古希腊］亚里士多德：《尼各马科伦理学》，苗力田译，中国人民

大学出版社 2003 年版。

〔美〕欧文·辛格：《超越的爱》，沈彬等译，中国社会科学出版社 1992 年版。

〔德〕康德：《实践理性批判》，邓晓芒译，人民出版社 2003 年版。

〔美〕弗洛姆：《为自己的人》，孙依依译，三联书店 1988 年版。

〔德〕石里克：《伦理学问题》，张国珍等译，商务印书馆 1997 年版。

〔德〕尼娜·拉里什-海德尔：《爱自己：爱是唯一的力量》，朱刘华译，北方妇女儿童出版社 2010 年版。

〔美〕弗兰克·梯利：《伦理学导论》，广西师范大学出版社 2002 年版。

〔法〕卢梭：《爱弥儿》（上册），李平沤译，商务印书馆 2010 年版。

〔英〕亚当·斯密：《道德情操论》，王秀莉等译，北京理工大学出版社 2009 年版。

〔德〕黑格尔：《法哲学原理》，范扬等译，商务印书馆 1979 年版。

〔德〕费尔巴哈：《哲学著作选集》（上卷），三联书店 1959 年版。

〔荷兰〕斯宾诺莎：《伦理学》，贺麟译，商务印书馆 2010 年版。

〔奥〕弗洛伊德：《性爱与文明》，滕守尧译，安徽文艺出版社 1987 年版。

〔英〕休谟：《人性论》（下卷），关文运译，商务印书馆 1980 年版。

〔美〕弗洛姆：《爱的艺术》，李建鸣译，上海译文出版社 2008 年版。

〔美〕弗洛姆：《健全的社会》，欧阳谦译，中国文联出版公司 1988 年版。

〔美〕罗洛·梅：《人的自我寻求》，郭本禹等译，中国人民大学出版社 2008 年版。

[美] 罗洛·梅:《自由与命运》,杨韶刚译,中国人民大学出版社 2010 年版。

[英] 罗素:《罗素文集》,江文译,中国戏剧出版社 2008 年版。

[荷兰] 斯宾诺莎:《简论上帝、人及其心灵健康》,顾寿观译,商务印书馆 2010 年版。

[日] 稻盛和夫:《人为什么活着》,吕美女译,中国人民大学出版社 2009 年版。

[美] 马斯洛:《人性能达到的境界》,马良诚译,陕西师范大学出版社 2010 年版。

[德] 康德:《道德形而上学基础》,孙少伟译,中国社会科学出版社 2009 年版。

[德] 费希特:《伦理学体系》,梁志学等译,商务印书馆 2007 年版。

[美] 马斯洛:《动机与人格》,马良诚等译,陕西师范大学出版社 2010 年版。

[美] 乔纳森·布朗:《自我》,陈浩莺等译,人民邮电出版社 2009 年版。

[英] 休谟:《道德原则研究》,曾晓平译,商务印书馆 2009 年版。

[德] 康德:《论优美感和崇高感》,何兆武译,商务印书馆 2010 年版。

[瑞士] 维蕾娜·卡斯特:《依然故我》,刘沁卉译,国际文化出版公司 2008 年版。

[德] 黑格尔:《哲学史讲演录》(第四卷),贺麟等译,商务印书馆 1981 年版。

[法] 笛卡尔:《谈谈方法》,王太庆译,商务印书馆 2010 年版。

[法] 卢梭:《爱弥儿》(下卷),李平沤译,商务印书馆 2010

年版。

［法］吉尔·利波维茨基:《责任的落寂——新民主时期的无痛伦理观》,中国人民大学出版社 2007 年版。

［美］杰克·奈特:《制度与社会冲突》,上海人民出版社 2009 年版。

［德］黑格尔:《精神现象学》(上卷),贺麟等译,商务印书馆 2010 年版。

［美］马尔库塞:《单向度的人》,刘继译,上海译文出版社 2006 年版。

［德］马克斯·韦伯:《经济与社会》,林荣远译,商务印书馆 1997 年版。

［法］埃米尔·迪尔凯姆:《自杀论》,冯韵文译,商务印书馆 1996 年版。

［英］威廉·葛德文:《政治正义论》(第 1 卷),何慕李译,商务印书馆 1997 年版。

［英］洛克:《政府论》(下篇),瞿菊农译,商务印书馆 2011 年版。

［法］西耶斯:《论特权·第三等级是什么?》,冯棠译,商务印书馆 1997 年版。

［德］尼采:《论道德的谱系·善恶之彼岸》,谢地坤等译,漓江出版社 2007 年版。

［美］麦金泰尔:《伦理学简史》,龚群译,商务印书馆 2004 年版。

二、学术论文类

俞吾金:《重视对马克思的价值理论的研究》,《当代国外马克思主义评论》2008 年第 12 期。

俞吾金:《究竟如何理解尼采的话"上帝死了"》,《哲学研究》

2006 年第 9 期。

王海明：《论爱》，《南昌大学学报》（人社版）2001 年第 7 期。

沈嘉祺：《论道德教育中的自爱》，《湖南师范大学教育科学学报》2006 年第 2 期。

肖群忠：《论自爱》，《道德与文明》2004 年第 4 期。

张岱年：《论价值的层次》，《中国社会科学》1990 年第 3 期。

邸利平、袁祖社：《"相对主义"与"绝对价值"之争——价值相对主义与现代性精神存在根基的缺失》，《人文杂志》2010 年第 1 期。

季羡林：《人生的意义与价值》，《前线》2007 年第 5 期。

俞吾金：《再论异化理论在马克思哲学中的地位和作用》，《哲学研究》2009 年第 12 期。

张和平：《"异化"不是马克思哲学的中心概念——试析马尔库塞、弗洛姆的"异化"观》，《西北师大学报》（社会科学版）2004 年第 12 期。

高源、马静：《"未来 10 年 10 大挑战"调查报告》，《人民论坛》2009 年第 12 期。

陈新汉：《论核心价值体系》，《马克思主义研究》2008 年第 10 期。

刘尚明：《论确立绝对价值观念——兼论对价值相对主义与价值虚无主义的批判》，《探索》2011 年第 3 期。

陈新汉：《论社会主义核心价值体系的人民主体性》，《哲学研究》2011 年第 1 期。

陈新汉：《论人生价值》，《山东社会科学》2010 年第 11 期。

韦政通：《生存·生活·生命》，《法制资讯》2009 年第 9 期。

石中英：《自杀问题的教育哲学省思》，《北京师范大学学报》（社会科学版）2008 年第 2 期。

郭琰、陈江进：《自爱兼爱》，《道德与文明》2010 年第 2 期。

胡彩业：《关于道德教育问题的思考》，《伦理学研究》2008 年第

2 期。

杨由之:《解读"自爱"》,《学习月刊》2001 年第 2 期。

姜元奎:《孟子"存心养气""反省自爱"的修身之道》,《东岳论丛》2002 年第 2 期。

马德普:《从亲爱、忠爱到自爱、博爱》,《郑州大学学报》(哲学社会科学版) 1997 年第 7 期。

陈新汉:《哲学视阈中的自爱》,《中共浙江省委党校学报》2010 年第 6 期。

陈新汉:《自我评价活动和自我意识的自觉》,《上海大学学报》(社会科学版) 2006 年第 5 期。

刘建军:《关于当代中国马克思主义大众化的若干问题》,《思想理论教育》2008 年第 7 期。

王国炎:《当代中国马克思主义大众化的实践路径探析》,《马克思主义研究》2009 年第 3 期。

李冉:《当代中国马克思主义大众化实现路径探析》,《毛泽东邓小平理论研究》2009 年第 7 期。

高惠珠:《以人为本与马克思的个人观——科学发展观深度研究》,《江苏行政学院学报》2010 年第 5 期。

谈育明:《马克思著作中的"个人"及其意蕴》,《河海大学学报》(哲学社会科学版) 2002 年第 3 期。

原魁社:《谁之绝对价值? 何种绝对价值? ——与刘尚明博士商榷》,《探索》2012 年第 2 期。

原魁社:《主导价值体系主流化的认识论思考》,《求实》2011 年第 6 期。

原魁社:《核心价值体系大众化视阈中的自爱教育》,《求实》2012 年第 3 期。

张汝伦:《自我的困境——近代主体性形而上学之反思与批判》,

《复旦学报》（社会科学版）1998 年第 1 期。

孔明安：《脆弱的理性——从黑格尔的自我意识到精神分析的自我反思》，《云南大学学报》（社会科学版）2010 年第 5 期。

郈正：《人类自我意识的历史演变》，《求是学刊》1992 年第 1 期。

冯晓峰：《黑格尔的自我意识理论及其意义》，《学术探索》2004 年第 6 期。

陈立胜：《〈论语〉中的勇：历史建构与现代启示》，《中山大学学报》（社会科学版）2008 年第 4 期。

邓球柏：《孔孟的人格论——三大德（仁智勇）与大丈夫》，《哲学研究》2001 年第 12 期。

汪凤炎、郑红：《孔子界定"君子人格"与"小人人格"的十三条标准》，《道德与文明》2008 年第 4 期。

何柞榕：《什么是作为哲学范畴的价值?》，《人文杂志》1993 年第 3 期。

杨桂森：《价值的绝对性与象征性》，《社会科学辑刊》2004 年第 2 期。

刘尚明：《建构绝对价值观念：从认识论视角》，《云南大学学报》（社会科学版）2007 年第 2 期。

俞宣孟：《追寻绝对价值》，《社会科学》1997 年第 1 期。

胡寿鹤：《关于价值标准和评价标准的几个问题——与袁贵仁先生商榷》，《人文杂志》1994 年第 3 期。

［美］弗洛姆：《自私、自爱和自利（上）》，《国外社会科学文摘》1988 年第 7 期。

［美］弗洛姆：《自私、自爱和自利（下）》，《国外社会科学文摘》1988 年第 8 期。

冯显德：《康德至善论与康德伦理学》，《学术论坛》2005 年第 4 期。

邓晓芒：《论"自我"的自欺本质》，《世界哲学》2009 年第 4 期。

邓晓芒：《康德道德哲学详解》，《西安交通大学学报》（社会科学版）2005 年第 2 期。

邓晓芒：《对"价值"本质的一种现象学思考》，《学术月刊》2006 年第 7 期。

邓晓芒：《康德道德哲学的三个层次——〈道德形而上学基础〉述评》，《云南大学学报》（社会科学版）2004 年第 4 期。

王志宏：《海德格尔对康德伦理学的批判》，《云南大学学报》2008 年第 6 期。

严书翰：《党中央治国理政的思想主线》，《中国社会科学》2017 年第 4 期。

张曙光：《价值研究的哲学奠基》，《社会科学战线》2013 年第 11 期。

韩东屏：《价值是否属人》，《当代中国价值观研究》2017 年第 2 期。

王玉樑：《论价值哲学研究中的偏向》，《马克思主义研究》2015 年第 4 期。

兰久富：《用语言分析方法澄清价值概念》，《清华大学学报》（哲社版）2016 年第 3 期。

晏辉：《直面问题自身：反思、批判、预设的中国价值哲学》，《桂海论丛》2015 年第 3 期。

郑丽平：《习近平治国理政思想的鲜明特征》，《思想理论教育导刊》2017 年第 8 期。

郑未怡：《构建哲学社会科学的中国本位价值取向》，《桂海论丛》2017 年第 5 期。

宋友文：《价值哲学与规范问题》，《北京师范大学学报》（社会科学版）2015 年第 5 期。

鲁品越：《价值新概念与唯物史观新境界》，《西南大学学报》（社会科学版）2017 年第 4 期。

梁波：《习近平治国理政思想的哲学基础》，《中国特色社会主义研究》2017 年第 5 期。

江畅：《论习近平幸福观》，《思想理论教育》2018 年第 1 期。

何中华、郝书翠：《习近平治国理政思想的哲学意蕴》，《东岳论丛》2017 年第 3 期。

李海青：《习近平治国理政思想精髓研究》，《北京行政学院学报》2017 年第 4 期。

董振华：《"以人民为中心"的理论逻辑和政治价值》，《中共中央党校学报》2017 年第 6 期。

姜建成：《人民立场：习近平新时代中国特色社会主义思想的价值根基》，《苏州大学学报》（哲学社会科学版）2018 年第 1 期。

后　记

本书是在我的博士论文的基础上修改完成的，特将博士论文的"致谢"作为本书的后记。

拿着刚完成的学位论文，回想着此前求学的整个过程。能在学业上不断地追求进步，离不开身边人的支持和鼓励。他们是我的家人、老师、同学、同事，还有的是学生。我想在这里对所有帮助过和关心过我的人，表示我最诚挚的谢意！因为有你们热心的帮助和支持，我才能获得在学业上和事业上源源不断的动力。

从 2005 年到上海大学攻读硕士研究生至今，我有近六年的时间是在上海大学度过的。刻写着老校长钱伟长先生题写的"自强不息""求实创新"的大石头、美丽的伟长湖畔、每周五的社科论坛……都将成为过去。在有限的人生历程中，总有几块醒目的里程碑标示着人生已经走过的旅程，上海大学无疑是我的人生历程中一块最重要的里程碑。回想在上大期间艰辛而又快乐的学习生涯，记忆中最深刻的是社科学院学识渊博、德高望重的恩师们的谆谆教诲。

回想从论文的选题、定题、搜集资料、文献综述、开题报告到修改论文、完成论文的整个过程，都是在导师陈新汉教授的悉心指导下完成的。陈老师集几十年精力从事于评价论的研究并取得了令人瞩目的成就，是目前国内较有名望的价值哲学专家。陈老师常教诲我们"对学术要有敬畏之心""学者是社会的良心"。陈老师常怀着忧患意识和责任意识去关注社会问题。他启发我们，问题意识源于忧患意识，正是对社会矛盾和危机的忧患，才有了我们问题的指向。本书的选题来自陈老师已经完成的国家社科基金项目"自我评价活动机制研究"中的自我评价活动的若干范畴之一。陈老师在《自我评价论》中提出了四个个体自我评价活动中的范畴：自爱、自尊、自信和耻感，我选择把自爱作为进一步深入研究下去的方向。没有陈老师的启发，我就不会有本书的立意和写作；没有陈老师的指导，我也不会取得任何学术上的成就。陈老师不仅以他丰硕的学术成果激励着我，更以他高尚的人格魅力感染着我；不仅是我学术上的导师，也已经成为我精神上的导师。陈老师对学生认真负责的态度、严谨的治学方法、敏锐的学术洞察力、勤勉的工作作风以及勇于创新、勇于开拓的精神是我永远学习的榜样。在此，谨向陈老师致以深深的敬意和由衷的感谢。

感谢我的父母。他们自强不息、辛勤劳作、任劳任怨的精神一直鼓舞着我从山坡上的放牛娃变成上海大学的博士生。他们没有什么豪言壮语，只有朴实的农间辛劳；他们不懂得什么是哲学上所说的人生价值，他们只是用自己日复一日的纯朴劳动谱写着自己的人生价值。

父母对生活充满希望的态度永远是我最宝贵的财富。初中毕业后，寒碜的中考成绩使我没有机会到城里的高中去上学，我已经放弃了在学业上的任何希望。但父母还是让我到一所升学率基本为零的农村中学去报到。那个对于升入大学基本无望的中学招了三个班的学生，我在班内排名第三十七。那时，我根本没有想过我跟上大学有什么关系。高三的第二学期，当我决定提前从学校出来而放弃学业的时候，我能够从母亲的表情中看到些许无奈。我的学习成绩太差了，与其在学校里继续混日子，不如早点出来打工挣钱。我进过砖厂、下过矿井、去过建筑工地、还当了两个月的小学代课教师……当我决定要返回学校读书的时候，父母选择了支持。为了交上我插班的四百元学费，母亲借了半个村。她把借来的零钱又拿到村里的信用社换成了四张一百的让我拿着，这钱要等父亲干满一个月日薪十三元的小工后才能给人家还上。村里人"善意"地劝过我的父母，说让我上学是瞎扳钱（扳：家乡土话，浪费的意思），不如去打工算了。可父母没有放弃对我的希望，他们选择了支持我去上学。插班学习的那一年，是我人生中学习最刻苦的时期，我补起了我落下的所有课程。当我在全市统考中拿到了全县文科第一名的成绩时，我知道，我离进入大学不远了，父母的希望、我的希望快要实现了。没有父母的坚持、没有父母对我的希望，我就不会有在学业上取得成功的机会。父母对生活中的希望从不轻言放弃，他们对目标的坚持是我的人生不断进取的巨大动力。

父母在物资极度匮乏的年代里养成的勤俭节约与辛勤劳作已经成为他们的生活方式。我曾在发表于《中国研究生》2010 年第 5 期上的《导师的学术和父亲的土地》一文中描写过父亲在他的春耕、夏种、秋收、冬藏的过程中体会着人生的价值和生活的充实。不断地与土地打交道，已经成为他体会快乐的方式，成为他的生活方式。母亲每年都要养蚕。我曾经试着问过她，养蚕能挣的钱都由我给你，你还要这么劳累自己去养蚕吗？她用最普通的语言肯定地回答，给她多少钱她都要养蚕。我慢慢地理解了，他们是在通过自己的劳动去体会生活的快乐和他们自身的人生价值。我的身上流淌着他们的鲜血，我的骨髓里渗透着他们朴实的人生哲学。我走着和他们不一样的人生道路，诠释着同他们不一样的生活方式，但他们对待生活的态度已经深刻地影响着我。那就是永不安于现状、不断求索、永恒进取的人生态度。

感谢妻子马冰华和女儿原清宇。为了自己学业上的追求，我千里迢迢只身来到上海，把家里的一切大小事务留给了妻子马冰华。没有她的支持，我也无法安心地求学深造。从上研究生到读博士，没有她辛劳地付出，我也不会取得任何的成就。每每想到我不能在家帮她分担一些，内心就十分愧疚。我正在接受教育，我也在从事着教育，也懂些教育的规律。作为从事教师职业的家长，对孩子的教育更是负有义不容辞的责任。可女儿原清宇从幼儿园到上小学二年级，基本上是在父亲不在家的时期中度过的。尤其是上小学之后，我深感自己有义务留在孩子身边帮她完成她的启蒙教育，可我又不得不离家去完成我自己所接受的教育。每想起孩子的成长，几分忧虑，几分愧疚。对妻女的感谢，我只能通过学业上的进步和工作上的成就来表达。因为她们为我的学业和事业作出的巨大牺牲，让我时刻铭记着自己的使命；对她们的愧疚，成为我不断鞭策自己前行的动力。

感谢罗诗钿、郭燕来、李善勇、吕敬美、郭昭君等同学，他们在我的博士论文撰写和修改的过程中提出了诸多宝贵的意见。感谢各位师兄弟和同班上课的所有同学，我们一起交流探讨学术话题，在相互启发中共同进步。感谢所有帮助过和关心过我的人，有你们热心的帮助，才有我在学业上和事业上不断取得的进步，谢谢你们！